「遊び」から考える体育の学習指導

松田恵示

創文企画

はじめに

　運動やスポーツを行うときに、英語では動詞に"PLAY"という言葉を使う。これはもちろん「遊ぶ」という意味である。体育は、教師と子どもの「教える／学ぶ」関係が前提となる営為であるが、そこで子どもたちが活動するのは「運動」であり「スポーツ」であるから、極言すればそれは「遊び」である。教科の持つこの特性は、時代や社会の変化に関わらない部分なので、むしろ「遊び」という性質が、時代や社会の変化に応じて要請される「教育課題」をどのようによく解決していくのか、そのような観点が一貫して示されているのが本書であると思う。
　「遊び」は、人間や社会の存在に対して、実はもっとも本質的な契機の一つである。たかだか「遊び」なのだか、されど「遊び」なのであり、「遊び」なくしては、子どもたちの学習も、教師の指導も、そして「学ぶこと」で拓かれる私たちの未来も生まれない。21世紀型スキル・能力が問題となり、キーコンピテンシー、アクティブラーニング、主体性、協働性、「深い学び」、表現力や思考力、チーム学校、ICT、地域学校協働本部等のトピックが飛び交う現在においても、体育について考えるときの「パースペクティブ（ものの見方）」として、「遊び」という観点は、まだまだ相当の力を持っている。このことが、本書により、さらに多くの読者にも伝えられれば幸いである。そしてそれは、「遊び」の精神を失い、体育の授業さえもが「失敗してはダメ！」といった、余裕やチャレンジすることが受け入れられない雰囲気をややもすれば創りかねない、学校現場への警笛ともなってほしいという願いも大きい。
　本書は、体育科教育に関して、主に教育の専門雑誌を中心に、20年ほどの間で書きためてきたものを、あらためてまとめ直したものである。
　この期間においても、体育科教育をめぐっては、社会や時代の変化を受けて、様々に焦点が移り変わっていることをあらためて感じている。もちろん、生涯にわたって運動やスポーツに親しむ資質や能力を育てたいということなどは広くは変わらないが、体育の内容や教材、学習指導方法、評価等についての考え方、さらには教育観や学習観、そして子どもの現状や子どもを取り巻く環境の変化など

にはやはり社会的な関心の推移があり、そのときどきの課題を自分なりに引き受けつつ著してきたものが、本書において集められた論考となっている。

できるだけ初出時の稿を生かし、そのときに考えていたことを損なわないように大幅な修正は避けるように努めた。こうして見てみると、「遊び」という概念との出会いが、体育の学習指導に関して、研究したり授業研究の実践に参加させていただいたりするときの、やはり「要（かなめ）」であることに気づく。20年の期間がありながら、論考が一定の、あるいは一貫したものになっていると思えるのも、この観点の存在が大きい。またそれは、そもそも体育のことを考えるときには、「一丁目の一番地」といった場所を「遊び」という観点が占めているからではないかとも思っている。

読者の忌憚のないご意見をいただきたいところである。

松田恵示

「遊び」から考える体育の学習指導

目次

はじめに…1

第1部　体育の学習と指導の理論 ―「遊び」の観点と現代的教育課題―…7

1 体育と「遊び」…8
「遊び」と学校体育の意味…8／「遊ぶこと」が保障されないスポーツの学習？…9／自尊感情と学校体育…11／「課題発見」や「だれとでもかかわれる」ということの大切さ…12

2 「ものの見方」と体育の考え方…14
「パラダイム」とは何か…14／脱「行動主義」…16／「意味」への着目…17／パラダイムの自覚と転換…18

3 「運動の特性」と学習観…20
「運動の特性」という言葉…20／混在する「運動の特性」とその類型…21／学習観と「運動の特性」…22／これからの社会と学習観…24

4 なぜ、子どもにやさしい教材を開発する必要があるのか…26
教材の持つ「やさしさ」とは何か…26／「運動の世界」という観点…27／やさしい教材開発への様々な取り組み…29

5 教材づくり・場づくりを工夫しよう…30
「へたな子」と「上手な子」…30／「できないからこそ面白い」が、まずありき！…31／教材づくり、場づくりのポイント…33

6 「やってみる」「ひろげてみる」「ふかめる」という体育の学習過程…36
「学習の過程」とは何か…36／「ねらい1、2」や「めあて1、2」という考え方…37／指導内容の明確化や内容の系統性の重視という観点…39／「やってみる」

「ひろげる」「ふかめる」というモデル…42

7 アクティブ・ラーニングと集団づくり・学級経営…45
学習指導要領改訂への諸問…45／アクティブ・ラーニングと「反転授業」…46／学校を超えた学習集団として学級を再定義できるか?…47／「弱いつながり」という視点…49

8 グループ学習の現代的意味…51
現場の持つ「多忙さ」…51／「グループ学習」という課題…52／「米粒をおにぎりとして握る」難しさ…54／「他者」との関係に特徴づけられる体育の学習…56

9 グループ学習の考え方・進め方…58
グループの性質…58／グループづくりの方法…60／グループ学習における「ルールやマナー」の学習…63

10 評価の「基盤」と技術革新…65
「アイマークレコーダー」…65／「技術」へのネガティブ・スタンス…66／「評価」における技術革新の意義…68

11 「戦術学習」から「局面学習」へ ―ボール運動系の学習指導の考え方―…70
「ドリルゲーム」「タスクゲーム」の安易さ…70／「技能の楽しさ」を学ぶボール運動の学習指導…71／「局面」を視点にした運動の捉え方…73／いろいろな方法があるボール運動の学習指導…75

12 ゴール型における「局面学習」の授業モデル…77
ゴール型のボール運動において求められている内容…77／内容を「局面」として捉える…78／「易しいゲーム」の用意と学習の流れ…79／学習指導における教師の役割…79／カリキュラムにおける系統性の考え方…80

13 ベースボール型ゲームを生涯スポーツにつなぐために…82
「打っても走らない」子ども…82／「攻防をすること」という運動の本質…82／構成主義的学習観…83／ベースボール型の運動の授業作り…85

14 体育の学習と「副読本」…87
体育の時間に「副読本」って必要なの?…87／体育が「活動しているだけ」ではなく「学習」になるためには…87／「ねらいを持つ」ための指導と副読本…89／学習言語の獲得とつながりを生み出す「副読本」…90／体育の学習をさらに豊かなものにするために…92

15 これからの運動会のあり方を探る…94
生きることのリズム…94／運動会の位置づけ…95／「我」を忘れることの大切さ…96／運動会のこれから…97

第2部　現代社会と学校体育 ―子どもの現状とカリキュラム―…99

16　「キー・コンピテンシー」と体育…100
「期待値を下げる」…100／求められる人物像…101／「二人組になれない」学生たち…102／「失敗してもOKなのが遊び」？…103／「青臭さ」が消えた大学院生…104／キー・コンピテンシー…105

17　子どもへのまなざしの変貌と学校体育のこれから…108
「子どもが変わった」という感覚…108／「変わらぬ子ども」と「変わる子どもへのまなざし」…108／何が本当に変わったのか？…110／学校体育の変遷とこれから…112

18　「脱20世紀」の体育を考えるために…114
「生きること」の一回性…114／インセンティブ・システムに根ざす「等身大」の体育授業…115／「身体」から「運動（スポーツ）する身体」の授業へ…116

19　体育のミニマム（基礎・基本）を問う…119
「出会い」と専門性…119／「出会い」と子どもたちの社会環境…120／「未来」と「今」の逆転…121／「経験」の大切さ…123／二重のアカウンタビリティ…124

20　これからの体育カリキュラム…127
カリキュラムを考えるというのはどういうことなのか…127／子どもと社会の現在…129／「観念」が先行する子どもたち…131／個に応じた体育カリキュラム…133／小・中を見通したカリキュラムの一貫性…137

21　学校文化としての「体ほぐしの運動」…140
教育政策としての「体ほぐしの運動」…140／「体ほぐしの運動」と教育理念形成…142／正統化機能と配信機能…147

第3部　体育における教師論 ―教師の成長モデルと専門性―149

22　「チーム学校」の時代に問い直される体育教師の専門性…150
「新しい公共」とは…150／体育教師に求められる「コーディネーター」としての専門性…152／「ラーニング・コネクション」「ラーニング・エクスチェンジ」…154

23　中学校保健体育教師に求められているもの…156
保健体育教師の集団特性・イメージ…156／体育教師のキャリアパターン…158／これからの保健体育教師に必要な実践的力量…160／地域や性によって異なる「いい先生」像…163／職歴に対応する「指導力」の変化…166／研修を活かして

いくために…168
24 実態調査にみる小学校女性教師にとっての「体育」の学習指導…171
　男女で大きく異なる教科指導観…171／日常性や具体性を大切にする女性教員の研修観…174

第4部　遊び・身体・社会・子ども　―体育科教育とスポーツ社会学の接点―…177

25 「身体」という文化…178
　自然と文化…178／「身体」という文化…179／他者関係としての遊びと「身体」…180
26 いま、問われる体育の身体観　―優越感と劣等感のはざまに揺れる子どもの身体観をどうするか―…182
　鏡の現象…182／身体観の形成と学校体育…183／作られる「優越感」と「劣等感」…184／噴出する新しい身体…186
27 スポーツする身体とこころ…188
　スポーツと身体性…188／スポーツする身体の特徴と「こころ」…190／「零度の意図性」…192／スポーツ科学における「こころ」の位相…193
28 心・遊び・スポーツ…195
　「心が疲れる」という言葉…195／遊びの3条件…196／相互同調関係…198／身体を動かすということ…198
29 「触れる」ということと現代的な教育課題…200
30 レジリエントな子を育てる　―多様な体験を持つ子―…204
　体験と運動…204／回復力と全体性…206／複眼性…207
31 「第三の時間」と子どもの運動遊び・スポーツ　―日本とタイの生活時間調査の比較から―…209
　パースペクティブとしてのスポーツ…209／調査の概要…210／調査の結果…211／「第三の時間」と運動遊び・スポーツの現在…217

初出一覧…219
おわりに…222
著者紹介…224

第1部

体育の学習と指導の理論
―「遊び」の観点と現代的教育課題―

第1部　体育の学習と指導の理論―「遊び」の観点と現代的教育課題―

1 体育と「遊び」

「遊び」と学校体育の意味

「遊びは予め決められた目的を持たない、肉体的、性格、知性の教育に見える。ただし、それらは遊びの本質ではなく付加価値に淫るのだ」

こう述べたのは、「遊びと人間」という、遊び研究の古典となっている本を書いたロジェ・カイヨワであった（カイヨワ、1990）。そうすると、遊びの本質はなんだというのだろうか。それは、「面白い」ということだと、遊び研究のもう一つの古典でもある「ホモ・ルーデンス」という本から、それを書いたヨハン・ホイジンガの言葉（ホイジンガ、1963）を借りてカイヨワは言っている。言い換えてみると、面白い＝ワクワクすることをやっていることが遊びの本質であり、そのことに夢中になればなるほど、「肉体的、性格、知性の教育」が付加価値として豊かにもたらされる、と言っているということになる。

子ども期にしっかりと遊び、子どもらしい生活を積み重ねてこそ、子どもはしっかりと育っていく。こういう、あたりまえのことを、おそらくカイヨワはちょっと難しく言っているだけのことなのだと思う。ここで、スポーツの本質が、「遊び」の要素を含むものであることを考えてみたい。スポーツという言葉の定義はもちろん様々にとりうるが、ユネスコ等が使用するように「遊びの要素を含み、他者とのかかわり合いの中でおこなわれる身体活動」というものがもっとも一般的なものである。英語では、「テニスをする」ということを "play tennis" という。"play" はもちろん「遊ぶ」ということであり、いわば「テニスに遊ぶ」と、これは直訳すれば言っているようなものである。もちろんこのことはテニスに限るものではなく、どんな種目でもスポーツは "play" するものであり、オリンピックでさえそれがスポーツであり " ゲーム " と呼ばれる以上、"play" されるものなのである。

つまり、スポーツでいう "play" ＝「遊ぶ」という言葉は、「まじめ」とか「ふまじめ」といった問題ではなく、夢中になって「ワクワク」活動しているのかど

うかだけが問題になっているということではないか。オリンピックでのテニスが、"player"によって"play"されているからといって、これは決して「勝手気ままに」「不真面目」にやっているものではなかろう。ただ、オリンピックでのテニスは「身体を使った遊び」の中でもルール等が工夫され、またたからこそ、より長い時間取組む必要がでてくるような「深い遊び」となっている。だからこそ、付加的に獲得する「肉体的、性格、知性の教育」の可能性もさらに大きい。また、こういう広い意味での「遊び」としてのスポーツに、夢中になって取り組む子どものあり方こそが、子ども期に子どもらしく生活を重ねる一つの姿であるし、「深い遊び」に夢中になればなるほど「肉体的、性格、知性の教育」が付加価値として豊かにもたらされる、ということを、私たち大人や社会が支えてあげることが「教育」と呼ばれる営みになるのであろう。

ここで小学校の体育科や、中学、高等学校での保健体育科で教えている運動の多くは「スポーツ」であることを考えれば、そもそもの学校体育の意味も少なからずはっきりするように思える。つまり、面白さに目を輝かせ、「身体を使った深い遊び」に夢中になることで「肉体的、性格、知性の教育」もなされる、ということではないだろうか。

「遊ぶこと」が保障されないスポーツの学習？

ところが、このようなシンプルな原理に照らしてみた場合、現在の日本の学校体育では、いくつかの問題が浮かび上がってくる。まずは、授業の中で「遊ぶこと」の内容を絞りきれず、期待している付加的な価値に至らない、いわば「浅い遊び」になってしまう体育の問題である。例えば、「バレーボール」の授業では、「バレーボール」という「ゲーム」を「遊ぶ＝プレイする」ことが重要であり、だからこそ「バレーボール」に付加する様々な価値を学ぶことになると思われる。ところが、ビーチボール等を使ってボールを軽くしてしまい、さらに空中にあることだけを競い合うような「ボール弾きゲーム」になってしまうと、「バレーボール」として長い時間かけて育まれてきた、人間の財産＝真正の文化の学習にならない。遊びの本質が「面白さ」にあるとすれば、人間はこれまで時間をかけて「より面白い遊び」を文化として継承し発展させてきているはずである。そのときどきの子どもの発達段階に応じて「深い遊び」となるものが、単元で取り上げられる運動の内容になっていることが求められるし、体育科教育の実践と研究は、それが

第1部　体育の学習と指導の理論―「遊び」の観点と現代的教育課題―

何であるのかをやはり長い時間をかけて、これまでに積み重ねてきているはずである。そうした結果、それが例えば「バレーボール」という単元内容なのであれば、「バレーボール」という「深い遊び」を支えているそのゲームの原理、つまり「相手コートにボールを落とすことができれば得点」「味方コートにボールを落とされたら失点」「だからこそ、ボールをうまく守りから攻めに繋げることができるかどうかもポイント」という、攻防を支える三つの局面に夢中になることが保障されなければ、「肉体的、性格、知性の教育」が付加価値として豊かにもたらされることもなくなってしまうのではなかろうか。

　他方の問題は、「教える」とか「身につける」ということだけがいたずらにむき出しになり、そもそも「ワクワクすること」に夢中になることが子どもたちに保障されない体育の授業である。例えばバスケットボールの単元において、「パスを受けるための動き」を身に付けることだけを過度に取り出し、結果としてこの「動き」が身に付いていればよいというのであれば、バスケットボールのゲームをする必要もなければ、チーム人数を同数にして対戦する必要もなくなってしまう。これらはあくまでも、「バスケットボール」という「ゲーム」を「深い遊び」として夢中にするためにおこなわれるものであり、身体の動きを身に付けるだけのことならばこれらは仕事のような活動に近くなってしまう。しかし、そうなるとまたもや、「肉体的、性格、知性の教育」が付加価値として豊かにもたらされることもなくなってしまう。そもそもの「遊ぶこと」がここにはないからである。

　子どもたちは、基本的には体育という教科が大好きである。一番好きな教科を挙げてもらうと、常に一番か二番を争っているのが体育である。それは、体育が「深い遊び」に夢中になることが価値づけられている数少ない教科であるからではないだろうか。子どもが「楽しそう」に活動していることで子どもの主体性や自発性を過度に評価してしまい、あたかもそれのみが教育的であるかのように思い込んだり、「3対2」等でのアウトナンバーのゲームが、攻めと守りのどちらが勝つかがわからない「イーブンチャンス」を創りだしているからこそ子どもの活動が「深い遊び」になりかけているのに、「動きを身に付ける」というそこでの「教材効果」のみからその工夫を評価してしまい、あたかもそれのみが教育的であるかのように思い込んだりしているということが、自戒も含め身近な学習指導や授業研究の場面に見られることはないだろうか。

1　体育と「遊び」

自尊感情と学校体育

　先日授業参観したある小学校で、1年生の担任の先生からこんなお話を伺った。最近の1年生のなかには、授業中に間違った答えを言ってしまったら、その場で泣き出したりする子どももいる。失敗すること、間違えることにはほんとうに子どもたちは敏感で、1年生なのに「自分が情けない…」といったことを言ったりもする。子どもは失敗したり、間違ったりしても本来当たり前だと思うのだが、もちろんこれは、身近につきあっている大学生にもあてはまることでもある。「失敗することを極度に嫌う」、これが彼らの感性の特徴の一つである。だからこそ、「安心できる」ということは、もの凄く大きな価値でもある。

　しかし、「人並みに自分もできる」という「安心感」を与えても、「失敗してもOK！」の気持ちは育たない。「人並みではなくても、自分の今を受け入れて、けれども肯定的に社会や環境に働きかけることができる」という「自尊感情」にはとどかないからである。では子どもたちは、どのようにして「自尊感情」を手に入れるのか。そもそも子どもたちに見られにくくなっている「失敗しても何度でも意欲的に取り組む」といった態度は、実は「遊び」に特有の態度でもある。むしろ「遊び」とは、「失敗してもOK！」の世界のことを指す言葉である。大きくなっても、こうした「遊びの精神」があるからこそ、いろいろなことに人は挑戦できるし、だからこそ新しい世界を切り拓くこともできる。意欲とか、活用とか、探求とかいう言葉は、このような態度なくしてはそもそも成り立たない言葉でもあろう。

　つまり、「勉強」や「仕事」ではなく、「遊び」を通して子どもたちは「ありのままの自分を受けいれる」ことを学び、「自尊感情」を身に付けるのである。そうなると、今考えなければならない教育課題の一つは、子どもたちや若者たちが、「遊び」ないし「遊びの精神」を無くしているということであろう。こんなときに、スポーツという運動遊びに夢中になることは、子どもたちにとって、ほんとうに大きな意味を持つ時間なのではないだろうか。ここでの「深い遊び」が、自分を肯定し生きることの喜びを感じる契機を、子どもたちに与え「肉体的、性格、知性の教育」にも豊かに繋がっているのである。ひるがえって、現在の学校体育は、子どもたちに「できる」ということを「お膳立て」し過ぎてしまい、「安心できる」喜びを与える方向にのみ動いているということはないだろうか。一方では反

対に、「好きなことを好きなようにしていいよ」というように、「遊び」でも「勉強」でもない、緊張感のない単なる「心地よい空間」に浸る喜びを提供しているということはないだろうか。知識基盤社会を前提として求められる子どもたちの理想像が、体育において「ガラパゴス化」してしまい、教師の自己満足の世界に陥ってしまってはいないだろうか。問題は、これからの社会を生きる上でのスポーツや運動を学ぶことの意味なのであり、「どのように」の前に「なぜ」を考える、教師の態度のようにも思われるのである。

「課題発見」や「だれとでもかかわれる」ということの大切さ

「身体を使って深く遊ぶ」という視点からは、もちろん、様々な教育的価値がさらに広がり続ける。「遊ぶ」という主体的な活動の性質からは、まず、「課題を与えられる」というのではなく、「自ら課題を発見する」という、課題解決学習の前提が促される。「できるかな…、できないかな…」と緊張して取り組み、「やった！」や「ちくしょー」という声の中にスポーツや運動に夢中になって取り組む子どもの姿からは、「どうしたらできるようになるんだ？」「何が問題なんだ？」といった、「自ら課題を発見する態度」が生まれる。「これは身に付けなければならない動きなのでがんばりましょう！」からでは、課題に対する自らのこだわりがなかなか生まれにくい。課題解決学習といった、「考える」「試す」「成果を次にいかす」というサイクルを成り立たせる原動力が出てこないのである。

また、「遊ぶ」という活動に参加するためには、ルールによってつくられた、いわば「仮構の世界」に自ら入っていかなければならないから、必然的に「自分のエゴをいったん捨ててみんなの世界の中に溶け込む」ということができなければならない。このことは、見ず知らずの「他者」とも関係を築き、一つのことを協働しておこなう力として大切にされている「キーコンピテンシー」の一つ、つまり「社会的関係構築力」に他ならない。これも先生方からよく聞くお話であるが、授業で、笛やタンバリンの音の数だけ人数を集めて手をつなぎグループになろうというゲームをすると、いつもの「仲良しさん」がかならずいっしょに手をつなぎ、人数が増えてもその中心の子ども関係は何ら変わらないらしい。「自分のエゴをいったん捨ててみんなの世界の中に溶け込む」という遊びの極意は、共有されてはいないのである。もちろん、深く遊びに夢中になるからこそ運動量も倍増し、運動しなくなった子どもたちの日常生活をカバーしたり、体育の時間以

外にも運動場面を広げたりすることも多いのであるから、このこともやはり大きな課題であろう。

「遊びは予め決められた目的を持たない、肉体的、性格、知性の教育に見える。ただし、それらは遊びの本質ではなく付加価値に溜るのだ」という冒頭のカイヨワの指摘は、学校体育の古くて新しいもっとも重要な原理である。この原理の上に、様々な工夫が積み重ねられることが、学校現場でもう一度ていねいに考えられてよいのではないかと思う。学習指導要領でよく強調される、「それぞれの運動が有する特性や魅力に応じて、基礎的な身体能力や知識を身に付け、生涯にわたって運動に親しむことができるように、発達の段階のまとまりを考慮し、指導内容を整理し体系化を図る」というのは、まず「身体を使って深く遊ぶ」ことを大切にすることが「肉体的、性格、知性の教育」にしっかりと結びつく、ということを結局は述べているということなのであろうから。

【文献】
1) ロジェ・カイヨワ，多田道太郎・塚崎幹夫訳（1990）『遊びと人間』，講談社．
2) ヨハン・ホイジンガ，高橋英夫訳（1963）『ホモ・ルーデンス』，中央公論社．

2 「ものの見方」と体育の考え方

「パラダイム」とは何か

体育を教える私たち教師の「癖」として、「技能を身に付けさせることが体育の学習である」という、「ものの見方」がある。極端に言えば、これを変えなければ、これからの体育は発展しない、というのがここでの主旨である。なぜ、これを変えなければならないのか。このことを考えるために、ひとまず、本稿の表題になっている「パラダイム」という言葉から検討してみることにしよう。そこで、次の絵を先ずは見ていただきたい。

図2-1 ジャストローの絵

これは、心理学者のジャストローが「錯視」について論じるために用いた有名な絵である。さて、読者のみなさんは、この絵が「ウサギ」に見えますか。あるいは「アヒル」に見えますか。

もちろん、少し時間をかけると、確かに「左向きのウサギ」も「右向きのアヒル」も両方見えてくる。ただ面白いのは、最初はどちらに見えたか、という点である。おそらく、「ウサギ→アヒル」となった人もいれば「アヒル→ウサギ」となった人もいると思う。となると、ある二人の人が同時にこの絵を見たとき、まったく同じ絵を見ているにもかかわらず、一人は「ウサギだ！」、一人は「アヒルだ！」と思っている瞬間があるということになる。

もちろん、「絵」という図像的な記号情報のレベルで、二人は違うものを受け取っているわけではない。にもかかわらず、それが「ウサギ」あるいは「アヒル」と一瞬違って「見える」のは、二人のそれぞれの「頭の中」にそれぞれ違うタイプの「変換装置」のようなものがあって、同一の情報なのに、それぞれに勝手に解釈してしまうからであろう。しかしこのとき、この「変換装置」の存在を、私

たちはほとんど意識しない。「ウサギタイプ（アヒルタイプ）の変換装置を私は持っている」とか、そんなことを考えながら見る人は少ないはずである。この頭の中にある一人ひとりの見えない「変換装置」のことを、一般的には「ものの見方」とも呼ぶ。つまり、私たちは「ものの見方」という自分には見えない「変換装置」をいわば「メガネ」として、ある出来事を、そのようなものだという判断を含んだ「事実」として意味づけキャッチしているのである。

　このように考えると、例えば「体育では技能が身に付くと子どもは喜ぶ」と感じている人がいたとしても、これはだれにとってもそう感じられているわけではなく、そのように見える「メガネ＝ものの見方」を持つ人にとって、そのように見えているだけだ、ということになってくる。「よい授業」というのもまったく同じで、それが「よい授業」だと思えるのは、それがよい授業だと思える「メガネ＝ものの見方」をその人が持っているから、そう見えているだけということにもなる。

　このように、私たちの認識や価値判断には、「ものの見方」が自分では気づかないレベルで大きな影響を与えている。この「ものの見方」のことを「パラダイム」と呼ぶのである。科学史を研究したトマス・クーンによって使われたこの言葉は、科学の進歩とは、ある「パラダイム」から新たな「パラダイム」へと科学革命が起こることであることを説明するためのものであった。太陽や月ではなく地球が動いていることを初めて示した、コペルニクスの「天球の回転について」などは、その一例であろう。何気なく、普段前提にしてしまっていること、そしてそういう慣習的になってしまっていることからスタートしたのでは、直面する新しい課題を解決できないときに、「パラダイム・シフト（新しくとってかわるパラダイムに移行すること）が必要だ」、というように使われるのである。

　この意味で「技能を身に付けさせることが体育である」という暗黙の前提は、学習観＝「何をもって学習と呼ぶのか？」という問題に関わる、一つのパラダイムでもあろう。つまり、学習というものを、「○○という技能を身につけること」と捉えるからこそ、体育では学習指導が「訓練」的なものに焦点づけられがちなのである。このような「技能主義」の学習のパラダイムを「行動主義的学習観」と呼ぶ。体育を教える多くの人が、知らず知らずのうちに巻き込まれている、一つの「癖」である。

脱「行動主義」

ところが、このパラダイムではちょっとやっていけない、というのが現在とこれからの学校や体育を取り巻く状況である、というのがここでのポイントである。それはなぜか。これも端的に言えば、社会が変化しているからである。例えば、学習指導要領解説の冒頭は、「21世紀は、新しい知識・情報・技術が政治・経済・文化をはじめ社会のあらゆる領域での活動の基盤として飛躍的に重要性を増す、いわゆる「知識基盤社会」の時代であると言われている」と始められている。「知識基盤社会」の特徴の一つは、知識・技術・情報を「マネージメント」できることであるとよく言われる。つまり、単に知識・技術・情報を持っているだけではダメで、それを取捨選択したり、総合し直したりして、状況に応じて活用できるものとして所持されていなくてはならない。体育においても、単に身体を鍛えるだけならば「技能を身に付けさせる」だけでよいのかもしれないが、生涯に亘って運動やスポーツを豊かに実践するためには、「技能」「態度」「思考・判断」をトータルに内容として学ぶとともに、それらを状況に応じて活用できるものとして所持している必要があることになる。

そうすると、学習というものをたんに「○○ができるようになる」ことと捉える「行動主義的学習観」では、カバーしきれないのである。「行動主義的学習観」からなされる学習指導の多くは、「教師」が子どもの学習の「レール」を敷き、効率よく均等に身につけさせる方向に力点が置かれやすい。「アウトナンバーゲーム」等の教材の工夫やドリル等の反復が安易に好まれるのも、「できること」に過焦点化したこの方向においてである。体育はそもそも身体活動を自己目的的に内容としているので、確かに「行動主義的学習観」に立てば、内容や方法が考えやすくわかりやすい。ところが、現在とこれからの体育は、教育界のキーワードでもある「コンピテンシー（業績力を持つ人の行動特性）」という言葉にも代表されるように、変化に学び状況に応じて活用できる力として、生活の中で豊かに運動やスポーツをおこなうための資質や能力の育成が問われている。「技能を身に付けさせること」だけではとどかないのである。

これらのことは、実は1980年代に「生涯スポーツ」という言葉や、それまでの主流であった「技能主義体育からの転換」が声高に叫ばれた時代にも、実はすでに意識されていたようにも思われる。その意味では、すでに体育における「行

動主義」からの「パラダイム・シフト」が図られていた。しかし、学習指導の考え方をリードした当時の民間教育研究団体は、「認知（主知）主義」と呼ばれる「正しいことがわかる、できるようになること」が学習だと言うパラダイムを共有していたという弱点を有していたように感じられる。古典的な「楽しい体育論」や「運動文化論」がその代表例であろう。しかし、状況に応じて活用できる力を求める現在の社会の変化は、こうしたパラダイム・シフトを無力化している。しかし、だからといって、一昔前のパラダイムを「旧装開店」することは、わかりやすいからといって、とってはならない「禁じ手」ではないかと思うのである。

「意味」への着目

　そうすると、「技能を身に付けさせることが体育の学習である」という暗黙の前提を見直して、私たちは、何をパラダイムとしてシフトさせる必要があるのか。こうして近年、提唱しているのが、「局面学習」の考え方に代表される、「意味ある経験を通した知識、技能等の再構成」を学習と見る捉え方である。結局、私たち人間は、「意味」があるから「行動」したり「認識」したりしようとする。つまり、社会的な相互作用の中で生まれる「意味」を要とし、「必要があるからこそ練習したり考える」ということを積み重ねるからこそ、変化に学び状況に応じて活用できる力を育むことができるのではないか、と考えるわけである。これは、一般に「構成主義的学習観」と呼ばれる学習の考え方でもある。ここで注意する必要があるのは、ここで言う「意味」とは、「学校」という文脈の中で子どもに読み取らせたい内容というのではなく、例えば体育ならば、運動やスポーツといった教科で扱う「文化」が内在させるものであるという点だ。簡単に言えば、「運動の特性や魅力」あるいは「運動の楽しさ」のことだと言ってよい。このような「意味」を活性化させ、「技能」や「態度」や「思考・判断」を新たに獲得するとともに関係づけ直すことが、体育の「学び」だとする考え方である。

　「技能が持っている自分にとっての意味＝楽しさが身に付くことが体育の学習である」と言い換えることもできようか。例えば、「オフ・ザ・ボールの動き」を身に付けることはそれを身に付けること自体が学習なのではなく、「オフ・ザ・ボールの動き」と「オン・ザ・ボールの動き」の関係や、ゲームで攻防を楽しむためにそれらがどのような「意味」を持っているのかがわかり、それらを使って実際にゲームを楽しくおこなうことができるようになることが「学び」だという

見方である。

　また、このようなパラダイムに立てば、ボール運動や球技の学習でよく話題となる「種目固有の技能ではなく、攻守の特徴（類似性・異質性）や「型」に共通する動きや技能を系統的に身に付けるという視点」（学習指導要領解説）も、そうした動きや技能がゲームの攻防の楽しさにとってどのような「意味」を持つのかを理解し、種目間に「転移」する「行動」としてではなく、種目間で「類推」できる「実践力」として系統的に高められていく、という指導の工夫を指すものだと考えることもできよう。例えば、サッカーでの「壁パス」の意味がわかり攻防の楽しさに触れ実践できるからこそ、バスケットの「ポストプレー」も「類推」でき楽しさを広げることができる子どもに育っている、等である。さらに言えば、「攻防の楽しさ」、つまり「攻めたり守ったり」の両方がボール運動や球技の「意味」であるから、3対2などの「アウトナンバーゲーム」の工夫も、「攻める側」だけに視点のあたったゲームならばあくまでも「部分的な練習」にしか過ぎず、それだけで学習が完結することは「行動主義的学習観」に立ってしまった「悪癖」と言われかねない、ということになろう。しかし、繰り返すが、状況に応じて活用できる力を求める現在の社会の変化は、こうしたパラダイムを無力化しているのである。

　体育を学ぶことが、こうして運動やスポーツの意味が分かり、状況に応じて活用できる力が育つことに繋がったときに、体育はまた、体育に留まらない広く社会全般に求められる「生きる力」の育成にも力を発揮する。このような体育が持つ可能性を現場ではよく感じられるからこそ、先生方の体育授業研究へのエネルギーは生まれるのであろうし、結局のところ、体育は子どもたちの広い意味での「幸福」を育む教科にもなっていくのであろう。こうした現在とこれからの体育の展開を支えるのが、これまでに述べてきた体育における「パラダイム・シフト」、つまり「技能を身に付けさせることが体育の学習である」という暗黙の前提からの脱出なのである。

パラダイムの自覚と転換

　パラダイムのもたらす影響力は、ふとした日常でもよく感じられるものである。例えば、現場でよく「この授業は、子どもたちの運動量もよく確保されておりいい授業だった」という声を聞いたりする。「行動主義」のパラダイムからは、ま

さに体育は身体活動であるから、まず身体活動がなされていたかどうか、これが問題となるからであろう。しかし、子どもたちが体育の授業で、汗をかいてまでしっかりと運動して「意味」があるのは、「運動の楽しさ」に夢中になり、やらされて動かされたというのではなく、自ら進んで運動に取り組んでこそのときではないか。だとすれば、新しいパラダイムからは、「活動量」という言葉からだけではなく、むしろ「運動の楽しさ」といった「意味」の理解をともないその中身をいっしょに問う、例えば「プレイ量」といった言葉も問題にしてよいのではないか。しかし、こうした「ものの見方」の転換は、よほど自覚的でなければなかなか進まない。本来、自身がよって立つパラダイムを自覚的に捉え、そのことから自身の研究の可能性と限界を厳しく問うてこそ「意味」のある研究あるいは研究者の世界でさえ、体育科教育研究の現状では世界的な規模で見ても意識されていないことも多い。

　しかし、時代の動きはパラダイム・シフトを確実に求めているように見える。自分がいったいどのようなパラダイムに立って体育の学習指導について考える「癖」を持っているのか。もちろん、自分自身にもいつも跳ね返ってくる、大切な問いかけであるように感じられる。

3 「運動の特性」と学習観

「運動の特性」という言葉

　学習指導要領解説（保健）体育編（平成20年）には、「運動の特性」という言葉が随所に出てくる。例えば、「改善の具体的方向」として「生涯にわたって運動に親しむ資質や能力の基礎を培う観点から、それぞれの運動が有する特性や魅力に応じて指導することができるようにするとともに、低学年、中学年及び高学年において、児童に身に付けさせたい具体的な内容を明確に示すこととする」とある。また「学年の目標」においては、「最初の項目である（1）では、思考・判断、運動の特性、技能及び体力に関する目標を示している」とあり、ここで低学年の目標を見てみると、「（1）簡単なきまりや活動を工夫して各種の運動を楽しくできるようにするとともに、その基本的な動きを身に付け、体力を養う」とあるから、「運動の楽しさ」が「運動の特性」の中身であることが示唆されている。
　さらに「内容構成の考え方」においては、「基本的に『技能（運動）』、『態度』、『思考・判断』で構成することとし、特に、『技能』については、運動の楽しさや喜びを味わわせながら身に付けることを強調した」とあり、さらには各学年や領域において技能の内容が「次の運動を楽しくおこない、その動きができるようにする」という、ほぼ統一した表現にされていることからも、「運動の特性」に触れながら技能を身に付けることが、「身に付けさせたい具体的な内容」として位置づけられていることもわかる。
　そもそも中教審においても、「それぞれの運動が有する特性や魅力に応じて、基礎的な身体能力や知識を身に付け、生涯にわたって運動に親しむことができるように……」とされているし、解説においても、「適切な運動の経験」を「児童が心身の発達的特性に合った運動を実践することによって、運動の楽しさや喜びを味わうことである」とするわけであるから、「運動の特性」あるいは「運動の楽しさや喜び」という言葉は、体育に独特の教育内容の観点であるとも言えよう。

3 「運動の特性」と学習観

混在する「運動の特性」とその類型

　ところが、例えば現場で計画される学習指導案を見ても、「運動の特性」については実に多様な捉え方がなされている。しかし重要なことは、この言葉の捉え方によって実践される授業のあり方が大きくかわってくる点である。
　「走り高跳び」の単元を例に挙げて考えてみよう。
　学習指導案などを見ると「ふわっと身体が浮く感覚が楽しい運動である」「記録に挑戦することが楽しい運動である」「仲間と教え合うことが楽しい運動である」「助走、踏切、空中動作、着地の四つの局面の技術を獲得することが楽しい運動である」「瞬発力を身につけることができる楽しい運動である」など、実にいろいろな運動の特性の捉え方がこの運動に対してなされている。このときに大変興味深いのは、それらが「走り高跳び」という運動を教えようとする教師や研究者の「ものの見方」、あるいは教師の教育、学習、体育、スポーツ等についての「考え方（パラダイム）」に、無意識のうちに依拠していることである。
　「ふわっと身体が浮く感覚が楽しい運動である」という捉え方は、まさにバーを飛び越えようとしている「当事者」の、「運動の最中の感じ」を表す言葉となっている。つまり、「自分」が跳んでみたり、跳んでいる子ども自身の感想を言葉として理解する捉え方である。
　それに対して、「記録に挑戦することが楽しい運動である」という捉え方は、バーを飛び越えようとしている「当事者」の「運動の最中の感じ」を表す言葉ではない。「記録に挑戦することが楽しい」と思いながら「当事者」は走り出し跳び上がっているわけではない。むしろ、「当事者」であろうがなかろうが、そういう運動がなされたときに、「振り返って」整理したときにでてくる「観察者」の言葉である。
　さらに「助走、踏切、空中動作、着地の四つの局面の技術を獲得することが楽しい運動である」といった捉え方は、そんなことを感じながら走ったり跳んだりしているわけではないから、もちろん「観察者」の言葉ではある。ただ、前述の「ふわっと身体が浮く感覚が楽しい運動である」や「記録に挑戦することが楽しい運動である」は、一人ひとりによって感じ方や意識の仕方が違うこともある主観的な言葉であるのに対して、「助走、踏切、空中動作、着地の四つの局面の技術を獲得することが楽しい運動である」という捉え方は、走り高跳びが持つ誰にとっ

ても共通の性質であるから、客観的な言葉である点で異なっている。

このように考えてみると、「当事者（運動の最中）」「観察者（運動の事後）」のどちらから特性を捉えるかという軸と、「主観」「客観」のどちらから特性を捉えるかという二つの軸の視点が、走り高跳びの特性を捉えようとするときに影響を及ぼしていることに気がつく。

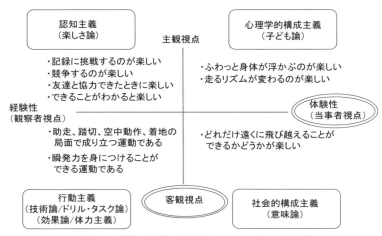

図3-1　運動の特性の捉え方について（走り幅跳び）

そうすると、図の右下の象限、つまり「当事者」の言葉で、かつ客観的（間主観的）な走り高跳びの捉え方が、先に挙げた例にはなかったことがわかる。そして、その視点から捉えられる言葉が「バーを落とさずに跳び越えることができるかどうかが楽しい運動である」という特性の捉え方となり、近年筆者が様々な場面で学習指導を考える際の有用性を強調しているものである。

この2軸4象限に現れたそれぞれの特性の捉え方に、授業や学習を考える教師の「ものの見方」が連動して、「認知主義的学習観」（第2象限＝図の左上）、「行動主義的学習観」（第3象限＝図の左下）、「心理学的構成主義的学習観」（第1象限＝図の右上）、「社会的構成主義的学習観」（第4象限＝図の右下）となっていることもここでは注目しておきたい。

学習観と「運動の特性」

「認知主義」の学習観とは、「わかること」が学習だと考え、教師の仕事は「わ

かるようにしてあげること」だと捉える学習観である。これが、第2象限と対応している。例えば、「記録に挑戦することが楽しい運動である」とか「うまくなることを学ぶのが楽しい運動である」と捉えるときには、そのことやそのことを成り立たせるための方法、知識、概念が主体としての学習者個人に「わかる」ように教材が考えられたり、学習過程が仕組まれたりすることになる。つまり、学習内容は「主知的」（感情的なものよりも知的なものに中心をおくこと）なものに中心がおかれる。「楽しい体育論」や「運動文化論」の基本的なスタンスはここにあるといってよい。

「行動主義」の学習観とは、「できること」が学習だと考え、教師の仕事は「できるようにしてあげること」だと捉える学習観である。これが第3象限に対応している。オランダのクルムらに代表される、体育における楽しさを「情意」の問題と捉える考え方は、第3象限に中心的なスタンスをおく、近代的な意味でのオーソドックスな考え方である。

これらに対して、第1象限と第4象限に連動するのは、「心理学的構成主義」や「社会的構成主義」と呼ばれる学習観である。これらも極言すれば、「感じとること」（心理学的構成主義）、「わかちあうこと」（社会的構成主義）が学習だと考え、教師の仕事は「整えてあげること」「参加を促し支えること」だと捉える学習観である。「ボールでどんな遊びができるか考えよう」といったテーマ単元（心理学的構成主義：第1象限）や、筆者が論じたことのある「局面学習」（社会的構成主義：第4象限）といった考え方がこれらにあたっている。

他方で、先に触れた「楽しい体育論」は「認知主義」から、「子どもから見た特性」という言葉を手がかりに、「個人にとっての意味づけの過程」というものを学習として大切にしようとする方向、つまり第1象限の視点とそれに連動する学習観を含ませることまで広がっていく考え方である。近年、「楽しい体育論」はその「構成主義的学習観」を再検討することを通して、さらに洗練されようとしている面もある。ただ、「楽しい体育論」が「めあて学習」といった形で、体育の特徴である「動くこと」、つまり「技能」を軽視する傾向へと強まってしまいその「認知主義的」性質だけが前面に出てきたときに、オーソドックスな「行動主義」的考え方は、批判の受け皿として注目を集めることになる。

これに対して、「運動文化論」も、そもそも「普遍的な技術指導の系統性」、つまり第3象限の視点にある課題を意識しつつ、子どもを主人公として、あるい

は運動文化の主体者として育もうとするものであるから、第3象限に連動する学習観を含ませる考え方である。そして、いずれにせよ第3象限の学習観と連動した学習指導論においては、「運動の特性」という言葉は、「楽しさや喜び」というよりも、形態的、あるいは技術的な特徴を示す言葉に近づいていくものにもなっていく。

これからの社会と学習観

このような整理に基づけば、現在の学習指導要領は、様々な学習観のほぼ真ん中に位置するような性質を持っており、やや「主観」の強い方向性への危惧から、「客観」の側にベクトルを少しずらしたというような整理もできなくなかろう。ただ、これからの社会やそれを支える子どもたちに求められる力を考えたときに、確実に言えることは、むしろ「主観／客観」という図の縦軸の問題ではなく、「当事者」の側へ力点をかけていくこと、つまり図の横軸の問題となる「構成主義的学習観」の側にベクトルを少しずらしていくことの大切さである。

知識基盤社会と呼ばれ情報化や国際化が進むこれからの社会においては、例えば「コンピテンシー」といった、変化に対応し、経験から学び、批判的に行動することができる「活用することのできる力」を育むことが重要な課題となっている。このことからすると、学習を「わかること」「できること」に限定して考えることは、「基礎・基本は身に付けさせたから、あとは自分で活用できるだろう」とか、「必要だと言われているものを身に付けさせる努力はできたから教師としてはOKだろう」といった、自己満足な教育につながりかねない弱点がある。なぜなら「勉強だからがんばる」といった「脱文脈的」な行為としてではなく、「学び」が「自分のこと」となり意味づけのプロセスが保障され、だからこそ問題解決的な学習がさらに進められるということがなければ、「活用する」ということが「身につかない」からである。このことへの自覚から、世界の教育においては構成主義的学習観がすでに広がり、すでにそれは自明のプラットホームになっている感すらある。しかし、近年のわが国の学校体育は、現実には一周遅れになっているといった面も否めない。

体育の学習指導のあり方を考えるときに、「これまでの成果と課題」といったように、子どもと運動との関係をまっすぐに見つめその関係や実態から体育のあり方を考えるといった受け継ぎ方をせずに、ポリティカルな動きの中で「Aがだ

めだからBへ」といった「振り子」のように現場での研究を進めようとしているがゆえに、体育科教育が持っていた大きな可能性を自ら摘み取ってしまうようなことが起こっているようにも見える。また、「振り子」のような傾向を、逆に平気で称揚する研究者さえもいるように思われる。

　走り高跳びを「バーを落とさずに跳び越えることができるかどうかが楽しい運動である」と捉える見方からは、「跳び越えるためにはどうすればいい？」という子どもの意味づけの過程の中で、「助走、踏切、空中動作、着地の四つの局面の技術を獲得すること」という系統的な文化的財産を、子どもが他者とのかかわりの中で必然性を持って学ぼうとする文脈のみならず、「できるかどうか」に夢中になるというという、「運動」が持つ「遊び」としての特性がしっかりと学ばれる学習指導を見通すことができる可能性が強い。また、このような観点から、多くの授業実践が現在では積み重ねられつつもある。「楽しい体育論」「運動文化論」「めあて学習」「ドリル・タスク論」など、それぞれの視点＝学習観から積み上げられてきた体育の学習指導論をいま一度、相対化して見つめ直し、「構成主義的学習観」への転換を図りながら、その成果を受け継ぐとともに、現代的な体育の教育課題に応じて、新しい学習指導のあり方をさらに検討すべきときにきているのではなかろうか。「『運動の特性』を観点としたさらなる教育内容の明確化」といった、次の学習指導要領の改訂への一つの課題の提案などもそこには含まれる可能性もでてこよう。

　極言すれば、「動き」（技能）があるから「運動やゲーム」（本番）があるのではない。「運動やゲーム」（本番）があるから、「動き」（技能）があるのである。「意味」の問題を考えたときに、このあまりにも当たり前すぎる事実を、私たち体育科教育の研究者はどのように捉えるのであろうか。「生涯にわたって運動に親しむ」ことをねらう学校体育において、教育内容が一環化、明確化されるためにも、「運動の特性」という言葉を、「社会的構成主義的学習観」との関係で多くの学校体育に携わられる先生方が整理してくださることを強く望むところである。

4 なぜ、子どもにやさしい教材を開発する必要があるのか

教材の持つ「やさしさ」とは何か

　子どもにやさしい、ということを、ここでは「子どもが自然体のうちに興味・関心を引き起こされ、自ら意味がわかり、スムーズに運動の世界に参加できる（夢中になれる）こと」と、まず捉えておきたい。

　特に1960年代に、教育を生産システムをモデルとする営みとして捉える「教育の現代化」「教育の科学化」の流れの中で、教材という言葉は、教育内容を教えるための材料＝教えるべき知識や概念や技術が詰め込まれたパッケージ、というイメージを先行させてしまった。ゆえに、やさしい教材とかすぐれた教材となると、どうしても教育玩具のように、教えようとする概念や技術を子どもが楽しく簡単に「練習」できたり「習得」できる、といったものを考えてしまいかねない。

　ところが、「総合的な学習の時間」の実践にも現れたように、ある体系を持った知識（認識）や技能を獲得させるという、これまで「あたりまえ」のことであった教育（学習）観からの脱皮が、今、私たちには求められている。社会の発展途上期には、種々の知識や技能を「定着」させることが子どもの「生きることの可能性」を保証した。しかし、現在のような社会の成熟期には、むしろそういった内容を「生成」する経験や力が子どもの「生きることの可能性」を拓く条件となるのである。このためには、真の意味での「子どもの自発性」に、授業構想が支えられなくてはならない。ところが、この点に学校教育はいまだ応えきれていない。このあたりの「ねじれ」に対する取り組みが、教師自身の根本的な発想の転換を促す、現代の学校改革の焦点なのである。

　そのため、今、先導的な実践では、「習得」ではなく、「参加（＝享受・再構築の営み）」という観点から、学習の協働性や創造性、あるいは教育内容の文化的性格が強調されるとともに、「一人ひとりの子どもの『自分探し』を文化に関係づけるための媒介物」（佐伯胖、1995）として、教材を捉えようとする動きが盛んである。つまり、「教えよう」という意図がむきだしになった加工物、という

のではなくて、子どもたちを触発し、「この私がどうなる」というレベルで、各教科が固有に扱う「文化」のよさを実感でき、それへの実践的な参加を誘うもの、として教材を捉えようとするわけである。

　この点からすれば、「運動の特性」という観点をはやくから導入した体育は、他の教科に一歩先んじて、教材の持つ「自分探しと文化の媒介」という面をこれまでも重視してきた。その内容が、子どもに身近な「生活文化」であったために、まずは「素材」としての運動やスポーツが優先され、「なに（科学的な認識や技術等）を教えるためにこの材料（教材）があるのか」といった、一直線で堅苦しく、ときに部分的になりがちな教師発想の議論に体育はとらわれずにすんだ。もちろん、このために「お勉強」という意味での、従来型の教科の構造的な把握にはなじまなかったけれど、それゆえに体育では、知識や技術や体力なりを「伝達」「訓練」する手段というのではなく、教材を、「学習内容（＝ねらい・めあて）」という言葉から、学齢期の子どもたちに見合った、運動・スポーツという文化（世界）の享受・再構築の営みそのものとして目的的に取り扱うことができた。子どもにやさしい、ということを冒頭のように捉える意味も、このような背景を確認できれば少しはっきりするのではないかと思う。

「運動の世界」という観点

　ところで、例えば、「鉄棒運動」という単元設計を考える場合、運動の特性、つまり「文化としての鉄棒運動が持つ内在的な価値（＝プレイとしての楽しさ）」という一般的な視点から、教育内容としての鉄棒運動をまず捉えなおすことが、今、おこなわれている。その後に、「どのような手がかりからならば、このクラスの子どもたちは鉄棒運動が内在させる楽しさ、おもしろさを享受し、再構築できるのか」という点が、個（一人ひとりの子ども）と運動の関係を軸に検討される。この過程を、単元計画では、「子どもからみた特性」という言葉で表記する場合も多いようだけれども、こうして鉄棒運動は、「新しい技に挑戦したり、それができるようになることが楽しい運動」とか「できる技を組み合わせたり、連続させることが楽しい運動」といった形で広義の学習内容が示されることになり、具体的に教材化されることになるわけである。

　しかし、このとき素直に考えてみたいことは、このように鉄棒運動の学習内容を検討し教材化するとき、私たちの視点が、一人ひとりの子どもと運動の関係に

第1部 体育の学習と指導の理論―「遊び」の観点と現代的教育課題―

過集中していた、という点である。例えばひとり黙々と、だれもいない放課後の運動場でおこなう鉄棒運動は、たとえそれが「新しい技に挑戦したり、それができるようになること」がめざされた活動であっても、果たして「子どもが自然体のうちに興味・関心を引き起こされ、自ら意味がわかりスムーズに参加できる」ような、子どもにとって楽しくておもしろくてしょうがない運動となるだろうか。休み時間や、体育の時間の鉄棒運動で、子どもたちが気持ちを弾ませ心揺さぶられるのは、多くの仲間と同じ空気の中で、鉄棒という固有の遊び道具＝モノに支えられ、自身が活動している、というこの全体的な時間・空間のすべてなのではないか。多くの仲間、自分、そしてモノとしての鉄棒が「かかわり」あって、固有の意味・価値としてプレイの文脈を構成する場、つまり単なる運動（客観的な動き、主観的な心理）を超えた「運動の世界」（間主観的意味世界）ということが、学習内容として捉えられるべき「鉄棒運動」の中身であって、この「運動の世界」が工夫され、大きくなっていくことが体育の学習のねらいであるとみてよい、ということなのであろう（図 4-1 参照）。このように考えると、これまでの体育授業は、主に技術や作戦、戦術といった内容を課題として「自己を向上させる」という手がかり、いわば自己自身との「かかわり」を中心に、「運動の世界」を享受・再構築させようとしてきたことがわかる。例えば、鉄棒運動を「新しい技に挑戦したり、それができるようになることが楽しい」と捉えたのは、「鉄棒運動の世界」を、自己を変容させることで広げようとするからである。もちろん、一般的な自我の発達段階として、自己意識が十全に確立していない小学校低学年の子どもたちや、他者への意識が強い小学校中学年の子どもたち、また自己の向上のスパンが比較的長くなってくる中学校後半から高等学校の子どもたちにとって、このように「自己」に厳しく向き合い「自己」をコントロールするという手がかりは、少なくともある程度の「やらされている」という感覚を引き起こすことはまちがいないし、この点に低学年の授業や、一方で「選択制」の授業づくりにおける実践的な課題の核心が含まれているようにも思われるわけである。

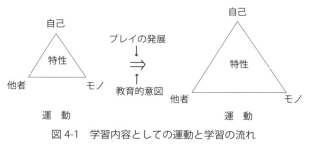

図 4-1　学習内容としての運動と学習の流れ

だとすれば、よりやさしい教材開発の視点の一つとして、直接的に「他者」や「モノ」を工夫することを手がかりに、あるいはそれをとりあえずの出発点として、運動の特性を享受・再構築しやすい「運動の世界」のあり方を探ることが必要になるのではないか。本来、人間の文化とは、環境や共同体全体の作業からなる関係的な現象でしかない以上、様々な運動場面での「自己・他者・モノの関係づくり」が、発達課題との対応関係の中でうまくなっていくことが、そのまま生涯スポーツにつながることになるのだ、と考えたいわけである。

やさしい教材開発への様々な取り組み

　このような観点から、今、全国各地で様々な取り組みがおこなわれている。最後に、最近参観や教材開発の共同作業をおこなうことができた、いくつかの取り組みを簡単に紹介しておこう。大阪市立弘治小学校の北先生の実践では、グループでマットの置き方や回り方を工夫して楽しむ、「他者」や「モノ」を主な視点とした5年生のマット運動が展開された。集団演技という形で技のできばえを競うのではなく、「ズレ」や「つながり」「共調」といったところからマット運動を工夫する子どもたちの活き活きした活動が、強い印象を与えた実践であった。尼崎市立水堂小学校の中田先生の授業は、1年生のマット遊びを「マットランドの大冒険」と銘打って、「他者」や「モノ」を直接工夫することで、マット遊びの楽しさを求める実践であった。低学年の子どもたちは「モノ」との関係から活動を引き起こしやすい。授業の「モデル」をベースにするのではなく、目の前の子どもたちからの発想を大切にした点にとても感心させられた参観であった。紹介できなかったものも多いのだが、もちろん、こうした取り組みは、すでにすぐれた実践の中でおこなわれてきたことかもしれない。ただ、本稿ではこういう実践を改めて、現在的な状況の中にやさしい教材開発という点から見直して、体育学習が抱える課題の一端に位置づけなおすことを試みたところである。

〈付記〉
実践の紹介で挙げさせていただいた先生方のご所属は初出当時のものである。

【文献】
佐伯胖（1995）『学びへの誘い』東京大学出版会.

5 教材づくり・場づくりを工夫しよう

「へたな子」と「上手な子」

　広辞苑によると、「へた」というのは、巧みでない、ということのようだ。そうすると、もちろん「じょうず」というのは、巧みなこと。でも、ここで気になるのが、いつも「何が」という部分。「何が巧みでなかったり、巧みなの？」ということを、教材づくりや場づくりの問題を考える前に、ぜひとももう一度検討してみよう。

　ふつうに考えると、体育なんだから、これはもちろん「運動」のこと。そこまではいい。では「運動」とは何か。こういう書き方をしてしまうと、なにやら難しい理屈がでてきそうな気配。でも、ここでは決して、むずかしい議論をしたいわけではない。しかし、「運動とは何か」という問題をどう捉えるかによって、教材づくりや場づくりの考え方が大きく変わるので、この問題にここではもう少しだけ触れてみたい。

　「運動」とは何か、と言ったとき、まずでてくる立場は、「運動とは体を動かすこと」という考え方。これは、考え方というよりは、むしろあたりまえのことだ。だからこそ、「どうすれば子どもたちが巧みに動けるように指導できるのか」ということが、体育の授業研究ではよく問題になる。

　しかし、もう一つの立場がある。それは「運動とは夢中になること」という考え方。これはよく「楽しむ」という言葉で言われることでもある。ただ、「楽しむ」と言い換えてしまうと、さらにいろいろな理解の仕方がでてくるのも事実。特に問題なのは、それを「楽しいという心理状態」のことだとする見方である。

　ここのところの違いは微妙なので、ぜひとも注意していただきたい。簡単にいうと、「夢中になる」というときは「苦しかったり、がんばっていたり」するときもそれはOKである。しかし「楽しい」というと「苦しかったり、がんばっていたり」というのはダメになる。つまり、「運動」を「体の動き」として捉える客観主義的な立場に対して、「運動」を「楽しいという心の快感情」と捉えるの

が主観主義的な立場。しかしこの両者は、技術か心理・感情かの違いはあるにせよ、「運動」を「見えるもの」として考える点では共通している。これを「実体主義」と呼ぶ。それに対して「夢中になる」という捉え方は、いわば「体の動き」と「心の状態」が合体したときの「状況」そのもののこと。なかなかこれは「見えにくい」。言い換えると「運動」というものを、ある固有な文化的現象＝「人間と環境との特殊な関係」として捉えているということだ。こういう立場を「関係主義」という。んーん、やっぱり舌足らずのむずかしい話になってしまった。紙数の都合上、どうぞご容赦下さい。

　さて、ここからである。それでは、「運動とは体を動かすこと」という立場と「運動とは夢中になること」と捉える立場では、「へたな子」「上手な子」という問題にとって何が変わることになるのか。もちろん、「体を動かす」のが「運動」と見れば、「へた」や「上手」は、「体の動かし方」の問題となる。それでは「夢中になる」のが「運動」と見ればどうなるのか。それは、「運動に夢中になること」に「巧みでない」のが「へたな子」、「運動に夢中になること」に「巧みである」のが「上手な子」ということになる。これは、授業づくりを考える際、まことに大きな違いではないかと思うのだが、いかがだろうか。

「できないからこそ面白い」が、まずありき！

　「運動に夢中になることに巧みな子」は、運動が好きな子が多い。逆に「運動に夢中になることに巧みでない子」は、運動が嫌いな子が多い。よく見落とされがちなのだが、これは「体の動き」＝「運動の技能」が高い／低いということとはまったく別な次元のことだ。「できる／できない」ことと「好き／嫌い」とは違う。こういうと「それでは結局、技能の低い子どもはその子どもなりの楽しみ方を、といった分相応主義で子どもたちに教えろというのか」とよくお叱りをうけることもある。だが、それはちょっと違う。つまり、こういうことである。

　「夢中」という体験は、多くの場合「できない」ことを「できるようにしよう」として「がんばっている」ときにでてくるものである。「跳び箱で4段はOKになったけど、5段も跳んでみたい！」とか「あのチームに勝てるように新しい戦術を実行してみたい」とかだ。ところが、この状態は、ある基礎的な感覚がなければ成り立たない。それは、そもそも「5段が跳べない」とか「あのチームに勝てない」といった、「できない」ということ自体にそもそも興味を持つという感

覚、つまり、「できないからこそ面白い、できないからこそチャレンジしてみたい」という感覚である。

　運動が好きな子は、こういう感覚に溢れている。とにかく「チャレンジ精神」が旺盛なのだ。しかし、運動の嫌いな子は、まったくこの逆になっている。「できないからこそ面白くない」と思っているのだ。もちろん、こういう感覚をこれまででもよく「自信」とか「達成感」とか「有能感」という言葉で押さえようとしてきた。そして、こういうものを体得させるためにも、やはりまず「できる」という体験が必要なのだ、とも強調されてきた。だが、そうすると、「嫌いな子」や「できない子」の最初の第一歩は、いつでも誰かから後押しされる、言葉を激しく使えば「強制」されるところからしか始まらないことになる。しかし、このことこそが「へたな子」には実はもっともきついのではなかったろうか。子どものためにといいながら、どうも議論が逆立ちしているように感じるのである。先生が教えてあげたからこそ「好きになれたね」と子どもに言わせたいという感じ、んーん、これは少し言い過ぎかもしれない。

　ここで、ちょっと整理し直してみよう。従来からよく考えられてきたことは、運動の嫌いな子は「できないから面白くない」と感じている。だから「できるように指導してあげたい」ということ。つまり、これが授業づくりのベースラインであったわけだ。しかし、子どもの様子からすると、むしろ「できない」ということを「面白い」と感じているのか、だからこそ「面白くない」と感じているのか、この違いが運動の好き嫌いを分けている、と感じられる。そうなると「できるように指導してあげる」まえに、「できないからこそ面白い」という「運動の意味」をしっかりと伝えてあげることが、授業のベースラインにならなければいけないのではないか、と思うのである。

　もちろん、「できないからこそ面白い」と思うことができないのは、例えば「跳び箱」というモノがそもそも「面白そうなものだ」というように関係づけられてはいなかったり、先生や友だちとの関係や雰囲気といった問題も大きく影響を及ぼしている。だとすれば、このような意味での運動における「へたな子」とは、「運動における技能の意味」がわからないとか、「運動における跳び箱というモノの意味」がよくわからないとか、「運動における先生や友だちの意味」がよくわからない、ということなのではないだろうか。こういう大きな次元での「へた」という状態があって、さらにそれが解消されたあとで、運動にさらに夢中になる―

つの課題として「体の動き」という次元での「へた」がでてくる、と考えなければならないと思うのだ。

「夢中になることがへた」という大きな次元と、「体の動きがへた」という小さな次元を区別すること、そしてその関係をしっかり押さえておくこと。このことがなければ、体育の授業は、単に運動技術をコーチングするだけの場に変わってしまうだけでなく、小さな次元での「へた」をなんとかしてあげようとする教師の努力が、まったく意図していなかったのに、大きな次元での「へた」をさらに広げてしまう場となってしまうこともある。授業研究は進んだのに、いっこうに子どもが運動を好きにならないといった事態だ。体育の先生やその研究者が陥りやすい罠であるだけに、ぜひとも用心したいところである。

教材づくり、場づくりのポイント

それでは、「運動に夢中になることがへたな子」に対して、どのような教材づくりや場づくりが必要となるだろうか。「できるようにさせるコツ」の大きなポイントは、まず二つある。一つめは、「運動に子どもをあわせるのではなくて、子どもに運動をあわせる」ということ。二つめは、「場やモノを工夫すること自体に、学習のねらいを持たせる」ということである。

「子どもに運動をあわせる」という考え方は、簡単なようで実にむずかしい。だいたい本当にぴったりあっているのかどうかを判断するのがむずかしいし、子ども中心になりすぎて、結局、何を教えたのかがわからなくなってしまった、ということもときに多いからだ。そこで「子どもに運動をあわせる」ためには、さらに注意すべきポイントがいくつかある。それは「活動の面白さと内容の面白さを区別すること」、それに「内容の面白さを明確に捉えておくこと」の2点である。例えば、小学校低学年の「マット遊び」を例にとってみよう。「子どもの活動にあわせる」ということが先行すれば、「マットにフラフープを置いても面白い」とか「平均台を組み合わせてみても面白い」ということになる。すると、もの珍しさも手伝って子どもの活動は活発になるはずだ。そして、マットの上に置かれたフラフープや平均台を飛び跳ねて活動することと思う。しかし、それではこの授業でどんな「運動」を教えているのかがよくわからなくなってしまう。これではそれが、跳の運動遊びなのか、マットの運動遊びなのか、謎は深まっていくばかりなのではないか。

こういう事態は、「へたな子」の指導に対して、興味を活動のレベルで優先させてしまい、その子に何を教えるのか、が見失われた場合に起こることだと考えている。ここでの「マット遊び」の本質＝「運動の特性」は、「ころころと回ることができるかどうかが面白い運動遊び」なのだ。つまり、授業で教えられなければならないのは、この「できるかできないかの面白さ」なのであって、飛び跳ねること自体が面白い運動遊びではない。活動と内容の問題をしっかりと区別するとともに、内容の面白さをしっかりと捉えておかなければ、「子どもに運動をあわせた」教材づくりや場づくりはできない。このことからすると、「マット遊び」の授業では、例えば「ころころとまわることができるかできないかが面白い」ということがまずわかる教材づくりや場づくりとして、細かったり太かったり、短かったり長かったり、下り坂だったり上り坂だったり、ふわふわしていたり硬かったり、といった「挑戦することが面白そうな場」を考えることや、ダンボールを輪のように使ってその中に入ってころがる、とか大小様々なボールを体に抱えてまわってみる、などの「教材」を考えることが必要なのだと思う。
　アメリカの認知心理学者のギブソンは、「アフォーダンス」という言葉で、環境が持つ人間にとっての情報というものに注目した。つまり「そういう場」や「遊び方・運動の仕方＝教材」に出会ったときに、思わず「してみたくなる」という、人が環境から情報をまったく自然に「ピックアップ」してしまう側面の存在を強調したのである。この意味で「子どもに運動を合わせる」というのは、「へたな子」の最初の第一歩を、こういう「環境」に眠る子どもたちを誘いかける力を、最大限活かして授業を作ろうということでもある。
　次に二つめの「場やモノを工夫すること自体に、学習のねらいを持たせる」という点についてである。例えば先の「マット遊び」の場合も、スタートの場は教師が用意するけれども、学習が進むに連れて「こんな場でもまわってみたい」とか「こんな回り方もしてみたい」という子どもの気持ちが自然と生まれてくるはずだ。このことが重要なのである。このときに子どもたちは「よりむずかしい場や仕方を求めている」ということになるから、初めて「できないからこそ面白い」という感覚に拓かれるきっかけでもあるからだ。そうすると、場や運動の仕方というものは、そうした子どもたちの動きに応じて、自ら作り替えられていかなければ、そうした感覚が定着することはなくなってしまう。ただ、このときでも、そうした子どもたちの工夫が、「何に向かって」なのかをしっかりと見定めてあ

げる必要がまた大切な点だ。そうしないと、また「マット遊び」にフラフープがでてきて「飛び跳ねる」といったことになってしまうからだ。

　こうした教材づくり、場づくりのポイントは、もちろん、何も低学年の指導だけにかかわるものではないし、個人的な運動にだけ関わるものでもない。例えば、高等学校の体育授業における「ハンドボール」の例を考えてみても原理は同じである。「手だけでボールを扱い、どちらがたくさん垂直面上にあるゴールにシュートできたかを、チーム対チームで競う運動」というところが内容の中核。だとすれば、この点だけをしっかり捉えておきながら「子どもに合わせ」かつ「場やモノを工夫すること自体にねらいを持たせる」ことにも配慮しながら、教材や場をつくることが考えられればよいと思う。近年、戦術や技能を優しく身に付けるための「タスク（課題）ゲーム」が開発されているが、こういう教材を先の視点から読み直してみても、教材づくりや場づくりについての具体的なアイデアが浮かんでくると思う。

　ポイントは、この種の「ゲーム」を、トップダウン方式で「正規のゲームのための準備段階」とは考えないこと。こう考えたとたんに「へたな子」にとっては、それが「しなければならないタスク」という形ででてきてしまう。発想を転換してみよう。「へたな子」が、まさに自然な形で「アフォーダンス」を受け取ることができるようなゲームとして、ボトムアップ方式でこの種のゲームを位置づけ直してみるのだ。そうすると、そのゲーム自体の「ハンドボールとしての面白さ」の度合いが結構見えてくる。もちろん、ボトムアップ方式は「ゴールフリー」が原則だ。結果的にどのようなゲームで学習を終わることになっても構わないと見るべきである。構成主義的な、あるいは状況論的な学習観からの教育改革が世界的規模で進められていることからもわかるように、現代社会における共通の教育課題は「学ぶことの意味」の回復である。「身に付けないと後で苦労するから、やっとかないといけないよ」。こういう形での動機づけは、発展途上型の教育の基本形。これをいかに乗り越えるかが、今、問われているのだ。

　「運動に夢中になることに上手な子となること」＝「運動の客観的側面と主観的側面を新しく関係づけることができること」＝「運動の意味を獲得できること」の教育的な価値の大きさに、体育科教育に携わる私たちはもっと敏感になる必要があると思うのだが…。

6 「やってみる」「ひろげてみる」「ふかめる」 という体育の学習過程

「学習の過程」とは何か

　体育の学習指導を考えたり、工夫して実践したりするのは大変面白いことである。とりわけ、体育科にだけは教科書がないために、副読本を参考に、あるいは学校で先輩方から受け継いだことや自分のこれまでの経験から、ああでもない、こうでもないと、授業のあり方を考える余地が大きい。また、そもそも運動が中心となった活動的な時間だけに、子どもたちも活発で、子どもたちと一緒に作っている授業、という感じがよく出てくるからではないかと思ったりもする。実技、という授業の基本的な性質が、普段にはない子どもたちとの「近さ」をもたらしたり、子どもたちの個性を肌で感じさせることも多く、学級経営上も欠かせない教科になっているというところもあろう。

　ところで、こういう体育の学習指導を考えるときに、一つ大きな課題となるものが、「学習過程」の考え方である。簡単に言うと、「単元計画や一時間の授業を、どのような流れ（道すじ）として捉え進めていくのか」ということである。バスケットボールを単元内容として取り上げる授業が、総時間数で 7 単位時間あったとする。その 7 単位時間を、どのような道すじを想定して子どもの学習指導にあたるか、ということでもあるし、その中の 1 時間 1 時間の 45 分の流れをどう作るかということである。1 時間目から 6 時間目まで、順番に個人技術から集団技術を積み上げていってゲームに持っていく、というような道すじを考えることもできるし、1 時間目から 7 時間目まで、前半の 20 分はいつもゲーム、後半 20 分は練習、といった道すじも考えることができる。また、教えたい内容を系統立てて分解し、順序よく学ばせながら、ゲームを時々におこなってその成果を確かめる、といった道すじも考えることができる。いずれにしても、この「学習過程」をどのように捉え計画し実践するかに応じて、子どもの体育学習の進め方やあり方が大きく変わってくる。この意味で「学習過程」の問題は、先生一人ひとりの考え方や捉え方によって学習指導のあり方が変わる大きなポイントである

「ねらい1、2」や「めあて1、2」という考え方

　このような学習過程の工夫の中で「子どもの立場」を大切にし、「運動の楽しさや喜び」をどの子どもにも味わわせること、をねらっておこなわれてきたものが、「ねらい1、2」や「めあて1、2」という表記の仕方で現場には馴染まれている「楽しい体育」の学習過程の考え方である。

　この「ねらい」や「めあて」という言葉で学習の道すじを捉えて指導にいかそうとする考え方には、大きく、三つのポイントがある。

　まず一つめのポイントは、「学習の過程」を、「教える内容の順序性」ではなく、「子どもの学びの流れ」として、それを考えようとしているということである。つまり、「教示・指示」の過程ではなく、学習の過程であるということである。例えば、バスケットボールの単元を考えた場合、「個人技術」をまず指導し、それを生かして次に「集団技術」を指導する。そして、最後に実戦としてゲームをおこなわせる。このような道すじは、「教える内容の順序性」を先生の側で整理したものであり、「教示・指示」の過程としての意味合いが大きい。それに対して、「めあて」や「ねらい」という形で表記するときの学習の道すじの考え方は、それを子どもの側から捉え直し、「今ある力で運動する」という段階から、「高まった力で運動する」という段階へというように、子ども自身の課題として学ぶべき内容を、自分にとっての「めあて」や、自分にとっての「ねらい」として位置づけるとともに、その学習課題の発展の流れの見通し、として学習過程を計画しようとしているのである。

　次に二つめのポイントは、そのような学習の過程を計画して目指されているものが、どの子どもも全員が「運動の楽しさや喜び」を深めることにあるということである。つまり、技術や動きを身に付ける、ということだけが最終の目的なのではなく、そのような技術や動きを身に付けることによって「運動を楽しむ」「運動の喜びに触れる」ことが深まることを最終の目的にしているということである。

　例えば、1時間目から6時間目までは技術練習をおこない、最後にゲームをするということになると、技術や動きを使って「運動を楽しむ」時間は、最後の1時間だけとなってしまう。もちろん、意欲の高い子どもたちばかりが集まった中では、このような学習過程の方が、より大きな達成感や「運動の楽しさ」が生じ

ることもしばしばある。部活動などでの運動の学習指導はこのような典型例であろう。ところが、好きな子どもや得意な子どもだけではなく、嫌いな子どもや苦手な子どもに対しても全員に運動をしっかりと学んでもらうことが必要な体育授業では、このような意欲の高い子どもに馴染みやすい学習過程をとることのリスクは実は大きい。はみ出してしまう子どもの存在の方が大きくなる可能性があるからである。このように考えた場合、「運動の楽しさや喜び」が易しくわかるということを毎時間保障しながら、いつも意欲づけられそこから生じる課題を解決する形で、技術や動きなど身に付けなければならない内容の獲得に取組むような学習過程が必要になる。そこで工夫されたものが、「めあてやねらい」を持って「運動を楽しむ」ということと、その「めあてやねらい」の発展の見通しから学習の段階を考えようとする学習過程の工夫であったわけである。「めあて・ねらいのある活動」が学習である。活動があってもねらいがなければ学習にはならない。この「めあて・ねらい」というものが、あわせて「運動の楽しさ」にしっかりと向かっていくことを大切にした学習過程ということである。

　最後の三つめのポイントは、「めあて」や「ねらい」という言葉の中に、「課題解決学習」という学びの性質を深く埋め込もうとしたことである。「めあて」を持って、あるいは「ねらい」を持って学習するということは、同時に、学習課題を発見し、それを解決していく過程に対して、「主体的」「自発的」にかかわることを強く示唆する言葉である。「ねらい」や「めあて」は、この意味で先生の言葉ではなく、子どもの言葉である。だからこそ、授業では「今日のめあて」を確認させることから学習指導はスタートする。まただからこそ、子どもが必要性を感じ、「今日はこのことをなんとかがんばりたい」と強く思い、その結果「できた」とか「よかった」とか「面白かった」とかの経験として、授業が子どもにとって運動の意味を練り直す場となるのであろう。生涯にわたって運動に親しむ子どもの力をつけるためには、大切なことであると思う。

　以上のように、大きくは「子どもの学びの流れ」「全員が『運動の楽しさ』に向かう流れ」「課題解決の学びの流れ」という特徴を持ったものが、「めあて1、2」や「ねらい1、2」という考え方の要点であった。こうした考え方を基にして、例えば器械運動の学習では、1単位時間の中で「今できる力で楽しむ→高まった力で楽しむ」ということを連続させる「スパイラル（螺旋）型学習過程」、またボール運動などでは、例えば1〜3時間目までと4〜7時間目までを「今でき

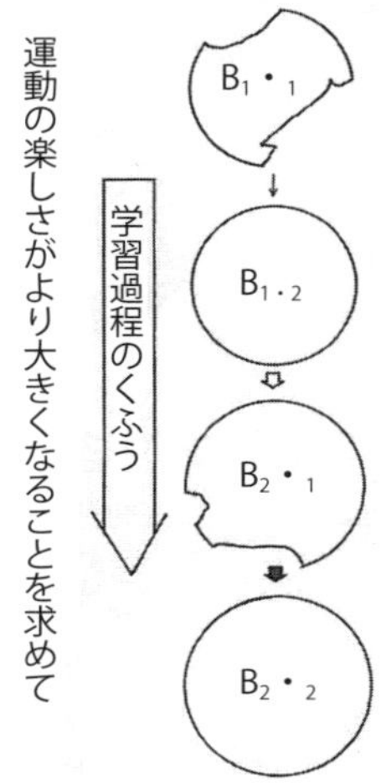

6 「やってみる」「ひろげてみる」「ふかめる」という体育の学習過程

```
運動の楽しさがより大きくなることを求めて

学習過程のくふう

B₁・1  ①今、その子どもたちは、その運動をどの程度にできるか。
       （➡力に合った運動の楽しみ方）
           ↓
B₁・2  練習やゲームなどを通して、欲求充足の活動が展開し、それ
       なりの楽しみ方に熱中。

       ┌─────────────────────────┐
       │ 結果として、力の向上を伴う │
       │      ↓                  │
       │ 欲求のレベルはいっそう高くなる │
       └─────────────────────────┘

B₂・1  新しく身につけた力をもとに、その運動の楽しさ・喜びを
       いっそう高めようとする。
           ↓
B₂・2  高まった力にふさわしいくふうがくわえられ、いっそう高
       いレベルの楽しみ・喜びが得られる。
```

［注］
◆ B₁、B₂のいずれも、1は変形（バランスを欠いている部分があることを示す）であるのに対し、2は整った円形に表している。この変化は適切な学習によって、技能、ルールやマナー、学習の場などの間にバランスがとれて、楽しさ・喜びがよりよく生じやすくなっている状態になっていることを表している。
◆ B₁よりB₂の方が、より大きく示されているのは、力の高まり、そしてそれに見合う楽しさ、喜びの高まりを意味している。

図6-1 楽しい体育が試みている一つの学習過程のくふう（宇土正彦、1982）

る力で楽しむ→高まった力で楽しむ」という流れとして捉える「ステージ（舞台）型学習過程」という学習過程が工夫されたりしてきた（図6-1）。

　もちろん、他にも様々な学習過程の工夫や考え方があり、体育の学習指導のあり方は、子どもの様子や学校の状況に応じて様々に工夫されるべきものである。ただ、一つのモデルとして、体育の目的や内容を考えたとき、汎用性の高いものがこの「めあて1、2」「ねらい1、2」という学習過程の考え方であったのである。

指導内容の明確化や内容の系統性の重視という観点

　ところで、学習指導要領では、「確かな学力」をめざすことが掲げられ、そのためには「基礎的・基本的な知識・技能の習得」とともに、「活用」「探究」などの学習活動を通じた「思考力・判断力・表現力の育成」が必要とされている。こ

第1部　体育の学習と指導の理論─「遊び」の観点と現代的教育課題─

の「習得」「活用」「探求」という言葉も、「何を教えるのか」という内容の順番を表すものではなく、「いかに学習させるのか」という学習のスタイルを表す言葉である。この背景には、知識基盤社会と言われるこれからの社会においては、ただドリルをして身に付ける／覚える、ということではなく、知識や技能を「活用」できたり、自ら「探求」できたり、といった、「コンピテンシー」を高めることがより重要となっている、といった認識がある。

他方で、こうした動きは「指導内容の明確化や内容の系統性の重視」ともうたわれている。これは、教育が「やりっぱなし」になるのではなく、どれだけの成果を実際に挙げたのか、この点にもこれまで以上にしっかりと責任を持つことを求めるものである。「教育の質保障」という課題は、今とこれからの社会が見通しにくくなってきている日本においては、社会的な必要性として大きく膨らむ教育への期待という一面もある。このような中で、体育の学習過程についても、プラスαの、より発展的な考え方が模索される必要がある。

ところで、体育の学習は、もちろん学校教育における教科の一つとしておこなわれているのであるが、そもそも学校教育の特徴は、次の図のように、「教え手と受け手」がセットになっておこなわれる、学校という「公」の場で行う教育という点に特徴のある営みである（図6-2）。

つまり、学習であっても「教え手」がセットになっていない場合には「自己学習」

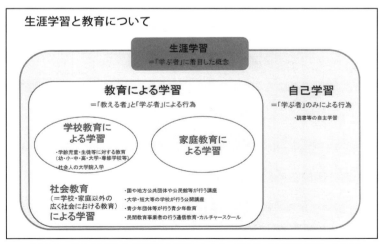

図6-2　社会教育と生涯学習の関係（イメージ図）（文部科学省、2012）

6 「やってみる」「ひろげてみる」「ふかめる」という体育の学習過程

ではあるものの学校の教育課程の中での学習とは呼ばず、また、家庭でおこなわれるものや社会一般でおこなわれているものも「学校教育」とは呼ばない。このことからすると、「自己学習」の支援は学校教育ではなく、また、学習指導要領に基づいておこなわれる教育でなければ、これも学校教育ではないということになる。ただ、学校教育が「公」のものである以上、そのあり方や、そのあり方が具体化される学習指導要領については、いろいろな意見が交わされ、社会成員全体のコンセンサスと、国民の今とこれからの幸福につながるべく教育をリードするものに組み替えていく作業には常に開かれていなければならない。しかし、いずれにしても体育は、このように考えると、「教え手と受け手」がセットになっておこなわれるところにポイントがあって、いくら子どもの主体性や自発性を重視したり「運動の楽しさ」を重視したりしたとしても、「自己学習」を前提とした、目標の定まらない教育でないのは確かである。

　ここで、学習過程における「今ある力で楽しむ→高まった力で楽しむ」という原理が、このこと自体は大切なことではあるが、「今ある」とか「高まる」という言葉がかなりの程度「抽象度」が高くいろいろな捉え方ができるものであるだけに、そのことが逆に、「楽しいだけで高まらない」とか「楽しいだけで何も身に付かない」といった、そこでの工夫が意図したものとはまったく違った方向の、思わぬ学習指導をもたらすことにも繋がったという批判が持たれているのは周知のところであろう。つまりそれは、この学習過程の考え方が持つ三つの特徴がよく理解されず、「自己学習」と「学校教育／学習」の区別を曖昧にしてしまい、体育を「自己学習」の世界へと勘違いさせていったということになるのではないかと思われるである。

　しかしだからといって、「今ある力で楽しむ→高まった力で楽しむ」という原理や、「めあて1、2」「ねらい1、2」という形で工夫されてきた学習過程の考え方が不必要になっているということではもちろんない。むしろ、先にも述べたように、学習指導要領においても、「課題解決学習の重視」等に見られるように、逆に学習者の主体性や「運動の楽しさ」等も強調されているところである。そうなると、よりこうした問題が解決されるような新しい学習過程のモデルの考え方が探られる必要がある。そこで、考えてみたいのが「やってみる」「ひろげる」「ふかめる」という形で表記される、学習過程の工夫である。

「やってみる」「ひろげる」「ふかめる」というモデル

「やってみる」「ひろげる」「ふかめる」という学習過程は、細江によって、学習指導要領で強調された「習得」「活用」「探求」という言葉を、「子ども側の概念として」置き換えたものとして提案されている。細江は、「その流れは、教師が提示するやさしい動きや運動のおこない方から始まり（やってみる）、理解したことを広げたり、アイディアを出し合ったりしながら（広げる）、願いやこだわりを膨らませたり、それをみんなで共有したりする（ふかめる）活動としておさえられる」と述べている（細江、2009）。

これは、同じところで、「子どもが、どんな段階をふんで、どんな学習をするかに関する学習の道筋のことである。そのためには、子どもが主体的に「どんな学習をしたらよいか」子ども自身にわかりやすい言葉で示すことが大切である。「何を」学習するかではなく、「いかに」学習するかの学び方の観点である」と述べるように、「子どもの学びの流れ」を同様に大切にするものである。また他方では、「知識や技能を形式的に身に付けさせてからそれを工夫、発展させるという学習過程ではなく、知識や技能をいかに子どもたち自身が身に付けていけるかという観点に立った学習過程」（細江、2009）ということを大切にするものでもある。このことからすると、先に述べた「めあて1、2」や「ねらい1、2」という学習過程の考え方が持つ、「子どもの学びの流れ」「『運動の楽しさ』に向かう流れ」「課題解決の学びの流れ」といった特徴を大切にしつつ、「自己学習」と「学校教育／学習」の区別を意識しようとするものである、ということができよう。ただ、「『運動の楽しさ』に向かう流れ」という側面からの説明はあまりされておらず、また、「めあて」や「ねらい」という言葉に埋め込まれた「課題解決学習」と

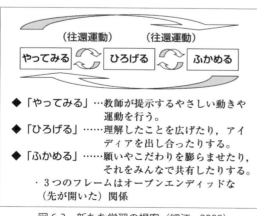

図 6-3　新たな学習の提案（細江、2009）

いう性質との関係についても、詳しく説明されていないところがある。そこで、ここではそのような側面を補足して考えることから、「やってみる」「ひろげる」「ふかめる」という学習過程のモデルが持つ意味や可能性について、より詳しく整理してみたい。

　これまでの「楽しい体育」における学習過程の考え方が、「今ある力で楽しむ→高まった力で楽しむ」という過程を、「めあて1、2」「ねらい1、2」という形で示してきたことは前にも述べた。このときに、しかしながら「今ある」や「高まった」という言葉の抽象度が高く、そのことが逆に「楽しいだけで高まらない」とか「楽しいだけで何も身に付かない」といった、まったく意図しない学習指導をもたらすことにも繋がったという懸念を持たれていることについても前に触れた。つまり、「めあて（ねらい）1」＝「今ある力で楽しむ」、「めあて（ねらい）2」＝「高まった力で楽しむ」という考え方が、「いかに教え手と受け手がセットになった学習をおこなうのか」という、「自己学習」とは区別された「学校教育／学習」としての活動のイメージを、具体的にもたらしにくいという弱点があったということではないかと思う。そもそもは決してそのような意図ではないのであるが、「めあて（ねらい）1」＝「今ある力で楽しむ」、「めあて（ねらい）2」＝「高まった力で楽しむ」という捉え方からだけでは、例えば「めあて1の段階は好き勝手に楽しむ」「めあて2の段階は、自分なりに何でもいいので工夫して楽しむ」ということだと極端に捉えれば、それは「自己学習」でもそのまま使えてしまう言葉になり、特に「教え手＝先生」がセットになって「ある価値への導き」をおこなう、という「学校における学び」の性質が現れにくいということである。

　ただ繰り返すことになるが、「めあて」や「ねらい」という言葉は、そもそも子どもの主体性や自発性が前提となっている言葉であり、「課題解決学習」という学びの性質を意図する言葉でもあることからしても、それは体育の学習指導＝「教え手と受け手がセットになった学習」の指導、を前提として考えられてきたものである。けれども、それを「自己学習」の言葉として捉えてしまうのは、明らかに誤解である。しかし、現実的にはそのような「楽しいだけで高まらない」とか「楽しいだけで何も身に付かない」といった学習指導をもたらすことにも繋がった面がもしあるとすれば、よりそのような誤解が起こらないように、言葉や考え方を状況に合わせてカスタマイズしていく必要があるように感じられる。

　このことからすると、「やってみる」「ひろげる」「ふかめる」という言葉は、「め

第1部　体育の学習と指導の理論─「遊び」の観点と現代的教育課題─

あて」や「ねらい」に対して、「いかに学ぶのか」という、学習スタイルがよく含意される言葉であり、「『やってみる』ことを支える」、「『ひろげること』を支える」、など、具体的な学習活動における先生の「立ち位置」をはっきりさせるところがある。このことによって、「教え手と受け手がセットになった学習」の指導という側面がよく理解されるとともに、学習指導の指針としても使いやすいのではないか、と思うのである。こうなると、「やってみる」は、実は「めあて（ねらい）1」＝「今ある力で楽しむ」と同じことであり、「ひろげる」は、「めあて（ねらい）2」＝「高まった力で楽しむ」と同じであり、「ふかめる」は、いわば「めあて（ねらい）3」＝「高まった力で楽しむ」と同じである、と捉えることがわかりやすい。ゆえに、「ねらい1（やってみる）：今ある力で運動する」といったように、これまでの「めあて（ねらい）1」＝「今ある力で楽しむ」、「めあて（ねらい）2」＝「高まった力で楽しむ」という考え方に、「接ぎ木する」ような表記の仕方も工夫されてよいと思う。ただ、このときに具体的な学習活動における先生の「立ち位置」がよりはっきりとするし、『何を』やってみるのか」「『何を』広げるのか」「『何を』深めるのか」について、学習指導の問題として先生と子どもがともに考える、という視点が常に用意されるものになる。

　このように、「教え手＝先生」がセットになって「ある価値への導き」をおこなうという「学校における学び」の性質を大切にしながら、先生と子どもが「共創する」学習過程の考え方として、「やってみる」「ひろげる」「ふかめる」という学習過程を捉えることが求められていると思われるところである。

【文献】
1) 竹之下休蔵・宇土正彦編（1982）『小学校体育の学習と指導：新しい授業の手引き』，光文書院.
2) 文部科学省ホームページ　http://www.mext.go.jp/b_menu/shingi/chukyo/chukyo2/siryou/__icsFiles/afieldfile/2012/01/19/1314505_3.pdf
3) 細江文利・池田延行・村田芳子・立木正・松田恵示・水島宏一・中村康弘（2009）『小学校体育における習得・活用・探求の学習―やってみる・ひろげる・ふかめる―』，光文書院, p.10,22.

7 アクティブ・ラーニングと
   集団づくり・学級経営

学習指導要領改訂への諮問

　2014年の11月20日に、下村文部科学大臣から中央教育審議会に対して、次期の学習指導要領のあり方について諮問がだされた。ここでは、「OECDによるキー・コンピテンシーの育成」、「論理的思考力や表現力、探究心等を備えた人間育成を目指す国際バカロレアのカリキュラム」、「ユネスコが提唱する持続可能な開発のための教育（ESD）」などに加えて、「東日本大震災における困難を克服する中で、様々な現実的課題とかかわりながら、被災地の復興と安全で安心な地域づくりを図るとともに、日本の未来を考えていこうとする新しい教育の取組」についてなどを、新しい時代に必要となる資質・能力の育成の先行した取り組みとして取り上げている。そして、次のように今回の諮問内容のポイントについて述べている。これらの取り組みに共通しているのは、ある事柄に関する知識の伝達だけに偏らず、学ぶことと社会とのつながりをより意識した教育をおこない、子どもたちがそうした教育のプロセスを通じて、基礎的な知識・技能を習得するとともに、実社会や実生活の中でそれらを活用しながら、自ら課題を発見し、その解決に向けて主体的・協働的に探究し、学びの成果等を表現し、更に実践に生かしていけるようにすることが重要であるという視点である。

　そのために必要な力を子どもたちに育むためには、「何を教えるか」という知識の質や量の改善はもちろんのこと、「どのように学ぶか」という、学びの質や深まりを重視することが必要であり、課題の発見と解決に向けて主体的・協働的に学ぶ学習（いわゆる「アクティブ・ラーニング」）や、そのための指導の方法等を充実させていく必要がある。こうした学習・指導方法は、知識・技能を定着させる上でも、また、子どもたちの学習意欲を高める上でも効果的であることが、これまでの実践の成果から指摘されている。

　ここでは学級経営や子どもたちの人間関係・集団作りと体育の新しい考え方について検討するものであるが、そのためには、これからの学校が何を目指そうと

しているのかという、教育目的の動向について考えることは大切である。例えば学級経営とは、「教育目的に従って学習集団を効率的に組織化し、教育・学習活動を充実させること」にあるからである。鍵となるのは「アクティブ・ラーニング」という言葉である。

アクティブ・ラーニングと「反転授業」

アクティブ・ラーニングを文部科学省では以下のように説明している。

「教員による一方向的な講義形式の教育とは異なり、学修者の能動的な学修への参加を取り入れた教授・学習法の総称。学修者が能動的に学修することによって、認知的、倫理的、社会的能力、教養、知識、経験を含めた汎用的能力の育成を図る。発見学習、問題解決学習、体験学習、調学習等が含まれる」

当初、これは大学の授業改革の中で使われてきた言葉であった。それが知識基盤社会と言われる現代社会の特徴の中で、特に「主体性と協働性を育むこと」が教育の最重点課題であることが世界共通に強く認識され、小学校から高等学校の教育の中でも今後のキーワードとして、この言葉が現在位置づけられ始めている。例えば、アクティブ・ラーニングへの取り組みの中で「反転授業」という新しい授業方法が注目を浴びている。これは、「基礎的なこと」や「新しく学ぶこと」を全員に教えることが現在は授業の主流であるが、反転授業では、こうしたことはむしろ「学校外学習」として家庭や地域で学習する。教師や地域の教育支援者と連携して、このような学習を子どもたちが学校外でおこなえるような環境を整え（例えばICTを利用してコンテンツを配信したり、地域で学習できる場を作ったりなど）、授業では「学校外学習」でえた知識や技能を使って、課題を解決したり議論を行なったりするのである。例えば体育で考えると、「基礎・基本の技能」や「必要な知識」は、「宿題」として家庭や地域で主体的に学び、その学びを使って授業では運動実践の応用や課題解決をおこない学びの質を深めていく、という感じであろう。反転授業の効果は、先進国を中心にエビデンスが担保されており、10年後には、学校の授業はほとんどこのような反転授業の形態をとるようになるのではないかという研究者もいるほどである。

このような反転授業のもっとも注目される点は、教育学者の山内によれば「必要な学習時間が確保される」点にある。つまり、従来からももちろん配慮されてきた主体性や思考力の育成などは、しかしながら教育活動として時間を要する取

り組みにならざるをえず、「時間がない」学校現場からすれば、それを育もうとする取り組みは、結局のところ「基礎基本の習得」の時間を逆に足りなくさせてしまわざるをえない。体育で言えば、運動の「魅力・面白さ」や「子どもの主体性」を重視するのか、基礎基本となる技能を身につけさせるのかが「二者択一」の問題となり論争となりやすい原因である。

　しかし、基礎基本の技能に基づかない「魅力・面白さ」や「主体性」は存在しないし、運動の「魅力・面白さ」に基づかず実践につながらない基礎基本の技能など身に付けても全く意味がない。だとすれば、隙間なく詰まっている現在の学校の時間を考えたとき、これらを二者択一の問題としないために必要となる時間を「増やして」確保するとすれば、それは「学校の授業の時間」と「自宅や地域での学習の時間」を連続化させ、学習時間をそもそも増やすことを可能にする「学習する時間の社会的再配分」をおこなうしか答えはない。つまり、「授業」でおこなう学習というまとまりを学校に留めて考えるのではなく、学校外の時間も、これまでのような「宿題」というプラスαの時間というのではなく、完全に授業の学習と連続・一体化させて考えていくということである。これが、反転授業の取り組みの核心であり、主体性を育もうとするアクティブ・ラーニングを指向する授業改革に共通する観点である。

　このように考えると、学習指導要領の改訂への今回の諮問では、何が求められているのかはよく理解できるところであろう。教科での学習を授業時間だけで捉えず、子どもの生活時間全体の中で再配分し、そもそもの学習時間を飛躍的に増大させようとする大きな変革を促しているのである。また別な点としては、そうした中で、体育に限らず今後広く学級経営に求められるものが、先に述べたような「子どもの主体性と協働性」を鍵とし、教師が教師間や学校外の教育支援者とも協働して子どもたちの学習時間を社会的に再配分していくことを可能にする、教育の「チームアプローチ化」に対応するものでなくてはならないことである。つまりそれは、クラス間や学校外とのつながりを前提とした学級経営が、実は求められることになるということであろう。

学校を超えた学習集団として学級を再定義できるか？

　ところで、体育と学級経営の関連については、これまでにもほんとうに多くの取り組みやその有効性が挙げられてきた。運動やスポーツが学習活動の中心とな

る体育では、集団関係の礎となるルールやマナーの学習が運動を楽しむために重要となるので、子どもたち自身でも理解しやすく学びが進みやすい。また、身体的なコミュニケーションから生じる「人と人とのつながり」が子どもたちにも経験されやすく、体ほぐしで強調されるような仲間との交流や、人に対する安心感、さらには集団というものが持つそもそもの意味や自分が集団の中にあることの充実感も高められやすい。また、運動やスポーツの学習をおこなう際にも、ここまでに挙げたような子どもたちの学びは前提として必要なものなので、経験的にも、体育の学習指導と学級経営の教師の力量は関係が深いと感じることもしばしばである。

しかし、今後はこうした財産はもちろん踏襲されつつも、アクティブ・ラーニングがキーワードとなるこれからの学校教育においては、体育においても学級経営の問題をめぐって、これまでと全く異なった観点からの教育的課題が投げかけられることになると思われる。

学級とは、そもそも子どもたちが学校において学ぶために整えられる、一般的には教室を拠点とした学習集団のことである。だとすれば、先に述べたように、主体性・協働性の育成が最大の課題となり、「学習時間」が社会的に再配分されることが求められるこれからの学校においては、「学習」自体が、繰り返すことになるが学校内に留まるものではなくなるといってよい。そのような学習を支える集団としての「学級」も同様である。つまり、これからの「学級」では、閉鎖的で固定的で安定的な集団関係が構想されるよりも、開放的で流動的で不安定な要素を内に含んだ集団関係が、学級経営という言葉においてイメージされる必要が強まるように思われるのである。

学習指導要領改訂への諮問の大きな趣旨は、極言すると「何を教えるか」をより明確にしてその身に付け具合を従来の仕組みの中で評価し指導に活かすということからさらに一歩前に進んで、「どのように学ぶのか」という主体的な学習活動のあり方自体が学ばれるべき内容として重視され、そのような主体的な学び方が身に付いたかどうかを一体どのように評価し指導に活かすのかを問う点にあると見える。かなりの大転換を求めているといってよい。そうなると学習集団を形成することは、学習のための「手段」ではなく、それ自体が子どもたちに問われるべき「内容」ともなる。例えば、仮に体育の学習において、基礎基本の内容や新しく学ぶ内容が「学校外学習」として授業の前に学ぶことが求められたときに、

従来のように学校で決められた宿題を果たすために学校の中で作られた「班」や「チーム」や「ペア」で取り組むというのではなく、子どもたちの「学校外学習」を支えるために用意された事前の学習プログラムを自分のものとするために、逆に自分で主体的に「友だち」を求め、地域の人や保護者などに主体的に「教えてもらうことを求める」というような、人間関係の構築が必要になってくる。教育目的に沿って効率的に組織される学習集団、としての「学級」のイメージはかなり変わってくるのではないだろうか。

　このように考えてくると気になるのが現状との、あまりにも大きく見えるギャップである。例えば、いま体育の時間にゲストティーチャーと教師はまだ何も紹介していないにもかかわらず、休み時間の間に子どもたちが自分たちから挨拶をしたり、教師が子どもたちとの活動を計画したりする前に自分の方から声をかけ自分たちの課題について相談できるような関係づくりができる「学級」がそれほど多くあるだろうか。また、学校外の時間に、ふだんの友達関係を超えて、「この宿題全然わからないから、得意な○○ちゃんにみんなで聞きにいこうよ！」と主体的に活動できる「学級」がそれほど多くあるだろうか。学級崩壊、いじめ、子どもの貧困、SNS等学級をめぐる現状の厳しさを考えたときに、こんな様子が理想的すぎるのは十分承知しているつもりである。しかし、変化が激しいこれからの社会を考えたときに、本気でそのような学習や学級経営のあり方が求められざるをえない、という認識が現在、確実に広がっているのである。

「弱いつながり」という視点

　加えて気になることは、いわば教師が「強い接着剤」となって「学級」の一体感や雰囲気が成り立っている、というときも学校の現実にはよく見られることである。これは、小学校のみならず、中学や高校において、特に体育教師の問題としてみられるように経験的には感じられる。その教師がいるから「学級」や部活動は成立していたが、他の教師になったとたんに「学級」や部活動が崩壊するといった場合のことである。そのときに、当該の教師は「学級経営」ができており、崩壊させた教師は「学級経営」ができていないと言われる。しかし、学校を超えた「学級」が問題となる今後は、このような「閉じた」あるいは、子どもの側から捉えたときに従属的な学級経営の力を基準とすることには限界があろう。

　もちろん、学級経営の問題は子どもや教師との関係が主となる「学級づくり」

第 1 部　体育の学習と指導の理論―「遊び」の観点と現代的教育課題―

だけに限定されるわけでもない。学校外での学習が広がれば広がるほど、子どもの家庭状況や地域の状況によって、どの子にも同じ機会や学習時間・学習情報を保障することが難しい、という課題も大きくなろう。このような問題にどう取り組むのか、ということも学級経営の範疇に入ってくる可能性がある。この意味では、学習情報や学校外での学習を子どもたちに保障していくためのツールとして、ICT リテラシーを教師が高め、それらを最大限活用していく能力も体育においても求められるかもしれない。また、このような課題を教師の学級経営の問題として考えていくためには、教師自身が、学年や学校に閉じない、開かれた人間関係の構築能力を課題とせざるをえない。

「閉じた関係」は「強いつながり」を生む。しかし、同時に「開かれた関係」によって生まれる「弱いつながり」（マーク・グラノヴェッター、1973）を持つことが、子どもにも教師にも、主体性・協働性の育成には大切なのである。「知らない人と弱いつながりをつくれる人が強い」のであろう。

チームやグループを基本として学習指導をおこなう体育では、従来から「強いつながり」を醸成していくことに集団イメージを持ちすぎているのではないか。しかし、そもそもスポーツや運動は「強いつながり」を生むだけではなく、スポーツという共通言語によって、多くの「知らない人」と「弱いつながり」を生み出すことにも長けた文化である。このような特性を持つ文化を教えている体育という独自性について、体育に関る教師や行政関係者には、新たな角度から理論構築する作業も必要となっているのであろう。根本的な発想の転換が求められそうである。

【文献】
1) 文部科学省ホームページ
　　http://www.mext.go.jp/b_menu/shingi/chukyo/chukyo0/toushin/1353440.htm
　　http://www.mext.go.jp/component/b_menu/shingi/toushin/__icsFiles/afieldfile/2012/10/04/1325048_3.pdf
2) 山内祐平（2013）月刊初等教育資料 4 月号．
3) マーク・グラノヴェッター，大岡栄美訳（2006）「弱い紐帯の強さ」，野沢慎司編・監訳『リーディング・ネットワーク論―家族・コミュニティ社会関係資本』，勁草書房．

8 グループ学習の現代的意味

現場の持つ「多忙さ」

　先生方のお話を伺っていていつも心がズドーンと重くなるのが、小学校の先生方の日常のお忙しさである。朝、出勤して1日の構えを整えるのもつかの間、子どもたちに教室で会うまでにすでにあたふたと仕事が詰まっていく。学級の授業では、学期後半が近づくにつれて今学期の予定が消化できるかどうかプレッシャーがかかり、毎日の授業も、休み時間も目いっぱい様々な子どもたちとの会話や、宿題の「丸つけ」、プリントのチェックなどで時間が止まらない。子どもたちが下校した後には、学年会や様々な部会等の会議に時間をとられ、数々の行事ごとやイベントごとの段取りに加えて、家庭との連絡や教員間の連絡が不断に入り、ようやく学級の仕事や授業準備に取りかかると、すでに一般的な夕食の時間を過ぎている、というご様子である。

　ほんの一端に触れただけの経験でしかないが、今年の2月に、大学近くの小学校で、6年生のある体育の単元の学習指導を担当させていただく機会を得た。しかし、そこでなによりもまず感じたのが、やはり、学校に流れる余白がなく止まることのない「忙しさ」であった。こうした中で、小学校の場合、全8教科プラスアルファの教材研究をおこない、学習指導について考え、その成果を生み出していかなければならないと考えると、ほんとうに大変な職務だとあらためて実感することが多い。もちろん、このような日常の中にある子どもとのかかわりや大人とのかかわりに心躍る瞬間があるからこそ、先生としての生きがいや充実感が生まれるし、そうした中にあって、例えば体育の学習指導について研究し、その成果を子どもたちの姿として実感できたときに、先生としての喜びも湧いてくるという面もあろう。しかし、学習指導のあり方を考えるときに、先生が抱えるこの日常の「忙しさ」の問題をやはりどのように捉え、反映させていくのかは、おそらく学習指導のあり方を考えるときの「現実性」につながる大変重要な問題であると思う。

つまり、先生の職務のマネージメント（管理）の視点を欠いては、学習指導の研究も「絵に描いた餅」になってしまうという、現場であれば「当たり前」の問題を、しかしながら最初に確認したかったのである。けれどもこの問題が「当たり前」であるからこそ、それは大きくかつ重要な視点であるとも思う。そこでここでは、こうした先生方の「忙しさ」との関係を考えたときに、問題解決の一つの「鍵」にもなりえるように感じられる、学習形態の問題について考えてみたいと思う。

「グループ学習」という課題

　体育の学習を指導する場合、とりあえず、①授業で取り上げる運動やスポーツの中身や教材のあり方、②クラスの子どもたちの一人ひとりの様子、③学習活動の仕方、の三つが意識されることが多い。「どんなふうに体育をしよう」と考えたとき、とりあえずこの三つのことを考えることが必要になるからである。

　つまり、ここにある「①学習内容」「②学習者」「③学習形態（学習集団）」という三つの視点は、学習指導の問題の基本的な領域となっているということである。このときに、とりわけ体育では、学習形態の問題もよくクローズアップされる。「仲間づくり」「かかわり」「グルーピング」などといった言葉でよく交わされる部分である。

　学習形態、という言葉は、学習集団の問題の視点から、主に学習における子ども同士の「人間関係」の側面と、他方で、系統学習か問題解決学習か、などといった「学習内容」の側面を一般的には含むものである。こうした中で体育では、学習内容の問題もさることながら、没主体的な集団性や身体訓練といった過去の経緯の反省から、学習指導におけるよりよい人間関係や学習集団の形成の問題が、民主的な人間関係を育む点からも戦後大きな関心を寄せられてきたという面がある。こうして戦後すぐから、かなりはやい段階で「グループ学習」に対する研究や実践が体育では積み重ねられた。こうしたいわば財産が、現在の学習指導のあり方にも、大きな影響を与えていると思われる。

　さらに、1970年以降に広がった「生涯スポーツ」を理念とする体育の学習指導においても、この学習形態の問題は一つの観点となり、「グループ学習」は、「学習内容」の面からも大きくクローズアップされることになった。「楽しさ」を核とする「スポーツ」という文化が、生涯にわたって日常化し、だれでもいつでも

運動に親しむ社会を築くためには、体育の学習指導において、何を大切にしなければならないのか。そもそも「楽しさ」は強制されて味わえるものではないから、運動やスポーツの実践に対しても「自発的」で「主体的」であることと、それを可能にする民主的な集団形成や人のつながりが一つのポイントになろう。このときに、「一斉指導」や「個別指導」ではなく、その中間にありつつも、「教師は計画を立て、それに従って指導することになるが、各グループの自主性を認める。必要に応じて一斉学習や個別学習を用いるが、この小さなグループを学習の基本単位と考える。したがって学習活動は一般的に集団活動である」ところの「グループ学習」が取り上げられたのである。

こうした学習集団の問題として取り上げられた「グループ学習」の成果は、体育の学習指導にとどまるものでなかったこともよく強調される。例えば、戦後の「グループ学習」研究をリードした竹之下休蔵は、神奈川県の小学校とのグループ学習を体育の学習に取り入れる実践（実験）研究の成果として、次のように述べている。

「実験における変化の過程は緩慢であり、のんびりしたものであったが、徐々に子どもたちは自分たちの問題について話し合い、自分たちで計画を立て、グループをつくって各自の役割を決め、必要があれば他の学級とまた学校児童会で話し合い、勝つための協力を工夫し、グループがよくなるために、上手なものが下手なものに教えるというようなことが加わっていった。教師の指導はもとよりであるが、児童の相互学習を活発にしたわけである。この結果児童間の人間関係はたしかによくなり、運動や遊びにおける問題も減少し、自由時間の運動も組織だち、自主的・計画的なグループ活動が活発になり、今日では運動会の計画や運営もほとんど児童たちでなされる（前よりも少ない準備時間で）ようになった。なによりも、収穫であったのは、体育学習の効果が他教科の学習に及んだこと、及び懸念された身体的発達—とくに運動能力や技能—によい結果がみとめられた事である。」

竹之下は、次のようにも語っている。「授業と社会のつながりをもっと具体的に考えれば、教師は社会の代理者、内容は社会の文化の一部、子どもはやがて社会の成員になるということになる。しかも社会は変動する。教師は子どもたちが、やがて成人したときの社会と生活を考えておこなわなければならない。私は学習指導の構造を、社会（集団・文化・変動）、教師、内容（運動文化）、子ども、学

第1部 体育の学習と指導の理論―「遊び」の観点と現代的教育課題―

習集団、施設・用具の諸条件が構造づけられたものと考える。学習指導は、子どもたちを伸ばすために、これらの諸条件を方法的に統一しなければならない。学習指導法はこの構造を機能的に捉えたもの、その方法化といってよい。グループ学習の実践には学習指導の構造論が必要である。それ故にグループ学習は、この構造論に基づく学習指導法を学習における集団あるいは人間関係の視点からそのように名付けたものである」

つまり、「グループ学習」という言葉や、それを使った体育の学習指導の実践には、「子どもの集団学習法」という単なる指導マニュアルの問題ではなく、体育の学習指導をめぐって、より全般的な「子どもを育てる」という広い課題に対して、いわば様々な教育活動のあり方を集約した形が現されている必要があるのではないかと、問いかけているのである。こうした指摘は、日々の忙しさに忙殺されるあまり、体育の学習指導を、より全般的な「子どもを育てる」という広い課題や様々な教育活動のあり方の問題とは切り離して、単なる指導マニュアルの問題として捉えがちな現在に、逆に時代を超えて、現状を打破する手がかりを与えてくれているように思われる。

「米粒をおにぎりとして握る」難しさ

もちろん、現在の学校は、社会状況の変化が激しく、子どもの変化や先生のおかれている状況の変化も大きい。課題は、多様化し、かつ拡散化している。それゆえに、教科指導の問題、学級経営の問題、特別な支援の必要な子どもへの指導の問題、保護者への対応の問題、学校行事の対応への問題、学力・体力低下の問題、子どもの二極化の問題等々、教師として処理しなければならない問題も多い。けれども、こうした一連の学校での指導活動は、もともと「子どもを育てる」という、ある大きな目標に向けておこなっていることである。この意味では、それぞれを切り離された「場面」として個別に処理していく、というのではなく、むしろそれぞれの「つながり」や「相互関係」を考えるとともに、「子ども」「教師間の協力」「保護者との協力」「地域との協力」といった「つながり」の中に、教師個人ではなく、もっとある面「委ねる」など、職務の「構造論」を考えそれを基盤にして、一つひとつの指導活動を有機的に関連づけて対処しなければならないという面が強い。例えば、体育は体育、理科は理科、学級活動は学級活動、生徒指導は生徒指導、保護者対応は保護者対応などと、一つひとつの職務をバラバ

ラに捉えてしまうと、学校での一日というものが、あたかも「米粒をおにぎりとして握る」ような、力をいれどもいれども形としてまとまらず、忙殺感だけが残ってしまうのではないか、そのように感じるのである。このときに、一つひとつの米粒が炊きあがり、お互いが「ひっついて」一つの「おにぎり」としてまとまりを持つために、ここで「鍵」となるものの一つに、竹之下が述べるような、体育の「グループ学習」があるのではないかと思えるのである。

　まず、体育で学習する内容は、子どもたちに好まれる運動やスポーツがほとんどであるし、学習活動は座学ではなく、身体活動をともなう開放的なものである。もちろん、近年は、運動の好き嫌いにも二極化がともなう。しかしながら、他教科に比べれば、それでも、子どもたちの好意度は、1、2位を争うものであることはかわらないであろう。こうした学習内容の特徴の上に、子どもたちの「自発性」や「主体性」の発揮が、「生涯にわたる豊かなスポーツライフの実現」を目指す、現在の体育科には不可欠の指導上の視点となっている。しかし、ほとんどの運動やスポーツは集団活動であるし、個人的種目であってさえ運動やスポーツの学習には集団活動が欠かせないことは、これまでの成果からも実証されている。このために、児童一人ひとりの「自発性」や「主体性」を発揮しつつも、「集団性」をしっかりと作り上げていかねばならない体育の学習活動は、子どもならず人間全般に対して魅力を持つ「運動の楽しさや喜び」を直接のねらいとしつつ、こうした「人間関係」のあり方に力点を置く「グループ学習」という学習形態を大切にすることで、他の学校生活でもモデルとなりうる子ども集団性と民主性（自立と協働）という基礎的な力を育ませることにも大きく寄与しうる。

　また、こうした子どもとの協働作業による体育科の学習指導への工夫と実践の体験が、教師自身にも他の職務実施における人間関係のあり方に対してモデルを形成する力を与える場合も多く、体育での「グループ学習」をめぐる指導実践が、一つひとつの職務を「構造論」に基づく「まとまり」として有機的に関連づけられ、日々の職務構造を変化させることで、「忙しさ」を緩和し本来の教育に携わる「手応え」を回復させてくれるのではないか、と考えたいのである。このような意味においても、体育の「グループ学習」について、生涯にわたる豊かなスポーツライフを子どもたちに実現するためにも、また、それを指導する教師がゆとりと充実感を体育の指導のみならず、学校全体の職務に対して取り戻すためにも、その「鍵」としてここで再考してみたいわけである。

第1部　体育の学習と指導の理論—「遊び」の観点と現代的教育課題—

「他者」との関係に特徴づけられる体育の学習

　ここで、運動やスポーツの持つ「人間関係」の特徴について、「他者」という言葉から考えておきたい。「グループ学習」とは、あるいは、より全般的な「子どもを育てる」という広い課題に対して、いわば様々な教育活動のあり方を集約した形が現されているような「グループ学習」とは、いったい何を手がかりにすればよいのかについて、考えてみたかったからである。このときに、対比させたい言葉が、「他人」と「他己」という言葉である。

　「他人」とは、「知らないのでかかわらない人」のことである。例えば、たまたまバスに乗り合わせたとなりの乗客は、むちろん「他人」である。つまり、「知らないのでかかわらない人」である。この「他人」に、気兼ねせず鼻歌でも歌おうものならすぐさま変人扱いされてしまう。あくまでも、「知らないのでかかわらない」が基本である。こういう「他人」との共存は、ルールの存在がポイントとなっている。「かかわらない」ということをお互いに了解すること、つまり「共存のための秩序」を暗黙に前提にするからである。

　一方で、「他己」とは「知っているのでかかわる人」のことである。他ではあるのだけれども、「他人」のように、人格には踏み込まず一つの風景のように接するのではなく、重要な存在者として共に生きる一つの人格としてかかわりを持つのが、己の世界の中にある他＝「他己」である。家族や友達など「他己」との関係は、親密さがポイントとなっている。

　このように考えると、「他人」と同様「知らない」のだけれども「他己」と同様「かかわる」人＝「知らないけれどもかかわる人」のことを、「他者」と呼びうる。つまり、「他人」と「他己」との中間である。一般に「人間関係」とは、この「他者」関係のことであった。なぜなら、「他人」も「他己」も、人間と人間の関係の取り方ではあるけれども、「他人」はお互いに無関心、不干渉を前提にするだけに組織や集団を構成することがなく、一方で「他己」は「知っているもの同士」＝親密さを原理とするのであるから、「知らないもの同士」の集団構成＝社会性とは位相が異なっているからである。「他者」との関係は、この意味で「ルール」と「親密さ」の、「規範性」と「共同性」の両義的な関係、一種の「あいまいさ」の中にある。しかし、これこそが、社会性という言葉の本質なのである（松田、2008）。

ただ、ここにある「他者」関係は、運動やスポーツにとっては極めて重要である。なぜなら、ルールに基づき、かつ親密さの中でかかわりを持たなければ、スポーツという文化の恊働的な楽しみがもたらされないからである。スポーツという言葉が語源として持つ「PLAY＝遊び」の要素は、本来、ここでいう他者との関係なしには生まれない。競争し恊働する「他者」との関係がなければ、よく知られた「遊び」の研究者、ロジェ・カイヨワが指摘した「アゴン（競争の遊び）」や「ミミクリ（模倣の遊び）」は成立しない。この意味でスポーツという生活文化は、徹頭徹尾「社会的」なものでしかなく、だからこそそれは、ときにコミュニティーの再構築に人を向かわせたり、人生の意味を人にもたらせたりするのであろう。

　「知らないけれどもかかわる」ことで形成される「みんな」という言葉は、もちろん学校生活の基盤である。こうした「みんな」を可能にする諸条件を探らなければ、職務多忙の改善も、教育に携わる手応えも、そしてなによりも、生涯にわたって運動やスポーツに親しむ子どもを育てることも進まないということになるのではないかと思われるのである。次章ではさらに体育における「グループ学習」のより具体的な問題について、様々な側面から考えていくことにしてみたい。

【文献】
1) 松田恵示（2008）「運動遊びの社会心理学」,『体育の科学』58巻5号, pp.326-330.
2) 竹之下休蔵（1955）『体育科教育』11月号, 大修館書店.
3) 竹之下休蔵（1972）『プレイ・スポーツ・体育論』, 大修館書店.

第1部　体育の学習と指導の理論―「遊び」の観点と現代的教育課題―

9　グループ学習の考え方・進め方

グループの性質

　グループ学習での学習指導をおこなう場合、「グルーピング」というものについては、教師として頭を悩ますところであろう。この場合、「どのようなグループを作ればよいか（グループの性質）」ということと、「実際にどのようにグループを作ればよいか（グループづくりの方法）」ということの二つの問題が大きくある。そこで、まず「どのようなグループを作ればよいか」について考えてみることにしてみよう。

　一般にグループ学習では、子どもたちの生活の中にある自然な集団（生活班など）を用いる場合が多い。加えて、能力、興味・関心、性別などに応じてグループを分ける場合もある。ただ、グループ間は等質、グループ内は異質となるように配慮することになる。もちろん、習熟度別グループといった場合もあるから、常にグループ間等質、グループ内異質とならなければならないということではない。ただ、このように少し考えただけでも、グループの性質をどう考えるのかについては、かなりのバリエーションがあるということはすぐにわかるところである。

　体育学習においてグループ学習が取り上げられるとき、基本的には、グループ間は等質になるように配慮されるけれども、できるだけ自然な集団に基づくグループを構成することが多く見られるところであろう。例えば、ボール運動におけるグループ学習では、どのチームも勝つことができるように「イーブン・チャンス（勝つことに対してのチャンスが平等）」の原則に基づいてチーム決めしなければ、チーム対チームで競争することに楽しさや喜びのある「競争型」としての運動の特性に触れることは難しい。このことからすると、「グループ間等質」という性質は、大変重要なものであろう。一方で、「イーブン・チャンス」の面ではなく、技能的にうまい子どもや苦手な子ども、興味・関心がある子どもやない子ども、学習の進め方がわかったりできたりする子どもやわからなかったりで

きない子ども、経験のある子どももやない子どもなど、一つのグループの中にはいろいろな子どもが含まれていることの方が、お互いの教え合い、支え合いといった協力関係がわかりやすく、「かかわり」を通した主体的な学習も進みやすい。またそのことを通して、集団の中での役割や責任、また集団に対して主体的にかかわったり、民主的な集団関係をみんなで築いたり、一人ひとりが自律した主体として育っていくといった、体育学習を越えて広がる子どもたちの変容も生まれやすい。このことからは、生活班のような、できるだけ自然な集団を利用することは、グループ学習を進めるにあたって重要なことであろう。

　ところが、「楽しい体育」の考え方が広がり発展していく中で、「めあて別グループ」という考え方が出てくるようになった。これは、例えばマット運動の学習などで、挑戦技＝めあての同じもの同士がグループを組み、お互いに協力し合って学習を進めようとするものであった。このときに、「前転」「後転」「側転」などが具体的なめあてとなるから、それぞれの技を挑戦課題としたグループで学習が進められれば、課題が共通であるために教え合う活動が活発になったり、練習のための場の工夫がおこないやすかったりなど、効率的な子どもたちの活動が組織されやすいという利点が出てくる。特に、個人的種目では、競争のみならず、技や記録に挑戦するところに運動の楽しさや喜びがあることから、この「めあて別グループ」は広く活用されるものでもあろう。ただ一方で、それでは個人的種目の学習におけるグループ学習はすべて「めあて別グループ」がよいのか、というとそうも言えないところがある。自然な集団を利用するグループ学習では、逆に例えばマット運動では挑戦する技が異なることになるから、ある子どもが挑戦している技を別の子どもはすでにできている場合も少なくないために、コツや練習の仕方を子どもたち同士で教え合いやすく、そのことを通してクラス全員が、同じ「マット運動」という一つの学習をおこなっているのだという共有感覚が持たれやすい、ということにもなる。逆に「めあて別グループ」では、結局のところ「技能の習熟度別のグループ」と代わらなくなるときもあり、できる子どもはよりできるようになり、できない子どもはできないまま、といったこともときには引き起こしてしまうことがあるのではないかという危惧を持たれたりもするからである。

　実際に、現在の体育の学習指導をめぐっては、「めあて別グループ」の持つ危険性の方がずいぶん前面に出てきてしまい、結局のところ「めあて別グループ」

による学習は「輪切り学習（能力に応じ子どもたちを分断する学習）」であったり、「はえまわる学習（高まりが見られない活動だけの学習）」であったりと、批判されるときもあった。これらも、もちろん適切な指導がなされていれば決してそういったマイナス面ばかりがでてくるわけではないのだが、より問題なのは、こうした過程でグループ学習自体の持っている体育学習に対する重要な意味や意義までもが、不適切に顧みられなくなってしまう傾向にあることである。その結果、「一斉学習」や「班別学習」が、教師の指導性が子どもの主体性や自発性を支えるところに向かうのではない「強化」の面のみで取り上げられ多用される授業づくりが多くなるのでは、体育の学習指導の「退化」としか言いようがないのではなかろうか。

　ただ、グループ学習では、いわゆる集団形成における役割や責任の学習とともに、「溶け込む」「共感し合う」「かかわり合うことで生み出される」といった、自我の壁を無くすことで「みんな」という形で一体化し、そのことが新たな運動やスポーツに対するかかわり方を学習するといった面の意味も大きい。つまり、現場での感覚として、グループ学習の実感としてこの二つの面が所持されているということであろう。

　となれば、「めあて別グループ」か「自然な集団を利用したグループ」か、といったグループの性質にはかかわらず、グループ学習の意義や意味は多様に存在しているということになる。それぞれのグループの作り方の特徴を把握して、子どもの状況や、学ぶ運動の内容などに応じて、適したグループの性質を教師が意図を持って選択していくということが重要になると思われるのである。

グループづくりの方法

　このようにグループの性質が多様な取り組みを必要とするのと同様に、グループづくりの方法についても、実はいろいろな取り組みがもっと工夫されてよいように思われる。グループづくりの方法にはいくつかの観点がある。例えば、「先生が作るのか、子どもが作るのか」「リーダーや技能的に核になる子どもを先に決めて振り分けておくのか、自然な組み合わせにまかせるのか」「抽選、ジャンケン等か、話し合うのか」「固定するのか、途中で変えるのか」「途中でのメンバー入れ替えは是か否か」などである。こうしたグループづくりの方法の選択には、学級・学校の状況や子どもの状況、また教師の教育的な立場や思想も反映されや

すい。しかし、これらそれぞれが一つの方法である以上、やはり、一人ひとりの教師の創意工夫とその結果をみんなで共有することが様々に取り組まれてよいのではないかと思われる。

　一般に、国全体が一定の教育水準に届かない教育制度の普及期や、教師のキャリアの中での新任期や初任期では、そもそも学習指導のいわば「スタンダード」が整わないわけであるから、学習指導の方法は、いろいろな選択があるよりも、「基本的にはこのようにすれば一定の成果を出せる」という、一つの安定した方法が模索されやすい。もちろん、学習指導の方法には原則や法則は存在するし、目的に対して合理的な方法がないわけでは決してない。ただ、例えばベテランの看護婦さんが、「37.5℃で解熱剤を与える」といった看護マニュアルがあったとしても、37.5℃以上でも元気そうであれば解熱剤は処方せず、逆に37.5℃以下でも解熱剤を処方するといった、状況に応じた判断をするように、学習指導においても、ある一つの方法のみで子どもに向き合い実践されるわけではなく、状況に応じた判断や創意工夫が実はもっとも大切なことではないだろうか。この意味では、近年の授業研究や授業実践において、そもそも「子どもあっての授業づくり」という視点がやや弱くなっているように感じられる。図9-1はよく知られる「体育授業の3要素」であるが、体育の授業がこのように「子ども」「運動（教材）」「先生」で構成されているということは理解されても、その3要素間に成立する「関係」については、それほど関心をもって考えられていない面もあるのではなかろうか。

　先生は体育の授業づくりをおこなうとき、「子どもの状況は」（図9-1の（1）の関係）や、「単元で扱う運動は」（図9-1の（2）の関係）を考える。確かに、この二つは「直接」先生が捉えられる関係であるし、この二つを考えることが学習指導の主要な部分であることは間違っているわけではない。ただ、この二つは、繰り返しになるが「直接」先生が、なにがしかの形で意図的に計画し実践できる、いわば「実線」部分の関係である。ところが、すぐに気がつくように、3要素間の関係には、も

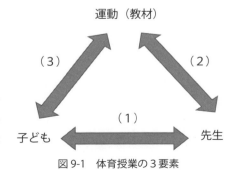

図9-1　体育授業の3要素

第1部　体育の学習と指導の理論―「遊び」の観点と現代的教育課題―

う一つの関係が存在する。これが「子どもと運動」の関係という、図の（3）の部分である。この部分は、先生が「直接」かかわっていないから、これは先生から見れば「裏側」の部分、あるいは「点線」になっていて想像するしかない部分の関係となっている。しかし、そもそも体育の授業が学習者である子どもがどのように運動について学び、運動を獲得していくのかが問題となるのであるから、むしろもっとも大切なものはこの「子どもと運動」という（3）の関係である。そうなると、これは「点線」として想像するしかない、その意味では先生が「見て、思いはかって受けとる」ことしかできないこの部分こそが、実は学習指導を考えるときの拠点にならなければならないのではないだろうか。つまり、先生が「このような教材で」とか「子どもをこのように活かして、大切にして」などと考え計画する、あるいは「このようなやり方が大切であるからこのように学習指導する」という先生から「実線」で関係づけられている図9-1の（1）と（2）の部分からのみ授業づくりをするのではなく、「自分のクラスの子どもと運動の関係がこうであるから、先生としてはこのように対応していく、変化させて考えていく」といった、学習指導の際にもっとも優先すべき観点を、「子どもから見てどうなんだろう」という子どもの立場におくことが重要なのではないだろうか。「子どもあっての授業づくり」の視点とは、このようなことである。

　例えば、高学年の4月や5月といった新しいクラスが始まった時期に、日替わり、ないしは練習と試合のサイクルを用意できる1ユニットごとに抽選を基本としたチーム構成をおこない、毎回順位を決めて、その順位を個人の方で積算していき個人順位を決める試合のおこない方など、通常のグループ学習は「固定でおこなうもの」といった決めつけを越えて、「固定された仲間関係から解放された方が運動の特性に触れやすいのでは」とか、「クラスのいろいろな人がチームとして活動する機会を増やすことで、チームワークからクラスワークを育てられないか」などの意図からもっと取り組まれてみてもよいのではないか。また、習熟度別の兄弟チームをある学習段階においてグループ構成してみる、学習段階ごとにグループ替えをおこなう、学年合同において他クラスの子どもとグループを組んで授業をおこなうなど、体育の目標に向かって、学校や子どもの実態に応じてより挑戦的なグループ学習の可能性を検討してみる体系的な試みが必要となっているように感じられるのである。この意味で、グループづくりの方法の多様性と可能性や限界を、一人ひとりの教師がより積極的に見極めたり、創意工夫で

きることが望まれるように思われる。

グループ学習における「ルールやマナー」の学習

　最後に、グループ学習が体育の学習の豊かさに鍵となるだけでなく、他の学校活動においても子どもたちが集団形成や「人と人とのかかわり」を豊かにし、出会いや学びをより深めていくことになる一つのポイントとなっている、人とのかかわり方＝ルールやマナーの問題について少し考えておきたい。

　体育の学習指導において、運動の特性に触れるとともに技能を獲得するのと同様に、ルールやマナーを学ぶことは学習の主たる内容である。ルールのある活動が遊びの要素を持つスポーツや運動であるから、ルールを守ることは大変重要なことである。また、ここのルールがその運動の技術を規定し、さらには面白さを形づくっている。このような、肯定的なルールの意味をよく学ぶことも、生涯スポーツの実践においては大切なこととなろう。そして、このルールを学ぶことは、グループ学習において、子どもたちの主体的なかかわりの中、子どもと子どもとの関係においてなされていくのであろう。

　一方で、ルールとは異なった言葉であるマナーも学ぶべき重要な内容である。ここで、「ルール」と「マナー」の違いについて整理しておこう。

　「ルール」とは、例えば「ルールブック」のように、明文化され、自分の外側に客観的に存在する規則のことである。その意味では、自分の内側で主観的に存在する「良心」という言葉とはちょうど正反対の言葉である。これに対して「マナー」は、「みんなが守るべきこと」として存在するにもかかわらず、他方では、それは「ルール」のように明文化されて示されているものではないから、ちょうど「ルール」と「良心」の間にある言葉となっている。だからこそ「マナー」を守ることには、トラブルがつきものである。「ルール」として決められていればもめることはないし、「良心」にゆだねるだけならば個人にまかされたものとして、これもまたもめることはない。ところが、「どっちかはっきりしてほしい」ような、その中間にあるようなことがらであるからこそ、「マナー」については、プレイをする際によくもめることになるのである（図9-2参照）。

　しかし、ここでよく考えてみよう。スポーツにおける行動の仕方やあり方についての判断を「ルール」として決めてしまうことは、逆に、そのような判断を人にまかせてしまうことでもある。一方で、まったくなにも決めずに「良心」にま

かせてしまったのでは、多くの人がそれぞれ好き勝手にやることになってしまう。つまり、自と他の狭間で、

```
客観性           (自律型)         主観性
(他律型)                         (唯我独尊型)
←─────────────────────────────→
 ルール          マナー           良心
```

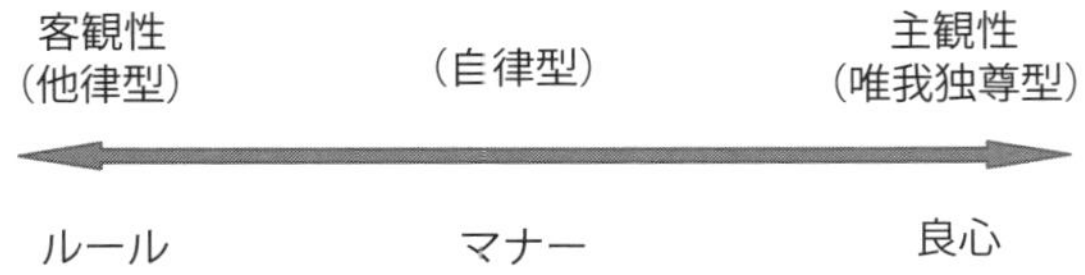

図9-2 スポーツにおける行動の仕方やあり方の判断の3塁型

「マナーを守る」という、自律したスポーツにおける行動の仕方やあり方についての判断がなければ、スポーツを楽しむことはできないのである。

そして、このことが大切にされたときにこそ、生涯スポーツの実現に大切な考え方、つまり、従来の「特定の形式・形態を有するスポーツに人間を合わせる」というスポーツに対する考え方から、「身体的・精神的・社会的に変化し、一人ひとりの個性が違う人間にスポーツを合わせる」というスポーツに対する考え方が実現できることになる。なぜなら、「他者依存」ではなく、かといって「唯我独尊」でもない、「マナーを守る」ことから発揮される「自律度の高いスポーツ行動」がなければ、状況やみんなの都合に合わせプレイのあり方を自由に決めて、「どこでも」「だれとでも」「いつでも」楽しむといったことができないからである。この意味で、マナーの学習は生涯スポーツにつなぐ体育にとって大切な内容となるわけである。

そして、だからこそ、主体的な子ども同士のかかわりが前提となるグループ学習において、このようなマナーが育つ可能性が大きく広がっているのではないだろうか。決まったルールを遵守するだけとか、先生からの指示を仰ぐだけという「他者依存」ではなく、かといってなんでも自分の好き勝手にやっていいという「唯我独尊」でもない、「自律」という姿勢は、グループ学習における集団と個人の関係そのものに他ならないからである。こうして、体育の学習をめぐってグループ学習が豊かに実践されるとき、子ども集団の安定と自律が図られ、学校生活全般における子どもと先生の関係の変化を促し、先生の「忙しさ」にも、ある種の変化まで及ぼすことも起こるのではなかろうか。今だからこそ、「グループ学習の再考を！」と最後に強調してみたいところである。

【注】
　本稿には松田恵示（2008）「『楽しい体育』の目的・内容・方法・評価」『楽しい体育の豊かな可能性を拓く』、明和出版を一部修正し再掲した部分があります．

10 評価の「基盤」と技術革新

「アイマークレコーダー」

つぎの写真を見ていただきたい。これは映像テクノロジーの先鋭的企業である㈱ナックが開発した「アイマークレコーダー」である（㈱ナックHPより掲載）。これを利用した授業研究について少し紹介してみたい。

福岡県内の高校女子体育教員の集まりである、「福岡県高等学校保健体育研究部会・北九州支部」では、バスケットボールの授業における学習指導法の工夫に取り組み始めた。特にポイントとなったのは、運動に対して意欲が低くなっている現代の高校生女子の生徒

たちに、意欲的にバスケットボールの特性に触れさせつつ特有の戦術や技能を身に付けることにいかに取り組ませることができるかという点にあった。そこで最初は、ドリブルやパスといった個人技能、あるいはディフェンスやオフェンスの集団技能を身につけさせるための練習方法や下位ゲームの開発に主眼があった。しかし、それではなかなかゲームと練習がつながらず、一場面一場面は「楽しそう」なのだけれども、「バスケットボール」というスポーツに向かっているという手応えが感じられない。

そこで僕の方にお声をかけていただき、「ゲーム→ふりかえりと課題の把握→練習（ないし課題解決のためのゲーム）→ゲーム」という学習の流れで50分の授業を基本的に構成するとともに、ゲームの特性＝楽しさを「運ぶことができるかどうか」「シュートするために相手をかわすことができるかどうか」「シュートが入るかどうか」という三つの視点（局面）から捉え、生徒たちがゲームを振り返る視点としてこの三つの局面を常に意識するように学習指導を工夫しようとした。ここで、このような学習指導の改善が、具体的にどのような生徒の学習成果

をもたらすことになったのか、これを確かめる一つの方法として実験的に取り組んでいるのが、この「視線の計測」である。

実際、バスケットボール中に、生徒たちはどこを見てプレイしているのか。これは、得意な生徒と不得意な生徒では随分違っている。広く状況を見ている生徒もいれば、手元のボールしか見ていない生徒もいる。だとすれば、自分の現状を知ったり、学習の前後でそれを「計測」したりすることによって変化を実感できれば、学習を進めるにあたって大きな情報にもなるし、指導の視点にもなろう。計測された視点は、見ている焦点が画面上に小さな罰点となって、左右の眼ごとに示される。計測装置のついた帽子をかぶってプレイするのだが、ゲームなどの激しい動きになったときに現状では若干「ズレ」が生じるために、今のところ、半面でのプレイなど限定した動きの中での計測をおこなっている。しかし、計測された結果は本当に面白い。一目でどこを見ているのかがわかるし、個人での違いや「あー、なるほど」と逆にゲームに対して新たな認識が生まれたりもする。振り返るための「情報」としてはまさに「一級品」という感じであろうか。これが現在のところでは、どのように授業に活かすことができ、またどれほど一般的になっていくのかはわからないけれども、「未来の体育授業の指導」を考えさせるには充分な実例となっていると言えるように思う。

「技術」へのネガティブ・スタンス

未来の体育授業について考えるとき、確実に変化することは、テクノロジーの進化、つまり技術革新であろう。以外と、私たち体育学習の指導に携わるものは、この点についての実感が薄いように思う。その理由の一つは、これは学校の先生全般に見られるものだとも思うのだけれども、「教育はまず理念にあり！」という感じで、とにかく児童や生徒のために、とか、こうなければならない、とかの思いが先行する場合が多く、具体的に、あるいは合理的に、なにかをするためにはどのような方法があるか、ということについて、例えてみれば「ビジネスライク」に考える、という習慣があまりないということ。言い方を変えると、自分自身の「教える」という行為については、あまりマネージメントサイクルというものを考えない傾向があるということにも一因があるのかもしれない。

「もっとこんなソフトを使ってこんなふうにやればその作業早くできるよ」といわれても、それを習うのもじゃまくさいし、子どもたちに向き合ってまずは自

分流でも一生懸命にやっていればいいんじゃないか、という感覚も少なからずある。だから、なかなか「あー、ありがとう」とは応えても、すぐに「じゃ、それ教えてくれる？」とはならないのが現状ではないだろうか。これが会社だと、「いくらいい仕事していても、そんなに時間かけてたら、人件費ばかり高くなって採算合わないんだよ！」と怒られたりする場合もあるものである。もちろん、教育はそれ固有の論理や理念が大切であるから、企業のように考えることがベストだし必要だなどと思っているわけではない。ただ、自分の「教える」という行為そのものを、効率や効果の視点から、客観的に振り返り変えるという、マネージメントサイクルに対する意識が弱い面がある、ということを言いたいのである。これは、もちろん、僕自身もまさにこのタイプで、ほんとうにダメ…。結果的に、仕事のやり方については保守的な姿勢にも繋がりやすい。

　他方で、ICT 等の技術革新に対して、学習指導への取り入れがそれほど意欲的ではなかったり、そもそも実感としてそれをリアルに感じないもう一つの側面として、「体育は身体を使う教科だから、『生身』であることが大切！」という感覚が影響している面があるようにも思う。例えば、先日も新聞記事として掲載されていたが、「Wii で体育授業！」という試みが始まっているというのを聞かれたときに、読者のみなさんはどのようにお感じになられるだろうか。

　もちろん「面白い！」と思われた方もいらっしゃると思うが、まじめに体育授業のことだということになれば、「テレビゲームとスポーツはもちろん違う」とか、「機械相手に身体を動かしても…」とか、まぁ、どちらかというとネガティブな反応をされる方が多いのではなかろうか。体育に限らずという面もこれもあるかもしれないが、教師と生徒が「生身」でぶつかり合いコミュニケーションするとともに、自身の「生身の身体」にも向き合うことがやはり体育の基本。こんな感覚がやはり私たちのベースにはある。しかし、「生身」と機械や電子的な技術を含む「道具」の関係は、最近むしろ「ハイブリッド」になっているところに時代の特徴があるのも事実である。コンタクトレンズという道具を入れてバスケットボールのゲームをおこない、スパイクを履いて 100 m を走り、強固な肩パットを入れてアメリカンフットボールでは人間がぶつかり合う。もちろんドーピングは問題外だけれども、いろいろなサプリメントを使って筋肉や体質をつくり、義足や義手など、障がいのある場合には機械で身体を補うことは、むしろ私たちがスポーツをして豊かに生きていく可能性を広げたり、保障してくれたりするも

のでもある。つまり、身体にかかわる「技術」を、入り口のところから拒む理由が時代的にはすでにないということだ。このことからすれば、体育においても、いろいろな技術を導入した際の可能性をもっと積極的に探ってもよいのではないか。もちろんこれも単純に、だからといって「ではこれからは効率や効果の点から本校でもWiiを使って体育の授業をおこないましょう」となることを願っているわけではない。ただ、それを最初から拒絶するのではなく「探ってみる」という姿勢の大切さについて考えているのである。

「評価」における技術革新の意義

　ところで、そもそも評価とは、学習におけるフィードバック情報のことである。つまり、何かを目指しておこなったこと・やったことを振り返り、今後の改善や修正につながりうるべき情報を得て、次の活動に活かしていく営みである。また、もちろん自己評価も大変重要な側面であるが、それさえ自己評価したことを先生を含む他の人に見てもらうことも多いから、そもそも評価には他者との関係が不可欠となっているところがある。なかなか自分の状態を自分で知ることは難しいし、また自分の評価を広く社会的にもみとめてもらいたいという欲求があることもその理由なのであろう。ところが、評価という営みは、そのような性質を持っているからこそ、とりわけ「評価する側」と「される側」という、例えて言えば「裁判官と被疑者」といった一方向的な関係が生じやすいのも事実である。この点があるからこそ、体育では「評価があるから体育や運動・スポーツが嫌いになった」という子どもたちもでてくるし、教師にも「社会的にも認められるような基準でしっかりと評価しなければ」という気持ちにもなるものである。ゆえに、教師側の関心としては、いかにみんなが納得したりコンセンサスを得たりしてくれる評価を行うことができるか、つまり評価方法の開発に心が動きやすい。いろいろな場面で子どもたちの動きをチェックしたり、興味・関心・態度や学習成果をアンケートでとったり、いくつかの観点から子どもの学習行動を計測したり、パフォーマンスを測ったりなどして、子どもの学習活動や教師の指導・支援活動を客観的に「数字」に置き換え、みんなで語り合うことは、教師にとって熱意を持てることであるし、逆に安心できることであったりもする。

　しかし、ここでぜひ考えたいことは、現在のところ、こうした体育における評価活動の工夫は、ほとんどがまさに、評価を合理的で客観的なものにするために、

結局は情報を「記号」として表している、という点についてである。もっとも簡単な例は、通知表などの「評定」である。5、4、3、2、1、あるいはA、B、Cといったコード化した記号によって「評定」は現されている。授業では、バスケットボールという具体的なスポーツ活動を子どもはおこなっている。しかし、その活動を振り返る情報はいつも「記号」なのである。文章表現にしてもそれはしかりである。もちろん「記号」は、それに意味を与えたり、それを読み取ったりすることなくしては流通しない道具であるから、このいわば「変換」部分で、意図しないことがたくさん起こってしまうことも多々ある。評価を与えた側はそのような意味を持たせていなかったのに、評価を与えられた側は、違う意味を受け取ってしまう。「評価があるから体育が嫌い」という児童・生徒の例などはまさにこの例である。また、評価が持つ、当事者同士には気づかれにくい側面として、このような「記号」のあり方を司るのが、言い方を変えれば「先生」でもあるわけだから、先生は評価することで、自分が世界の中心にいるようなちょっとした「満足感」を得る、ということにもつながりやすい。世界中で使われている言葉を自分が作り、またいつでもそれを自分が変えることができるとすれば、いわば自分が世界の「基準」にもなるわけであるから、ちょっとした「神様」のような存在に感じられるのではないか。だからこそ、このような評価という営みが持つ怖い側面や子どもを逆に抑圧する側面に対して、もっと主観的で直接的なものが生きる方法が他にもないものかといつも探られる動きが存在するし、また、評価のあり方をめぐって熱い議論が巻き起こる。

　けれども問題の本質の一つは、むしろ、そもそも評価を支えている情報の性質がある性質に限定づけられた「記号」にあるということ。これこそが重要な問題なのではないかと思うのである。その意味で、最初に紹介した「アイマークレコーダー」が与える情報の凄さは、それがすでに意味づけられた「記号」としてではなく、まさにそのままにダイレクトに情報として学習者や指導者にフィードバックされることである。言い方を変えると、このような「技術」が開発された時代に私たちはすでに生きているのである。過渡期となっている今、最新の機械や技術をたくさん探してきて、ちょっと「あらいぐま」的に、いろいろと取り組んでみることが求められているのではなかろうか。みんな、失敗を恐れてまじめになり過ぎ。テクノロジーを駆使するって、ほんとに面白いことなのかもしれない。先の「アイマークレコーダー」は、その一つの例だと考えている。

11 「戦術学習」から「局面学習」へ
―ボール運動系の学習指導の考え方―

「ドリルゲーム」「タスクゲーム」の安易さ

　概ね1970年代までの日本の学校体育では、運動が「楽しい」ものであるからこそ、運動を教育の「手段」として、体力の向上や人格形成を図ることが一般的であった。それに対して、「生涯スポーツ」という考え方が中心理念となったそれ以降の学校体育では、このような「手段」としての意義を認めつつも、むしろ運動それ自体を「目的」として学ばせることで、生涯にわたり運動に親しむことのできる資質や能力を獲得させようとしている。

　このときに生涯にわたって親しまれる「運動」とは、運動をおこなう人からすれば主に「楽しいもの」として生活の中では存在している。そこで体育では、まずは運動が持っている「楽しさ」を味わわせることが大切なこととなる。また、これまでの歴史の中で、体育は、身体を鍛えさせる「トレーニング（訓練）」として意味づけられがちであったが、他の教科と同じように、適切な経験を通じて子どもたちが自ら学び変容していく「ラーニング（学習）」として学校の中に位置づくことが大切である。大きくはこのような二つのポイントから、子どもの立場を大事にした自発的で自主的な学びが重視されるに至った。さらにこのような学びが、どのような教師にとっても、易しく実践されやすいように提案された体育学習の一つのモデルが、「めあて学習」であったわけである。

　ところが、「めあて学習」は「楽しさ」や自発自主性を大切にするあまり、指導のない授業になったり、それにともなって指導内容が不明確になったり、基礎的な「技能」を子どもたちが習得できず、その結果、運動の「楽しさ」も味わえないままに終わっているという議論が広がった。そこで、特にボール運動では、ボールを操作する基本的な技能と、ボールを持たないときの作戦や戦術を使うための基本的な技能も、技能としてしっかり身に付けさせることを大切にしようということになった。また、そうした技能を身に付けさせるための「ドリルゲーム」や「タスクゲーム」を学習指導の中に取り入れるという考え方が、一つの方法と

して、よく言われるようにもなった。

　確かに「めあて学習」というモデルは、体育における「学び方」についてのモデルであり、どのような「めあて」を持ち、あるいは持たせ、さらにはいったい「何を」学ばせようとするのかについてのしっかりとした見通しがなければ、指摘のような問題も起こりうる。学習指導要領の改訂は、中教審の答申を体育の問題として捉えた場合、この点を改善するために、各種運動における特徴的な技能にしっかりと目を向けることを意図したものであろう。ここで強調したいことは、「めあて学習」という形で提案された「学び方」自体を否定したのではなく、さらに改善すべく積み上げを図った、という意味での改訂であるという点である。また、教育内容をさらに明確にし、責任を持った「教科」として、体育をはっきりとしたマネージメントサイクルにのせることは、公教育全般にも、今、強く求められる大きな課題である。

　ただ、その趣旨を生かそうとした場合に、例えばボール運動における「ドリルゲーム」や「タスクゲーム」といった形で、安易に「動き方」だけを内容として強調する体育の学習指導には、利点もあるがそれ以上に問題点も大きい。体育が部活動のような「意欲の高い一部の子どもにとって有効な」教育になってしまう危険があったり、そもそも「生きる力」が問われ「知識基盤社会」と言われる新しい時代に巣立っていく子どもたちにとって、「（生涯スポーツ場面に）活用できる知識や技能」を学ぶ場にならないときもでてくるからである。そこでここでは、なぜそうなるのかということも含めて、学習指導要領改訂の趣旨を現場で生かすための、ボール運動の学習指導のあり方について、新しく考えてみたいと思う。

「技能の楽しさ」を学ぶボール運動の学習指導

　ボール運動は、結局のところ、「攻防すること」に喜びや楽しさを味わうことのできる運動である。もう少し丁寧に言い換えるとすれば、「ボールをめぐる技能を対象に工夫したり努力したりして、主として集団対集団で、仲間とともに力を合わせ、得点を競ったり争ったりすること」が楽しい運動である。生涯スポーツ場面では、このようなものとしてボール運動がまずは存在している。

　つまりボールをめぐって、「動くことや操作すること」ではなく、「動きを使ったり操作したりすることを通して攻防すること」が、その本質なのである。例えば、「ドリブル」という動きがある。バスケットボールをするときに、これは必

要な技術である。しかし、それではバスケットボールとは、「ドリブルすること」を競っているのか、と問われればそれは違う。「ドリブル競争」は、バスケットボールではないからだ。同様に、「バットでボールを打つこと」は、ベースボール型の運動に必要な技術だが、かといって「バッティングセンター」での行為を、野球のゲームである、とはやはり言えまい。また、「空いているスペースを認識し走り込むことができる」というのは、ボール運動に必要な戦術的技術である。しかし、これとてボール運動そのものではない。そういう動きを使って「攻防すること」が、ボール運動の本質である。

さらに言えば、このように「いろいろな技能を駆使して攻防すること」は、実に「楽しい」ことである。プレイ（遊びの欲求の充足）であるからだ。運動の「楽しさ」という言葉は「子どもがある状況において個人的に感じている感情」という意味でよく使われるが、本来は、このような各種運動がそれぞれ固有に持っており、個人が様々に感じるというのではなく、誰にとっても共通しているとともに、だからこそ、ある運動としてまとまりを持ち親しまれている、いわば「間主観的・客観的」なものを指しているのである。

このように考えると、ボール運動における技術は、いつでも「攻防することと」とセットで教えられる必要があるとともに、「攻防すること」それ自体が持つ「楽しさ」ともセットになってしまうはずである。簡単に言ってみると、「攻防すること」にかかわって身に付けたり付けようとする個人的、集団的な技術＝技能を駆使することが面白い、というのがボール運動の本質であるということだ。つまり、「楽しく」技能を身に付けるのではなく、「各型に固有の技能の持つ独特の楽しさ」に出会い、それを身に付け、さらにそれを駆使することが、生涯スポーツの基礎として問題になるのである。

学習指導要領の改訂を支える考え方の一つに、これからの社会はますます「知識基盤社会」としての性格を強めていく、という問題認識がある。詳細について述べるスペースがここではないが、このような社会において大切なものが「コンピテンシー」という力（＝「生きる力」）である。知識や技能が生活の重要な基盤となる中で、それらを問題に応じて統合したり創造しつつ活用する力のことである。これは、そもそも問題を発見することから始まり、習得された基礎・基本的な知識や技能を基盤に課題の解決にあたるとともに、評価、修正し、また、自律的に取り組むとともに人々をつなぐことができる力のことをも指している。こ

の意味で、従来の「応用力」とは一線を画す言葉である。学習指導要領において「習得・活用・探求」という言葉が重視されているのもこのためである。つまり、習得と活用と探求は、いつもセットになっている。習得の段階が終わらなければ活用や探求の段階に進んではならないというようなことではなく、習得・活用・探求が一つの単元の中で常にサイクルとなって「生きて働く力」を獲得することに力点が置かれている。また、「健やかな体」は、このようなコンピテンシーを内的資源として支える基盤として重視されている。このような背景からすると、体育では生涯スポーツ場面での活用を前提としつつ、運動やスポーツに全面的に参加することから生じるコンピテンシーの高まりを見通す必要がある。

このことからすると、これからの体育では、運動が持つ「楽しさ」と「技能」を分けて考えることはできない。とにかく技能＝動き方を基礎として身に付けさせればよい、という考え方は、だからこそ寸足らずとなるし、逆に子どもが楽しく運動しさえすればよい、という考え方も、いったいどのような楽しさをそこでは考えているのかという点で、やはり寸足らずである。「楽しさ」か「技能」か、「子ども重視」か「内容重視」か、といった振り子運動の中に、学習指導要領の改訂のねらいがあるわけではない。振り子が戻ったわけではなく、新しい時代に向けて、さらに積み上げを目指そうとしているのである。一部に、「めあて学習」やその背景にある「楽しい体育」の考え方は失敗であり体育学習の質が落ちたと指摘する意見もあるが、このような見方は、単に振り子を反対に振るだけであり、それこそ体育の立場を怪しくしてしまいかねない。また、これまで様々に工夫し子どものために授業を積み重ねてきた多くの先生方の努力やその成果は、もちろん否定されるものではないしそのような事実もない。ご用心である。

「局面」を視点にした運動の捉え方

では、「技能の楽しさ」を学ぶボール運動の学習指導は、いったいどのように考えればよいのか。学習指導要領では、いわば学習の成果として判断しうる具体的な内容として、特に「ゴール型」「ネット型」「ベースボール型」という攻守の特徴から技能を示している。もちろん、これはこれまで振り返る視点の弱かった技能の視点を強調したものであり、もう一方の「運動の特性」や「楽しさ」に合わせて、しっかりと指導することを求めているものである。これは、現場や授業研究の問題として様々に実践、開発される必要のあるところであろう。

そこで、ここで提案したいことは、行為の意味に着目したボール運動の学習指導の考え方の工夫である。例えば、バスケットボールの場合、ゲームは「ボールを運ぶ」「シュートチャンスを作るために相手をかわす」「ボールをリングに入れる」という三つの局面で成り立っている。これは、バスケットボールの「攻防」の具体的な中身のことであり、同時に「できるか／できないか」という形で技能を駆使し工夫するその状態が、子どもを夢中にさせる、その運動固有の「楽しさ」の中身でもある。つまり、ボール運動の場合、ゲームの「局面」に、「楽しさ」と「技能」の合体した具体的な姿が現れるのである。

　このように考えると、バスケットボールは、「手でボールを操作したり、操作しない動きを使って、ボールを相手陣地に運ぶことができるかどうか」「手でボールを操作したり、操作しない動きを使って、相手をうまくかわし、シュートチャンスを作ることができるかどうか」「ボールをリングにうまく入れることができるかどうか」の三つの「できるかどうか」＝「集団的・個人的技能」、が楽しい運動である、ということになるのではないか。また、攻守入り乱れ型であるので、上記のことを逆に「させない」ことが守備側のねらいである。

　そうなると、パスやドリブル、あるいはポストプレーや、スクリーンプレーは、単なる技術・技能であって、それらは、上の三つの局面における目的のために使われる手段であるから、ゲームにおける生きた技能とは、むしろ「運ぶことができる」「かわしてシュートチャンスを作ることができる」「シュートを入れることができる」と、捉える必要があることになる。このことが、直接、勝敗を争う具体的な活動になっているのである。学習指導の流れとしては、もっとも易しいルールで、まず、「運ぶ」「かわす」「入れる」ことをねらいとしたゲームをおこない、それぞれうまくいかないところを、「運ぶ」「かわす」「入れる」ための技能として、具体的にはドリブルやポストプレーなど学習指導を通して練習し習得し高め、そして次のゲームに生かしていくというサイクルを基本とする。「局面（行為の意味の構造）を視点としてボール運動の特性を捉えるとともに学習指導の工夫を考えること」、言い方を変えれば、「めあて学習」という「学び方」のモデルの上に、意味を視点としたボール運動の「めあて」の持ち方、持たせ方を工夫するとともに、内容としての技能の位置づけをはっきりとさせ、「技能の楽しさ」を中心に、ボール運動を大切な文化として位置づける学習。提案したい中身はこのようなことである。

11 「戦術学習」から「局面学習」へ

表 11-1　各運動種目の意味の構造

内容		教材（学習材）	攻防の特徴	局面数			
ボール運動	ゴール型	バスケットボール	攻守入り乱れ	3	手でボールを操作したり、操作しない動きを使って、ボールを相手陣地に運ぶことができるかどうか	手でボールを操作したり、操作しない動きを使って、相手をうまくかわし、シュートチャンスを作ることができるかどうか	ボールをリングにうまく入れることができるかどうか
		サッカー	攻守入り乱れ	3	足でボールを操作したり、操作しない動きを使って、ボールをキープすることができるかどうか	足でボールを操作したり、操作しない動きを使って、スペースをうまく取ってシュートチャンスを作ることができるかどうか	ボールをゴールにうまく入れることができるかどうか
		ハンドボール	攻守入り乱れ	3	手でボールを操作したり、操作しない動きを使って、ボールを相手陣地に運ぶことができるかどうか	手でボールを操作したり、操作しない動きを使って、スペースをうまく取ってシュートチャンスを作ることができるかどうか	ボールをゴールにうまく入れることができるかどうか
	ネット型	ソフトバレーボール	攻守分離	3	手でボールを（弾いて）操作したり、操作しない動きを使って、相手コートにボールを落とすことができるかどうか	手でボールを（弾いて）操作したり、操作しない動きを使って、自分コートにボールを落とさせないでいられるかどうか	落とさないから落とすへとうまく切り替えて組み立てられるかどうか
		プレルボール	攻守分離	2	手でボールを操作して、相手コートにボールを返すことができるかどうか	手でボールを操作して、相手にボールを返させないことができるかどうか	
	ベースボール型	各ベースボール型運動	攻守交代	3(2)	ボールがベースに転送されるまでに、自分が進塁することができるかどうか	ベースに相手の転送よりも速く進塁できるように、ねらったところに打つことができるかどうか	相手が打った（蹴った・投げた）ボールをうまく捕って、相手が進塁するまでに投げることができるかどうか
器械運動		マット運動			安定した状態から、回っても、安定した状態に戻ることができるかどうか		
		跳び箱運動			安定した形で跳び越すことができるかどうか		
		鉄棒運動			安定した状態から、鉄棒の上や下でも安定した状態に戻ることができるかどうか		
陸上運動		短距離走・リレー			スタートからゴールまで移動できるかどうか		
		ハードル走			連続したものを飛び越えてスタートからゴールまで移動できるかどうか		
		走り高跳び			高く跳び越えることができるかどうか		
		走り幅跳び			遠く跳び越えることができるかどうか		
水泳		クロール			水の中をできるだけ早く（速く）移動できるかどうか		
		平泳ぎ			水の中をできるだけ長く（速く）移動できるかどうか		
表現運動		表現・リズムダンス			定型化されないイメージにもとづくダンス／定型化したリズムのあるダンス		
		フォークダンス			定型化されたリズムのあるダンス		
体つくり運動		体力を高めるための運動			身体の必要を満たすための運動		
		体ほぐし			体を動かすこと自体が楽しい運動遊び		

いろいろな方法があるボール運動の学習指導

　そうなると、単元で取り上げた各種のボール運動が、いったいどのような意味からなる「攻防の楽しさ」を持つのかが問題となろう。表 11-1 は、それを簡単にまとめたものである。

　また、そのような意味構造が、例えば「シュートゲーム」（局面が一つしかな

いボール運動）などの「易しい」運動から、「バスケットボール」（局面が三つあるボール運動）などの「複雑な」運動へ、という配列が、運動の系統性と、子どもの発達段階との関係を構成することになろう。また、具体的な単元における学習指導のあり方においても、これまでとはいくつかの点で新しい工夫や課題が生まれてくる「局面学習」の具体的なあり方については、紙数の制約上、別なところでの実践報告に譲ることにしたい。

ただ、一つここで強調しておきたいのは、最近よく言われている「ドリルゲーム」や「タスクゲーム」を取り入れるという学習指導のあり方は、「楽しさ」と「技能」の合体という課題や、活用するための技能や知識の学習という点からすると、「ドリル」や「タスク」の意味が、そもそもの運動に対して「子ども自らの必要感」の中で理解できているという前提がなければ、それぞれにバラバラの活動となってしまい、教師の教えたという自己満足に陥る場合もあるという問題点を持っていることについてである。

部活動など、そもそもその運動をおこなうことに対して意欲の高い子どもが集まった場合には、「ドリルゲーム」や「タスクゲーム」を取り入れることは大変有効なことである。それは、そのことの意味を自分のものにしているからである。しかし、そもそもその運動がどのような「楽しさ」を持っているのかがわからない子どもたちにすれば、「動き方」が学習課題となる「ドリルゲーム」や「タスクゲーム」は、単に活用場面をイメージできない「準備運動」であったり、求められる「動き方」ができたかどうかを確かめる試しの場にしかならなくなってしまったりする。「ドリルゲーム」や「タスクゲーム」が終わってそもそものゲームに入るときに見せる、「さぁ、やっと本番のゲームができるぞ！」という子どもたちの態度は、このことを強く物語るものである。このような事態は、「ドリルゲーム」や「タスクゲーム」を取り入れる趣旨からみても、まったく本意ではあるまい。学習指導には、いくつもの考え方や工夫がある。「ドリルゲーム」や「タスクゲーム」を取り入れる学習指導も、もちろん一つの工夫であるが、どうすればそれが有効となるのか、体育の学習のゴールをしっかりと見据えることも含めて、当分の間はまだまだ検討される必要があるということになろう。

12 ゴール型における「局面学習」の授業モデル

ゴール型のボール運動において求められている内容

　ボール運動は、取り扱うすべての運動が「勝敗のあるゲーム」である点に特性がある。そこで、それぞれの運動のまさに「勝敗」を決めることになっている「攻防の中身」を視点として運動を捉え、その運動の持つ具体的で客観的な楽しさ＝「魅力」とそこで対象となる技能を、不可分の「内容」として主体的に学習させようとするのが「局面学習」という考え方である[1]。そこでここでは、「局面学習」としての、特に小学校における「ゴール型」ボール運動の授業づくりのポイントについて考えてみることにしてみよう。

　学習指導要領では、体育の内容として「技能」「態度」「思考・判断」を挙げている。特に、ゴール型の技能としては、「ボール操作」と「ボールを持たないときの動き」に大別し、それぞれについて「シュート・パス・キープ」や「空間・ボールの落下点・目標（区域や塁など）に走り込む、味方をサポートする、相手のプレーヤーをマークするなど、ボール操作に至るための動きや守備にかかわる動きに関する技能」などが示されている。また、「特に『技能』については、運動の楽しさや喜びを味わわせながら身に付けること」ともしている。これは、改訂の基本方針としても体育において「それぞれの運動が有する特性や魅力に応じて、基礎的な身体能力や知識を身に付け、生涯にわたって運動に親しむことができる」子どもを育てることが強調されていることからも、単元で取り上げる運動が持つ「特性や魅力」に応じて、示されている「技能」を指導することを求めるものであろう。学習指導要領では、ボール運動の「特性」を「これらの運動は、勝敗を競い合う運動をしたいという欲求から成立した運動であり、主として集団対集団で競い合い、仲間と力を合わせて競争することに楽しさや喜びを味わうことができる運動である」と捉えるとともに、特にゴール型を、「コート内で攻守が入り交じり、手や足などを使って攻防を組み立て、一定時間内に得点を競い合うこと」と示している。

もちろん、学習指導要領や解説書は、教える内容のミニマムを示したり、例示したりするものであるから、実際の授業づくりは、こうした内容を確実に含むものであるとともに、子どもと運動のよりよい関係を願う教師の思いや、子どもの実態に応じたより実践的で具体的な工夫が求められる。そこで、ボール運動における「勝敗」が、子どもの立場から見たときに実際に何によって争われており、「攻防の組み立て」が実際にはどのような内容として子どもの立場から捉えることができるのかを、ゲームの「局面」から考え、授業を創ろうとするのがボール運動における「局面学習」の特徴である。

内容を「局面」として捉える

　例えば、バスケットボールという運動は「ボールを運ぶことができるかどうか」「シュートを打つために相手をかわすことができるかどうか」「ボールをシュートしてリングに入れることができるかどうか」という三つのゲーム局面から成り立っている。このような捉え方には運動学の知見を参照にするとよりその妥当性が示されている。この三つの局面が、具体的な「攻防」の中身になっており、攻撃側はこの三つの局面をクリアーしたときに、はじめて「得点」を獲得できる。また守備側は、この三つのことをさせないことがゲームの内容である。チーム対チームで争っていることは、まさにこの三つの局面であり、この局面にこそ、それぞれの攻防をめぐる「個人的／集団的」技能、あるいは「ボールを持つ／ボールを持たない」技能が手段として内在している。また同時に、ここで技能を駆使し「できるか／できないか」＝「できなかったことに『よしもう一度！』とチャレンジし、やった『できた！』と喜ぶとともにまた新しい「できない」に向かっていくこと」に夢中になっていることこそが、「特性や魅力」として子どもたちが味わう「運動の楽しさ」の中身でもある。つまり、局面においては、「技能が楽しい」のである。

　「ゴール型」の運動は、この意味で「運ぶ」「組み立てる」「シュートする」という原則的には共通の「局面」構造を持っている。このように、「局面」の視点から取り扱う運動の内容を明確化し、「運動の楽しさ」と「技能」の関係をしっかり整理することが「局面学習」の第一歩である[2]。これは単元で扱う「運動の特性」を、改めて明確にする作業とも言い換えてもよい。

「易しいゲーム」の用意と学習の流れ

「局面学習」では、運動の楽しさをと味わうとともに技能を身に付ける授業を展開するために、子どもの主体的な学習を大切にする。このために大切なことは、子どもに「意味ある学習を保障すること」、つまり「子どもに『生きたねらい』を持たせ学習を進めさせること」である。子どもにとっての体育の学習は、生涯にわたって運動に親しむための学習であるとともに、もちろん、小学生期の「生涯スポーツ」の一場面でもある。むしろ、この側面を生かして、「要素に分けた内容を線形的に積み上げ最後に目標とする全体としてのゲームに至る」という道筋ではなく、全体としてのゲームを常にベースにし、「体験の共有」→「振り返りと気づき」→「練習と技能の習得」→「体験の再構成」というまとまりの繰り返しとして学習の道筋を考え、授業における「勉強の課題」としてねらいを持たせるのではなく、「運動の楽しさ」から引き出される「ゲームの課題」として、「生きたねらい」を持たせる工夫を重視する（後掲の実践例参照）。そこで「局面」の視点から明確化された運動の特性が、どの子どもにもまず味わえる「易しいゲーム」を教材として用意することが重要となる[3]。

学習指導における教師の役割

「局面学習」では、ゲームを振り返る場面と、その気づきに応じて練習をおこなう場面で、教師の働きかけを極めて重視している。「局面」を視点とした適切な振り返りから「ねらい」を持たせること、ならびにそのねらいを達成するためにどのような練習や工夫をおこなうのかという具体的な課題解決の手がかりを適切に指導するということである。もちろん、子どもの様子や学習の進み具合に応じて、子どもたちから課題を引き出すことは大切であるが、教師が導くのか、子どもから引き出すのか、ということについては、単なる「方法」の違いでしかないと考えている。むしろ、授業において「生きたねらい」を子どもが明確に持ち、またねらいに応じた具体的な手がかりをしっかりと持つことができているのか、つまり主体的であるかどうかが問題である。またこの点が明確にならなければ、種々の評価も曖昧になってしまう恐れがある。この面での教材研究や、教師の力量形成は重要なポイントとなろう。

カリキュラムにおける系統性の考え方

「局面学習」では、系統性について「局面の数」と「局面の質」の二つの側面から、学習のつながりを考えている。例えば、バスケットボールの場合、「運ぶ」「シュートのためにかわす」「入れる」の３局面で成り立っている。また、このうち「シュートのためにかわす」局面を見たときに、「シュートチャンスを探して、あいている仲間にパスを出す」という攻撃と、ポストプレーやスクリーンプレイのように「シュートチャンスを創りだすために、仲間と連携して攻める」というより難しい攻撃が発展的な内容として含まれる。一方で、同様の「運ぶ」「シュートのためにかわす」「入れる」という３局面で成り立つセストボールという教材は、この「シュートのためにかわす」局面において、「シュートチャンスを探して、あいている仲間にパスを出す」という攻撃が中心となるもので、バスケットのように「シュートチャンスを創りだすために、仲間と連携して攻める」という攻撃は現れにくい。

つまりボール運動の教材の発展性は、このような「局面の数」と「局面の質」の二つの側面から捉えることができるので、カリキュラムにおいて、「易しいボール運動」から「複雑なボール運動」を配列するとともに、技能、態度、思考・判断等の内容の系統性をも、教材の中で捉えようとしている。図12-1は、そのような原理を模式的に現したものである。

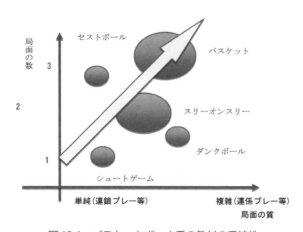

図12-1　バスケットボール系の教材の系統性

基本的には以上のようなポイントを踏まえると、「ネット型」や「ベースボール型」の「局面学習」授業モデルも考えることができよう。現在、全国で様々な実践が活発に積み上げられているところであるので、詳細についてはまた現場からの報告を参考にしていただきたい。

【注】
1) 松田恵示（2009）「戦術学習から局面学習へ」『体育科教育』第 57 巻 4 号，大修館書店，pp.20-24.
2) 「局面」構造の一覧については上記拙稿を参照。
3) 以下の稿についても参照してください。鈴木聡（2007）「バットをつかわないベースボールの実践」『子どもと体育』143 号，光文書院．木下浩朗（2008）「「局面」に注目した運動の特性のとらえなおしと「技能の楽しさ」の獲得」『子どもと体育』146 号，光文書院．

13 ベースボール型ゲームを生涯スポーツに
つなぐために

「打っても走らない」子ども

　ティーボールやソフトボールのゲームの中で、特に苦手な子どもなどが打者になったときに、せっかくボールをバットで「打つ」ことができたのに、その場にただずんでしまい一塁に向かって「走らない」という姿を見ることがある。周りにいる友達の「走れ！　走れ！」という大声に、そういう子どもは、多くの場合「はっ！」としてびっくりしたように急いで走り出す。よほど、バットに当ったことがうれしいのか、ほっとしているのだろう。一塁でアウトになっても、それほど悔しがることもなくかえってくる。教師としては、「苦手なのに、とりあえず今日はバットに当てることができてよかった…がんばったなー」というところであろうか。それで、「苦手でなくなるように、少しでも打つことができる技能を身に付けるようにしっかりと指導してあげよう」と、教材の工夫や練習の仕方を考えることにも繋がる場面である。

　しかし、ここで少し気になるのは、「打っても走らない」子どもと、技能や知識との関係である。「ボールをバットで打つ」という技能がこの子どもに身に付いていないから「走らない」のだろうか。「打つこと」に苦労しているから「走らない」のだろうか。技能を身に付けているか否かにはかかわらず、ただ、ルールがわかっていなかっただけ、のことなのだろうか。ここには、ベースボール型の運動を学ぶ、とはそもそもどういうことなのかという問題が隠れているように見える。

「攻防をすること」という運動の本質

　ここで、小学校5、6学年の学習指導要領を見てみよう。学習指導要領では、ベースボール型の運動の内容を「ベースボール型では、簡易化されたゲームで、ボールを打ち返す攻撃や隊形をとった守備によって、攻防をすること」と記している。つまり、「攻防すること」がベースボール型の運動の本質で、それを「ボ

ールを打ち返す攻撃や隊形をとった守備」という技能を駆使しておこなうものであると考えているわけである。

　確かに、「ボールを打ち返す」という動きをおこなうだけならば、それは「バッティングセンター」といっしょになってしまうし、「隊形をとった守備」という動きをおこなうだけならば、それは「ノック」をしているだけでしかない。運動の本質を「攻防すること」におく学習指導要領の運動の捉え方は、この意味で大変説得力のあるものだ。生涯にわたって根づく運動やスポーツとは、単なる動きというのではなく、このように「攻防すること」といった形でみんなに楽しまれる、内容のまとまりを持ったスポーツという「文化」だからである。

　このように考えると、先の「打っても走らない子ども」という姿は、ティーボールやソフトボールが、「攻防をすること」だということがわかっていない子どもの姿の現れではないか。ゲームで何を競っているのかがわかっておらず、だからこそ「打つ」という一つの動きに一生懸命になり過ぎてしまい、「塁（ベース）をとることができるか、とらせないでいられるか（＝「アウト！orセーフ！」の世界）」という、そもそものベースボール型運動の攻防から必要とされる、「塁に向かって走る」という行動がでてこないということではないかと思うのである。

　そしてさらにそのことは、「技能をまずは身に付けさせてあげないと」という教師の思いからの学習指導が、それだけでは決してベースボール型の運動を十分学ばせることには至らない、ということもはっきりさせている。単に「技能」を身に付けても、「攻防をする」ということが楽しまれることに繋がるとは限らないかもしれない。「打っても走らない子ども」の存在は、こうして私たち教師に、ベースボール型の運動やその学びに対するそもそもの私たち自身の捉え方を問い直してくるところがある。

構成主義的学習観

　伝統的に、体育で学び教える技能や知識は、持っている人から持っていない人、ないしは、教師から児童・生徒に「伝達できる」実体的なものだと考えられてきた。ところが、体育で扱う技能や知識は、「攻防すること」のために手段として使われるものであるから、伝えられた内容そのままが同型なままに身に付くわけではない。一人ひとりの子どもたちが自分の身体のあり方や力などの個性に応じて、まさに「攻防すること」という上位の目的に対し、自分なりに新たに生成さ

れ構成し直されなければ活用できるものにはなりえない。つまり「伝達できる」ものというよりは、教師やともに学ぶ仲間との相互作用の中で、外部からの刺激を受けつつ自分なりに自分の力として「構成する」ものなのである。

このように、知識や技能を実体的なものというよりも、社会的な「かかわり」の中で作り出され身に付けられていく関係的なものだとする考え方は、「構成主義的学習観」と呼ばれる、学習観に特徴的なものである。それに対して、従来の伝統的な学習観のことを「行動主義的学習観」と呼ぶ。この意味では、私たち教師は、体育の学習指導を「行動主義的学習観」に基づいて考えようとしてしまう癖があるようだ。だからこそ、ベースボール型の運動を教えるときも、「苦手な子どもには、打つという技能をいかに身に付けさせるかが問題だ」とすぐ考えてしまい、「打つ」「ボールを捕る」「走る」などの身体の動きを、どのような練習ゲームや教材・教具の工夫を通して身に付けさせるかに腐心してしまう。

確かに、現在の体育では「内容の明確化」が問われ、授業の成果が「見える化」することが求められている。しかし、だからといって一昔前の「行動主義的学習観」に戻って、ゲーム化したり工夫したりされているとはいえ、個人技能や集団技能を習得するための反復的な練習ゲームをおこない、そこで反復した技能が、本番の変形されたゲームで確認できるかといった指導になってしまえば、「攻防すること」ではなく「動きを学ぶこと」がそのときの子どもたちの上位の目的になってしまい、「攻防すること」から生じる「運動の楽しさや喜びに触れる」といったことや、技能や知識を自分にとって必然性のある課題として捉えることができないのではないか。「生涯にわたって運動に親しむ」子どもを育てるということは、今後「生涯にわたって運動に親しむ」ときに使う身体の動きを身に付けさせることを教師がやっておく、ということではなく、学齢期という一つの「生涯の一時期」である体育学習の場面において、「攻防すること」という運動に今、まさに「生涯スポーツの一実践」として親しむとともに、そのときに必要となる技能や知識を、子どもが自分の課題として腑に落とし探り、教師や友達との相互作用の中で自分の中に「(再)構成する」ことを導くことを言うのではないか。

「構成主義的学習観」は、例えばPISA型の学力観や知識基盤社会という時代状況が問われ、コンピテンシーという「活用できる能力」を学習指導要領においても「生きる力」として翻訳し重視する現代社会において、必然的に要請された学習に対する考え方である。この点からすれば、体育では先行して「楽しい体育

論」や「めあて学習」といった形で、「構成主義的学習観」に基づく授業論がすでに展開されている。こうした授業論を、「構成主義的学習観」という視点からその先進性を再評価し授業づくりに生かすことを試みる必要性が、現在においては高いとも言えよう。

ベースボール型の運動の授業作り

それではより具体的には、どうすれば「打っても走らない子ども」をなくすことができるのか。主要なステップは、以下の三つである。

1) 技能や知識の上位の目的である「攻防すること」の中身を明確にすること
2) 明確にされた「攻防すること」が誰にとっても楽しめるような、「易しいゲーム」や「簡易化されたゲーム」を工夫すること
3) 「ゲーム」「練習」「ゲーム」という学習過程の中で、子どもたちが技能や知識を自分の課題として捉え、相互作用の中でそれを自分なりに「(再)構成」するという「学び方」を大切にすること

まず、「攻防すること」の中身を明確にするとは、つまり、ベースボール型の運動をおこなう、ということがどのような「社会的コンスクスト(共同的な意味の文脈)」の中に子どもたちを誘い込む必要があるのかをはっきりさせるということである。ティーボールやソフトボールは、「塁(ベース)をとることができるか、とらせないでいられるか」を競うゲームである。ボールを打って走る攻撃側が早いのか、打たれたボールを捕り塁に送る守備側が早いのか、それが「アウト!」「セーフ!」という形で、「ドキドキ・ハラハラ」の息をのむ瞬間を創る。このようなコンテクストがみんなに共有されている状態を「みんなで運動を楽しむ」というのである。また、このようなコンテクストが共有されるからこそ、教師や友達と「どうしたらもっとうまく打てる?」とか「どうしたらもっとうまく捕って投げれる?」といった相互作用が生じる。そしてその結果、お互いに協力し合って練習したりゲームを繰り返しておこなう中で、そこで必要な知識や技能が一人ひとりの中に自分なりに「(再)構成」される。このような共有される社会的コンテクストのことを、「運動の特性や魅力」とも呼ぶ。学習指導要領でも、「運動の特性や魅力に応じて技能を身に付ける」ことはよく強調されている。この意味では、構成主義的な学習観にも配慮したものとなっているという側面が認められるところである。

第1部　体育の学習と指導の理論―「遊び」の観点と現代的教育課題―

　他方で、こうした社会的コンテクストは、そこに参加している「だれにとっても」同じものである（＝間主観的）、という性質が重要である。言い換えると「客観的に存在するベースボール型の運動の楽しさや喜び」が、こうした社会的コンテクストの中身であり、一人ひとりの子どもで感じ方が異なっているような「楽しさや喜び」の内容ではない。こうした社会的コンテクストの存在をあまり考えない「コンテクスト・フリー」な構成主義的学習観も体育には存在する。例えば「ここにあるボールで何ができるかいろいろと考え実践してみよう」といった授業である。個人の「気づき」や「テーマ学習」を大切にする考え方である。しかし、これはまとまりのある内容を教えることを基本とした現在の単元学習としての教科体育の中では馴染みにくい考え方である。また、構成主義的学習観が本来含み持つ「関係性」を、主観内にとどめてしまう危険のある考え方でもある。
　その後に、例えば「バットレス・ベースボール」の実践報告等ですでに紹介されているように、「塁（ベース）をとることができるか、とらせないでいられるか」という、社会的コンテクストが誰にでも易しくわかるような教材を工夫するということが続く。このときに、社会的コンスクスト＝運動の本質はかえずに、「打つ」「捕る」「投げる」といった技能をできるだけ易しくするところから始めることが重要である。「バットレス・ベースボール」は、この意味で、「塁（ベース）をとることができるか、とらせないでいられるか」というゲームの構造は変えずに、「打つ」という技能を一旦なくすことで技能を易しくした最初の教材であるということができる。そして、このような社会的コンテクストをどの子どもも共有できる状態を作った上で、そのときどきの技能や知識が、子どもたちに必然性を持って取り組まれるように、いわば「本番」と「練習」を、「まずやってみる」「ふりかえって練習する」「練習した成果を使えれば使うように本番に戻ってみる」という試行錯誤の過程として授業を作り出すことが重要である。
　「打っても走らない子ども」は、結局、そこで広がる社会的コンテクストを他の友達やもちろん教師とも共有できていない姿であると思われる。技能や知識というものが、そのような社会的コンテクスト＝運動の特性や魅力と、いつでもセットで教え学ばれなければならないということでもあろうし、それはだからこそ、関係の中で自ら構成され身に付いてくものになるということでもあろう。「行動主義的学習観」の呪縛から、解放されることを強く願うばかりである。

14 体育の学習と「副読本」

体育の時間に「副読本」って必要なの？

　算数、国語、理科、社会など教室の授業では、教科書や副読本、副教材などを使うことがほとんどである。けれども、体育の授業では、それらを使うことはそれほど多くない。体育の学習は、子どもたちが実際に体を動かしておこなうものだから、本などに目を通させているよりも、できるだけ運動を多くさせたい。こういう思いが私たち教師にあるのかもしれない。あるいは、子どもたちの方にも、教室ですわってがんばる他の授業とはちがって、運動場や体育館やプールで思いっきり運動できるのが体育の時間だから、本を持って「勉強」みたいにするのは楽しくない、という思いがあるのかもしれない。こういう体育の授業に対する素朴な「感じ」があるので、体育の時間に「副読本」と言われても、正直なところ「必ず必要だ」というふうに思っていないという現状があるのだろう。

　この点では、体育の学習において副読本はどんな役に立つのか、といった、副読本の教材としての価値や可能性などについては、あまり考えることがないようにも思われる。けれども、あらためて副読本に触れてみると、それには普段気づかない大きな力が隠されており、少し「もったいない」と思えるのである。そこでここでは、あらためて、体育の学習における副読本の持つ意味や可能性について、少し考えてみたい。

体育が「活動しているだけ」ではなく「学習」になるためには

　体育の時間は、子どもたちの好きな時間である。もちろん、なかには苦手だったり嫌いだったりする子どももいるけれども、運動やスポーツのおこない方や学級集団の雰囲気などが整えられれば、活発に活動する子どもが増える時間である。ところが、難しいのは、こうして子どもたちに好まれる時間であるだけに、活動はおこなってそこそこ楽しかったのだけれども、教科の時間として、しっかりと「学習」になっていたのかどうか、そのあたりがちょっと怪しくなるときがある

ことである。学級会や運動会などの特別活動の時間や、休み時間や課外の時間などでも、運動やスポーツをする機会はあるから、ただ「活動しているだけ」では、体育の時間としては不十分だと言わざるをえない。けれども、おこなっている中身は、同じ運動やスポーツだから、それを「学習」するということがどうすれば体育の時間ではしっかりできるのか、このことが意外と難しいのである。

　このように書くと、「体育の時間は学習だから、やっぱりしっかりと技能を身に付けさせたり高めたりさせないとダメだ」というふうに感じられるかもしれない。しかし、言いたいのはそういうことではない。学習指導要領にも繰り返されているが、体育の目標は「生涯にわたって運動に親しむ資質や能力の基礎」を身に付けることであり、これは単に「技能習得」だけの問題ではない。さらに大切なことは、「身に付けさせたり高めたり」ということが、単に先生が「させる」という形で指導するのであれば、それは「訓練（トレーニング）」であって、「学習（ラーニング）」とは呼ばれないからである。

　では、体育の時間が子どもたちにとって「学習」になる、というのはどういうことなのだろうか。そもそも「学習」とは、例えば、同じ失敗を何回も繰り返してしまったときに「学習がないなー」などと言われてしまうように、経験を通して行動が変化すべく知識や技能を蓄えていくことを指している。体育で考えるなら、鉄棒の学習とは、鉄棒の経験を通して「生涯にわたって運動に親しむ資質や能力の基礎」を蓄えていくことである。鉄棒の楽しさ、技能、態度、練習の仕方、知識、友達との協力の仕方など、様々な内容がそこにはあろう。ただ、このときに重要なことは、「鉄棒の経験を通して」という最初の部分が、ただの「活動」になってしまえば、それは知識や技能を蓄えさせるほどの経験にはならないという点である。ここでの経験は、「意味ある経験」になる必要がある。つまり、「自発的・主体的な」「行動を変化させるほどの」経験である必要があるということなのである。

　このような経験となるためには、子どもにとってそれが「ねらいを持った活動」になることが一番大切なことである。なぜなら、「ねらい」を持って活動するということは、そもそも「ねらい」は単なる「課題」等ではなく、自分自身の意志に基づいて心の中に持つものであるから、「自発的・主体的」なものである。また、「ねらい」を持って活動するからこそ、活動の結果を「ねらいに沿ったものであったかどうか」が評価できることになり、自分自身が変化することを促すことに

なるからである。休み時間におこなう運動では、例えば「戦術に工夫してゲームをがんばろう」とか「もっともチームワークがよくなるように努力しよう」などと「ねらい」を立てておこなわない。だからこそ、それは「やりっぱなし」になるし、「やりっぱなし」でよいからこそ、休み時間に気軽に楽しまれる。けれども、「ねらい」を持った活動となれば、「やりっぱなし」ではなく、運動後に反省し、「よかった」「わるかった」という形で振り返るとともに、成果を確認したり課題を認識したりする。こういう「ねらいの設定－活動－評価－修正」のサイクルこそが、知識や技能を蓄えさせ行動を変化させていくのである。

「ねらいを持つ」ための指導と副読本

こうなると、体育の時間に、どのようにすれば子どもたちにしっかりとした「ねらい」を持たせることができるのか、が問題となる。「これがねらいだから、みんなしっかりやりなさい」というように、「させる」ように指導するだけでは子どもたちが「ねらい」を持つことは難しい。

ここで、大きな役割を果たすのが「副読本」であろう。「ねらい」というのは、「こんなふうにやりたい」「あんなふうになりたい」という形で、子どもたち自身の心の中から現れる。例えば、サッカーをやっていて、子どもの言葉でサッカーというゲームの特性やポイントなどが豊富な図とともに書いてあると、「こんなふうにしたい」「あんなふうになりたい」という子どもの意欲と目標が生まれてくる。「ねらい」とは、このように子ども自身が自ら情報に出会い、興味や関心を引き起こされたところから生まれてくるものである。

大人になった私たちでも、例えば、どこかに旅行することになれば、まずは「ガイド書」や「雑誌」を手に入れようとするときが多い。自分なりに、訪れようとする場所の情報に触れ、「なるほど」と頭の中が膨らみ、そして「こことここは行こう」「これは食べたいな」「これはお土産に買って帰りたいな」など、旅行先で「したいこと」、つまり旅の「ねらい」が自然と立てられていくのではないだろうか。このように、「自分から情報を読み込もうとする」こと、「文字以外の情報からイメージが喚起される」こと、さらには「内容が豊富で本質をついている」こと、あるいは「自由に好きなときに手にとれる」といった特徴が、私たちにこのような「ねらい」をもたらすのだと思う。そして、旅行が終わった後も、部屋の本棚に「ガイド書」や「雑誌」を残しておくと、ふとしたときに手にとり、楽

しかった旅行の思い出をたどるとともに、「もう一度行ってみようかな」「今度はここもまわりたいな」などと、変化した自分を実感するとともに新たな「ねらい」を見いだすきっかけとなったりする場合も少なくないのではなかろうか。「ガイド書」や「雑誌」が持つ、「出会い」をコーディネートする力である。

このように考えると、「副読本」は、子どもたちと運動との出会い＝学習をコーディネートするまさに「ガイド書」である。もちろん、「ねらい」を持たせる指導は、「副読本」のみによっておこなわれるものではないが、この教材の持つ力を活用することで、まずはどの先生もが「ねらい」をもたせる学習指導にやさしく取組むことができる。本来、運動は「言葉」で伝えにくい性格を持っている。しかし、「副読本」には、イラストや写真で、視覚的にそれを把握する工夫が随所に凝らされているものである。このように、「こんなふうにしたい」「あんなふうになりたい」ということを、子どもたちに「ねらい」として持たせる支えになるところは、「副読本」の持つまず大きな力であろう。

逆に言えば、体育の学習指導において、「ねらいを持たせる」学習指導のあり方に、私たちは少し無頓着になりすぎているところはないだろうか。「技能をいかに身に付けさせるか」とか「いかに運動を楽しくおこなわせるか」から、授業づくりを始めてしまってはいないだろうか。体育の時間は、子どもたちにとって「学習」になっているだろうか。「副読本」の意義や力について教師自身が知ることは、大変重要なことであるように思われる。

学習言語の獲得とつながりを生み出す「副読本」

次に取り上げたいのは、体育の時間における「学習言語」の問題である。学校の教科学習の時間には、日常会話にはない「言葉」がたくさんでてくる。例えば、先の「ねらい」やよく授業で使われる「めあて」といった言葉もそうである。「相手チームのよいところを伝えてあげましょう」とか「つまずいているところを教えてあげましょう」といった言葉も実はそうである。この種の言葉は、子どもたちの日常会話にはでてこない。授業で使う特殊な言葉でなのである。「ねらい」や「めあて」という言葉が、特殊な言葉になっていること自体、私たち教師は忘れがちであるが、例えば、クラスにもし帰国子女の子どもが転入してきたとしたら、こういう言葉をすぐに理解することができるかどうかを考えてみるとよくわかると思う。あるいは、小学校に初めて入ってきた1年生を思い浮かべてもいい。

このような言葉に馴染ませ、学校では大切な言葉として理解させることが、子どもたちを指導するときにもっとも気を使うことの一つであろう。

　たしかに、よく考えてみると「今日のめあては何ですか？」という問いを日常生活でおこなえば、ちょっとかわった言葉となってしまう。職員室の朝の打ち合わせで、「今日のめあてを確認しましょう」などともし校長先生に言われたら、大人の間では、確かに変な感じである。学校でしか流通しない、といってもよいだろう。では、なぜこのような言葉を使って教科の学習がおこなわれるかというと、それは子どもたちに、日常生活に貼り付いた経験に基づく理解を超えて、日常世界とは逆に距離をとらせることで、しっかり「考えたり」「行動したり」できるようになり、これまで知らなかった新しい力を身につけることに役立つからである。ものを「対象化（少し距離をとってながめてみること）」して捉えたり関わったりして身に付けようとする、という、「学習する」ということを子どもにもよくわかるように、特別な言葉を使って取り組ませようとするからである。

　この意味からすると、「相手チームのよいところを伝えてあげましょう」とか「つまずいているところを教えてあげましょう」という言葉も、「相手のよいところ」といっても見方をかえれば山ほどあるわけだし、そもそも、「相手のよいところ」に意識を持って普段から相手を見ているわけではないので、学習が苦手な子どもたちは、こういう言葉自体の意味がわからずにいる、といった場合も多いのである。このような「学習言語」に馴染めなければ、教科での子どもの学習は停滞してしまう場合が多い。特に、体育の場合は運動を内容として扱っているので、より「言葉」との関係が他の教科に比べて難しい面もある。算数の問題を解く「コツ」は授業中にみんなで話したり考えることすることはできるけれども、「逆上がりのコツ」を授業中にみんなで話したり考えたりするのは、どのような言葉を使えばよいか、算数の時間よりもやはり難しいのではないか。「学習言語」と「運動の言語化」という問題は、体育の時間が持つ「言語活動」に関する二重のハードルである。しかし、こうした言語活動がスムーズにおこなわれなければ、運動を振り返ったり、工夫したり、評価したりなど、体育における課題解決活動はできない。この点からする、この「学習言語」を理解し使えるようになるということは、体育の学習指導においては大変大きな問題であると言えるのである。

　それでは、このような「学習言語」をどのように学ぶのかと言ったときに、ここでも力を発揮するのが「副読本」という教材である。「副読本」には、ほとん

どの場合、体育でおこなう運動の内容が「言葉」で整理されていたり、学習の道筋や、学習活動のポイントなどが、授業で使う「言葉」として表され子どもにもわかりやすいように配置されている。この意味では、「副読本」は単に運動のおこない方が解説されているテキストというのではなく、教科の学習を進めるためにまとめられている特別な資料＝教材なのである。もちろん、授業でも子どもたちにいろいろな資料を作成したり配ったりすることも多いけれども、「学習言語」を体系的に学べるほどのものを、年間を通じて用意することはなかなか難しいものである。このようなときに、子どもが手にとり、先生の直接的な指導とともに、あるときは指示を受け資料としてみたり、あるときは自分から見たり読んだりして、「学習言語」を理解するとともに、体育の学習を支えてくれる働きを持つものが「副読本」なのであろう。

　一方で「副読本」には、子どもたちのつながりを生み出していく力もある。

　よく経験されることだけれども、同じ教科書を使ったことがその後話題として「あー、それいっしょだった！」という共感につながったり、実際に同じ教科書を使っているからこそ、クラスが違っていても教え合うことができたりするなど、子どもたちにとって教科書や副読本は、「コミュニケーション・ボンド（きずな・つながりの保証）」としての働きを持っているものである。これは、体育の授業の中でももちろん見られる。様々な場面においてグループで話し合うときに、共通に「副読本」を持って話し合うことが、子どもたちに手がかりを与え互いの交流を活発にしていく。

　もちろん、「副読本」から生まれるつながりは、子どもたち同士に限られるものではない。それは、先生と子どもたちをもつなぐだけでなく、保護者や他の大人と子どもたちをも繋ぐものでもある。「ここを見てごらん」「いま、こんなことやってるの」「こんなことが書いてあったよ」などなど。「副読本」があるからこそ広がるコミュニケーションが、体育の学習に必要ないくつもの「大きな学びの輪」を生み出すことはよく見られることである。こうした「副読本」が持つ力にも、私たちは目を向ける必要があるのではないかと思われる。

体育の学習をさらに豊かなものにするために

　体育の時間を子どもたちにとってさらに豊かなものにするためには、ここまで見てきたように「副読本」という教材が果たす役割は大きい。特に、ただ運動を

おこなえばよい、というのではなく、生涯にわたって運動に親しむ能力や資質の基礎を子どもたちがしっかりと学習することによって身に付けようとするとき、「副読本」は体育の時間だからこそその「要」となるほどに豊かな力を持つものであるし、「副読本」とともに学習するというスタイル自体が、体育の授業の当たり前の風景としてもっと全国で見られる必要があるように思われる。ところが、冒頭でも述べたように、体育の授業では「副読本」に対する認識と理解が弱く、「運動をおこなっていればよい」型の学習指導がまだまだ見られるのが現状である。

「本（副読本）とノートと鉛筆を持って体育の学習をおこなう」。こういう姿が多くの学校で普通に見られるようになることが期待されるところである。もちろん副読本は教科書ができれば同じ役割を果たすものであることも最後に付け加えておきたい。

15 これからの運動会のあり方を探る

生きることのリズム

　春に新学期が始まり、遠足や球技大会があり、自然学校や修学旅行、そしてプールが始まり、夏休みへと突入していく。真っ黒になってかえってくると、運動会、学習発表会、音楽会、遠足などの秋の行事が続き、長かった2学期もクリスマス前に終わり、お正月そして最後の3学期へ。マラソン大会や卒業式など冬から春にかけての行事が学年の最後を彩る。

　学校の1年間は、このように季節の中で、泣き、笑い、喜び、悲しみ、そして出会いから別れまで、実に「起伏」に富む生活のリズムの中にある。いや、むしろこのような「起伏」を、特別活動の領域を通じて計画的意図的に私たちは子どもたちに用意しているのである。

　しかし、このような「起伏」は、表立って教育目標や教育内容として語られ、伝達されるたぐいのものではない。なんとなく引き受け、続けていることも多いし、なんとなく、大切にしてきたといった程度のことも多い。

　それだけに、例えば、学力低下や体力低下、あるいはいじめや学級崩壊といった強い教育課題に出会ってしまうと、たちどころに、そうした「起伏」づくりにかけてきた労力は、具体的な教育目標に向けて配分し直すことを求められることにもなりやすい。

　けれども、私たちがまず「生きる」ということは、生活のリズムを創りだすことであり、生活の「起伏」の中に「生きる」ことの意味を見いだすことでもある。学校生活が、様々な行事を通して「起伏」に富んだものになることは、それこそ「生きる力」を標榜する現在の学習指導要領の理念からしても、実は大変意味深いことなのではないか。

　実生活のモデルとしても、あるいは同時に、子どもたちのかけがえのない小学校6年間の生活としても、この「起伏」という問題に、今一度正面切って向き合ってみる必要がありそうである。

運動会の位置づけ

　体育的行事としての運動会について考えるとき、「体育的」の側に力点を置くと、様々な意見や疑問がでてくる。しかし、運動会は、むしろ「体育的」と考えるよりは、「行事」としての側面から考えることの方が実り多いのではないか。ここでまず強調したいことは、この点についてである。
　そもそも、運動会という行事は、日本人の心の原風景の一つとなって焼き付いている。海外には、スポーツ大会や交流会があっても、日本のような運動会はない。そこで、ここで改めて運動会という行事の持つ特徴について、2、3の視点から考えてみよう。
　まず、運動会でおこなわれる運動は、徒競走、リレー走、障害物走などの走競技と、綱引き、玉入れ、棒倒し、騎馬戦などの団体競技、それにダンス、組体操などの団体演技（マスゲーム）の3種類となっている。これらの運動は、徒競走を除けば、ほとんどが教科体育では扱われない運動である。この点からだけ考えても、運動会と教科体育にはすでに接点がない。次に、運動会でおこなわれる運動は、すべて「演技」と呼ばれる。つまり、運動をおこなう側に視点があるのではなく、運動を見る側に視点が置かれている。見せるために運動をおこなうのが、運動会なのである。この点においても、教科体育とは全く異なった活動であることがわかる。もちろん、だからこそ運動会を「見せる」ものから「楽しむ」ものへという改革の視点も出てくることになるのだが、それは、運動会を、あくまでも「体育的」という側面から理解しようというスタートがあるからであり、むしろ運動会の現実の機能や姿からすれば、それはかなり無理のある見方なのではないか。
　この「見せる」という特徴にもかかわってくるのだが、運動会は、同時に保護者や地域にとっても重要な行事になっていることも大きな特徴であろう。歴史的に見ても、明治期に始まる運動会の普及が、社会の近代化による伝統的地域社会の再編成がすすむ中、地域の連帯を再確認し、強めることを可能にした。お弁当を持参し、一日、子どもたちの活躍する姿を見て、ああでもないこうでもないと語る運動会は、子どもたちのみならず、地域の大人にとっても重要な生活リズムの「起伏」となっているわけである。
　さらに、運動会において特徴的であるのは、かならずそこに、「涙」の感覚と「笑

い」の感覚の両方が求められるものになっていることである。例えば、リレー走でバトンを落として逆転されてしまい涙ぐむこどもの姿や、組体操で難しい技をやりとげた子どもたちの凛々しい姿を見たときに、多くの大人たちは感動する。一方で、二人三脚や、借り物競走など、ハプニングやずっこけた場面に出くわしたときに、多いに皆笑う。この「涙」と「笑い」のバランスが、運動会の充実度を決めるようなところがある。運動会とは、この意味で学校行事の中でも、とりわけ、独特の性質を持つ一種の「お祭り」的なものであることが理解できる。このような運動会を、スポーツ活動や体育活動の範疇にあるものとして考えるのは、やはり現実にそぐわないであろう。また、運動会がこのようなものとして学校に位置づいてきたのにも、それ相応の理由と意義があったからこそなのではないかと思えるのである。

「我」を忘れることの大切さ

　ここで少し唐突ではあるが、「涙」というものについて考えた、ジョルジュ・バタイユというフランスの思想家を紹介してみたい（バタイユ、1990）。バタイユが関心を持ったのは、「涙」が持つ不思議な二面性についてであった。私たちがどのような場合に泣くのかを考えてみると、耐えようもない「悲しいとき」に、私たちはまず涙を流す。しかし同時に、人はこらえきれないほどに「うれしいとき」にも、やはり涙を流す。けれども、この「悲しいとき」と「うれしいとき」は、本来、全く正反対の感情である。どうして、そのような正反対の感情が、ともに「涙」を誘うことになるのであろうか。

　バタイユは、このような「涙」の持つ両義性について、以下のように考えた。「悲しいとき」というのは、「あり得ないことが起こった」ということとして理解することができる。例えば、大切な肉親が亡くなってしまったとき、人は「あり得ないこと」「あり得てはならないこと」に直面し、涙を流す。そして、この「ありえないことが起こった」ということは、同時に、「うれしいとき」を説明する言葉でもあるのではないか。つまり、「あり得ないこと」「ありそうもないはずのこと」が実際に起こったとき、人はまた喜びに涙を流すのではないか。つまり、「悲しいとき」と「うれしいとき」という一見正反対の感情は、しかしながら「あり得ないことが起こった」という奇蹟的な事態であるという点では共通している。だとすれば、「涙」の条件は奇蹟である、ということになるのではないか。

バタイユのこの分析は大変面白い。このバタイユの考え方を借りれば、私たちが「泣きたくなるような」感動を求めるとき、私たちは奇蹟的な事態＝「あり得ないことが起こる」ことを期待しているということになる。例えば運動会で、リレー走でバトンを落として逆転されてしまい涙ぐむ子どもの姿や、組体操で難しい技をやりとげた子どもたちの凛々しい姿を見たときに、私たちが感じる感動の本質を、これほどうまく表現した言葉はあるだろうか。子どもという、まだまだこれからと思っている「幼さ」が、逆に全力でおこなう運動を通して「あり得なさ」を見せてくれる点に、感動しているのではないかということである。

バタイユは、さらに私たちは普段の生活が基本的に「あり得ないことをなくす」ことを原理に積み重ねるものであるからこそ、人間は時に退屈してしまい、どうしても、そうした日常生活の外にでたくなり、逆に「あり得ないこと」を求めてしまうのだとも論じている。これは例えて言えば、積み木遊びをするときに、努力して高くまで積んだ積み木を、最後は必ず崩して終わるようなものである。さらに言い方を変えれば、「我」をしっかり持ち、知性や理性によって計画的に生きる日常に対して、そういったものをぽんと投げだし、一瞬「我」を忘れることが、私たち人間にとってどうしても必要となるということなのであろう。

けれども、だからこそ、私たちの「我」は、こうして一瞬「我」を忘れる瞬間があるからこそ、「我」がリニューアルされて、さらに大きな「我」になったり、新鮮な「我」になったりする。冒頭で述べた生活の「起伏」とは、ある面、このような「我」と「我を忘れる」ことのダイナミズムでもあるのだろう。運動会は、子どもたちや、まわりの大人たちにとって、まさにこのような「我を忘れる」意味合いを持つものではないかと思われるのである。

また人は、こうして「我」を忘れたときに、多くの人間の中に「溶け込む」体験を共有する。人に対するそこはかとない「安心感」や「共在感」は、実はこのような「我を忘れる」中で育まれるものである。運動会の終わったときに感じる連帯感の中身は、おそらく共に「我を忘れた」ことによる、このような「溶け込み」感覚によって生じるものであろう。この意味で、「笑い」もまた「我を忘れる」体験である。「涙」と「笑い」の中に運動会が存在する理由であろう。

運動会のこれから

演技や競技を通して、「笑い」と「涙」の中、「我を忘れる」ことを地域一体と

なって引き起こす、という意味での運動会の役割は、現在においても大変大きなものであると思われる。いや、むしろ「我を忘れる」ことが少なくなりつつある現在の小学生や、教員、地域の人々にとって、従来の運動会が果たしてきたこのような潜在的機能は、ますます、その必要度を高めているのではなかろうか。ところが運動会を、「体育的」という側面から、あるいは体力低下といった問題から取り上げたのでは、まったく見当違いの「今後」が導きだされてしまう。むしろ、このような運動会の持つ特徴や役割に気づき、こうした側面をのばすようなあり方を考えるべきではないだろうか。

このためには、運動会の場に、「直接的なもの」「本気」「肉体」「集団」「人のために見せる」といった、情報化や消費化が進み個人が大切にされる日常生活の反対側にあるような要素を、「運動会は特別な日」という理解を児童にも促しつつ、むしろあえて持ち込むことを考える必要があるのではないかと思う。これは伝統的な価値観や旧来的な習慣を伝達しようということではない。そうではなくて、生活の「起伏」を意図的に創ることの豊かさを、子どもたちに伝えていくための働きかけである。また、だからこそ、より積極的に、保護者や地域の人々と連携し、運動会当日のみならず、年に一回の祭りのために多くの人々が様々な準備をおこなうように、学校に出入りしてもらい、地域の一大行事として運動会を活性化するとともに、子どもの指導も含めて、学校の先生の負担減を考えるような取り組みが望まれるのである。

このように考えると、これからの運動会を探ることは、むしろ、これまでの運動会で大事にしてきたものを異なった視点から再評価し、感覚としてしか持ち合わされてこなかった意義や作法を、意識的に促進化させる点にこそ、そのポイントがあるように思えて仕方がない。運動会を体育として考えないこと。繰り返せば、やはりこの点に戻ってしまう、という感覚である。

【文献】
1) ジュルジュ・バタイユ，湯浅博雄・中地義和・酒井健訳（1990）『至高性—呪われた部分』人文書院.

第2部

現代社会と学校体育
―子どもの現状とカリキュラム―

16 「キー・コンピテンシー」と体育

「期待値を下げる」

　現代の子どもたちの傾向の一つとして、「期待値を下げて満足を得る」という志向があることがよく指摘されている。つまり「高望みをしない」という生き方である。

　例えば、ベネッセが2009年におこなった第2回の子ども生活実態基本調査（http://benesse.jp/berd/center/open/report/kodomoseikatu_data/2009/index.html）では、5年前の同じ調査に比べて、それほど環境には変化がないにもかかわらず、子どもたちの生活満足度が一様に上昇している傾向が報告されている。この理由として、調査の分析メンバーである櫻井は、「自分のプライドや自尊心を守るために、期待を低下させて満足度を高めたり、自分が置かれている状況を、自分よりも劣位の子の状況と比べて優越感（擬似満足度）を感じたりして現状に対する満足度を高める傾向」が背景にあるのではないかと指摘する（櫻井、2010）。

　また、同じく調査の分析メンバーである武内は、「現代の子どもたちは、身近なところで幸せを求めているともいえるし、高い達成意欲は抱かず、内向きになっているとも解釈できる」と述べたあとに、「現在の青少年には安定志向やエコ（省エネ）志向が強まっている。ハイリスク・ハイリターンの生活より、ほどほどの豊かさや安定を求めている。リスクを冒して失敗すれば、負け組になり、這いあがれないという恐怖心は強い。自分のやりたいことにこだわるより、安定を求めて現実的に考えるという方向に向かっている。今の日本はある程度豊かな社会になっているので、その生活に満足している。無理をしない、冒険をしない、ほどほどで満足する志向は、穏やかな人間性をつくるというよい面がある。一方、社会的な成功や国際的な活躍を望む意欲を持たない子どもが増えているということは、今アジアの青少年がきわめて意欲的ななかで、日本がこれからの国際競争を勝ち抜いていけるのかどうかという心配も生じさせている」と分析している（武

内、2010)。教育現場に携わられている人ならば、「なるほど」と頷くものではないかと思う。よく言えば「穏やか」、悪く言えば「覇気がない」のである。「肉食系」から「草食系」へ、といった言い方が巷でよく若者の変化を表す言葉として使われるが、これも根っこには同様の傾向を私たちが日常的に何気なく感じとっているからであろう。

求められる人物像

　一方で、イギリスの経済誌「The Economist」2010年11月18日号では、「Into the unknown」と題された日本特集が組まれている。「未知の領域に突入する日本」とでも訳すべきこの特集には、2025年には65歳以上の人工構成比が30%を超すことや、2055年には労働年齢にある人々が一人につき二人の労働年齢にない人々を社会保障として背負っていかなければならない日本の社会の変化がわかりやすく示されている。こうして経済力が「緩やかに衰退していく日本」を食い止めるためには、生産性を向上させることに真正面から向き合わねばならず、しかしながらそれは国民の意識をひっくり返すほどの「文化的な革命が必要」ではないかとも論じられている。つまりある種の積極的な「冒険」がなければ、世界のどの国もが経験したことのない社会構造を迎えるのであるから、国民全体の福祉や幸福の姿が描けないということであろう。

　こういうエネルギーが必要となるこれからの社会の質感は、OECD(経済協力開発機構)が強調する「キー・コンピテンシー」の議論にも連なるところがある。中教審で取り上げられた内容を少しまとめてみよう。コンピテンシーとは、「単なる知識や技能だけではなく、技能や態度を含む様々な心理的・社会的なリソースを活用して、特定の文脈の中で複雑な要求(課題)に対応することができる力」のことである。とりわけその中でもすべての人々にとって必要な力を「キー・コンピテンシー」と呼び、OECDではそれを、①社会・文化的、技術的ツールを相互作用的に活用する能力(個人と社会との相互関係)、②多様な社会グループにおける人間関係形成能力(自己と他者との相互関係)、③自律的に行動する能力(個人の自律性と主体性)の三つから特定したことはよく知られる通りである。このときに、この三つのキー・コンピテンシーの枠組みの中心にあるのは、「個人が深く考え、行動することの必要性」であり、「深く考えることには、目前の状況に対して特定の定式や方法を反復継続的に当てはまることができる力だけではな

く、変化に対応する力、経験から学ぶ力、批判的な立場で考え行動する力」が含まれる。そして、その背景には、「変化」、「複雑性」、「相互依存」に特徴づけられる世界への対応の必要性」が指摘されているのである（中央教育審議会、第27回初等中等分科会教育課程部会資料）。

　つまり、現代の子どもたちが見せる実像と、これからの社会が求める人材像が、あまりにも乖離しているのである。いや、むしろ正反対であるといってよい。

　このズレを、学校教育の、あるいは学校教育外の様々なフェイズにおいて、教育に携わる私たちはどのように解消することができるのであろうか。このような課題に直面しているにもかかわらず、狭い意味での社会のニーズを一生懸命に引き受けようとして、「木を見て森を見ず」的な、近視眼的努力に教育現場が陥っているようなことはないだろうか。例えば一つの試金石として、「失敗をできるだけさせない指導」というものが、日常的になっているということはないだろうか。現代の子どもたちは「失敗すること」を極度に嫌う。しかし、子どもとはそもそも失敗する存在ではなかったのか。「失敗OK!」の活動としてよく知られるのが「遊び」という営みである。この意味で、子どもたちや子どもたちを導く教育現場が「遊び」の精神を失っているということはないだろうか。不確実な時代だからこそ、基礎を優先させるよりも臨床や応用を優先することで、あるいは「わからないもの」に出会うことを好ませ、「知らないもの」の中でトライアル・アンド・エラーを繰り返させることで、タフに多様に生きていくエネルギーを蓄えさせることが必要なのではないか。「期待値を下げて満足を得る」という志向に出くわすたびに、自問自答が限りなく続いていくのである。

「二人組になれない」学生たち

　ところで大学の講義の中で、学生たちの反応にいつも考えさせられることがある。それは、講義の最初に身体を使った簡単なゲームをおこない、「遊び」について考えさせようとする場面である。100人程度の大講義の中で「となりの人とジャンケンを使ったゲームをしたいので、前か後ろの人と二人組になって下さい」と声をかけると、決まって「二人組になれない」あるいは「ならない」学生たちが出てくる。友達ではない人とたまたま隣に座っている場合も多いし、知り合いもなく一人だけでぽつんと受けている学生もいるので、このような場面は学生たちにとってかなり気が重いようだ。それで、「まだ二人組になってない人、

手を挙げてくれる？」というと、前か後ろということでは、ちょっと声をかければ二人組になれそうな位置にいながら、7、8人ぐらいの固まりが気まずそうに、うつむき加減で手を挙げるのである。

　「自分から声をかけて知らない人と関係を作る」ということ。もちろん人にもよるが、学生たちは、総じて今、苦手なことである。おそらく、これは大学生になって急にそうなっているわけではないだろうから、中高生や小学生においても少しずつ見られる態度なのだろう。「知らない人と関係を作る」ということは、社会において仕事をしたりいろいろな「学び」をおこなったりする際に、先ず誰もが身につけておかなければならない、もっとも基礎的な力なのではないかと思われる。社会とは、家庭や仲間内のような集団関係ではなくて、「知らない人」同士だけれども「いっしょにやっていく」場のことを指すからである。けれども、「知らない人」同士だからこそ、お互いが「自分」という狭い範囲を超えて響き合い、新しい活力が生まれるものでもある。この意味では、「二人組になれない学生たち」という場面は、社会力（社会性）が弱いという、今の日本の若者たちの課題の一端が現れた瞬間なのではないかと、大げさに感じてしまうところがある。

「失敗してもOKなのが遊び」？

　一方で、この講義で学生たちがよくリアクションを返してくれる場面が、「遊びって、失敗してもOKのことだよね」と、簡単なゲームを振り返るときである。「相手と左手で握手をしながら、右手でジャンケンをおこない、『勝ったら握手をしている相手の左手をたたく』『負けたら相手に自分の左手をたたかれる前にジャンケンをした自分の右手で握手をしている自分の左手をカバーする』」というゲームがある。勝敗を競い合う簡単な身体を使ったゲームであるが、なかなか思ったように身体が思うように動いてくれないので、ときに、負けたのに相手をたたいたり勝ったのに自分の手をカバーしたりなど、失敗の連続となるときがあるのだけれども、多くの場合こんなときこそ大笑いをしてしまう。このときに、学生たちに投げかけるのが、「遊びって、失敗してもOKのことだよね」という、先の言葉である。

　学生たちが反応するのは、とくにこの「失敗OK」というところである。講義後のリアクションペーパーでは、よくこの言葉が「目からウロコ」だったという

趣旨のことが書かれている。「遊び」はもちろん、ずーっと成功し続けても面白くないし、ずーっと失敗続けても面白くない、成功と失敗が、あるいはその意味で勝ち負けが「半分半分」くらいが一番面白い。となると、もちろん「失敗」すること自体も笑いとばせなければ、つまり、「失敗がOK」だからこそ面白いのであるし、だからこそ「できるかな？／できないかな？」と、精一杯夢中になってチャレンジするのであろう。

　ところが学生たちの素朴な実感では、「遊び」とは「自由な時間」「好き勝手ができる不真面目な時間」というイメージが先行しており、「失敗がOKな時間」というのがあまり意識されていない。また、この「失敗」という言葉は、むしろ学生たちがもっとも気にしている言葉で、勉強するにしても生活の中で何をするにしても、「失敗してはいけない」というのがもっとも重要な指針となっているところがある。自分が傷ついてしまうからである。だからこそ、「遊びって、失敗してもOKのことだよね」というのは、「確かに…」と、学生自身も考えてしまうところがあるのだと思う。この意味では少し大風呂敷を広げると、「遊び」の精神が、今、私たちの生活の中から急速に失われているのではないか。だからこそ、チャレンジする精神や、変化に学ぶ精神なども弱くなっているように感じてしまう。あまりリスクをとらず、あるいは一回失敗してしまうと元に戻れないという、すごいプレッシャーの中で生きているという感じである。

「青臭さ」が消えた大学院生

　大学院の講義でも、最近、ちょっと感じていることがある。それは、「覚えた言葉を、日常生活で振り回さない」学生が増えたなー、ということである。例えば、「体験と経験という言葉（概念）の違い」について講義で考えてみたとする。普段はそれほど使い分けることがない二つの言葉であるが、「初体験」という言葉あるけれども、「初経験」という言葉はない、といったように、やはりこの二つの言葉は意味が違っている。経験という言葉を特徴づけるものは、「こんなことだったなー」というように、後で振り返った「反省的な意識」をともなっているということである。つまり、お風呂に入っているまさにそのときは「まだ経験」ではなく、お風呂から出た後で「今日のお風呂はいいお風呂だった」というように、「後で振り返った」ときに、はじめて「お風呂に入った」という経験となるのである。このことと呼応して、「振り返りのない」まさにそのときのことは「体

験」と呼び、「体験」したことを振り返って整理できたときにそれは「経験」になるという関係である。だから体験には「初」はつけることができても、経験には「初」はつけることができない。振り返ることが前提となっているのが「経験」という言葉なのだから、それは必ず過去に「体験」されたことであり、だからこそ「初」という言葉がつかないのである。

　こういう意味では、体育という教科は、まさに身体的な「遊び」としての「体験」が大切な教科であり、それを生涯にわたって運動に親しむことができるような「経験」として子どもたちの心と身体の中にストックさせていくことが大切だ、などと、こんな感じで大学院の講義をおこなっているのである。このときに、学生たちは「なるほどー」というリアクションと、いくつかの質問をしてくれる。その意味では、そこそこにはそこで考えようとしている問題に興味と関心を持ってくれているし、主にアルフレッド・シュッツという社会学者の議論を素材とした「体験」とか「経験」とか言う概念についても理解を深めてはいるように見えるのである。ところが、いわば覚えたての「体験」とか「経験」という概念を、昔の自分だと、やたらめったら、その後の日常生活や他の学生との間での議論や、ときに現場の先生方に「青臭く」振り回して語っていたような記憶がある。鼻につく「嫌なやつ」だったとも思うのだけれども、覚えた言葉の「切れ味」に感動し、なんでもとにかく生活の中で試しに使ってみたかった、という感じなのだったと思う。

　ところが、最近の大学院生は、そういう感じがあまり見受けられないのである。それはそれとして、つまり「講義」での出来事として独立していて、自分の生活の中まで繋げようとしない。そんな感じである。その意味では「青臭く」なく、「大人」化されているようにも見えるのだが、少々感じるのは、「言葉の切れ味」といったような感覚が生じる前提となっている、大学院で接する知識や概念を生活に関連づけて活用する、といった構えがないということである。「勉強」の世界は、「勉強」の世界として独立していて、自分の生活とか社会とかとの接点を探るといった感覚が乏しい、と言えば言い過ぎであろうか。学生たちに対して、とても「いい子」なんだけれどもなんとなく物足りない、と感じる理由である。

キー・コンピテンシー

　ところで、現在の学校教育のもっとも大きな目標は、よく知られた「生きる力」の育成にあり、こうした力が必要な背景として強調されるのは、「知識基盤社会」

というこれからの社会のあり方についての分析である。学校体育ももちろんこうした学校教育の大きな目標の中にあり、体つくり、スポーツ、ダンスといった教育内容も、こうした今とこれからの社会にあって、体育という側面から子どもたちをどのように導いていけばよいかということが大前提となっている。ここで、「生きる力」という言葉は、「コンピテンシー（能力）」という言葉とのかかわりの中で設定された言葉であることもよく知られている。

　コンピテンシーとは、「単なる知識や技能だけではなく、技能や態度を含む様々な心理的・社会的なリソースを活用して、特定の文脈の中で複雑な要求（課題）に対応することができる力」（文部科学省HP参照）のことを指している。これは、これからの社会で必要な能力とは何かということに対しておこなったOECD（経済協力開発機構）のプロジェクトの成果から生まれたもので、世界的に現在もっとも広く教育に対して利用されているものである。また、この中でもとりわけ主要な能力（すべての人に必要なもの）が「キー・コンピテンシー」と呼ばれるもので、（1）社会・文化的、技術的ツールを相互作用的に活用する能力（個人と社会との相互関係）、（2）多様な社会グループにおける人間関係の形成能力（自己と他者との相互関係）、（3）自律的に行動する能力（個人の自律性と主体性）の三つが挙げられている。

　ここですぐに気づかれると思うが、先に述べてきた学生たちに感じている課題が、ちょうど、この三つのキー・コンピテンシーに対応している。つまり、活用できる知識・技能＝「青臭さが消えた」、人間関係形成能力＝「二人組になれない」、自律行動＝「失敗OK?」ということである。また、こうした三つ力の中心にあるのは、「個人が深く考え、行動することの必要性」であり、さらに「深く考えること」には、目前の状況に対して「特定の定式や方法を反復、継続的に当てはめることができる力」だけではなく、「変化に対応する力」「経験から学ぶ力」「批判的な立場で考え、行動する力」が含まれている（文部科学省HP参照）。そこで、全教科にわたって、「課題解決的な学習」が重視されている。

　ここで、現在の学校体育が考えなければならないことは、もちろん「しっかりと身に付ける」ということは教育制度である以上責任を持たねばならないことではあるが、「仲良しで安心できる」中で「だれもが失敗しないように」「体育の中だけで考えさせる」ような学習指導になってしまえば、教育が目指している大きな方向とは全く反対側を向いてしまうということである。もっと身体を対象にし

た学習にしろスポーツにしろダンスにしろ、その特有の「面白い」や「へえっー」という体験に導かれなければ、自分で課題を見つけたり自律して深く考え解決していくというようなことは難しいのではないか。また、失敗 OK と考えることができたり、知らない人とでも一緒にやるという体験は起こらないのではないか。学習指導を「指導技術」の問題として、「何のために」を考えずに「まじめ」になりすぎて工夫してしまうと、以上のような問題が起こってしまうのではないかということである。

　この意味では、体育やスポーツの奥深くに横たわる「遊ぶ力」という観点から、体育のあり方をみつめ直すことも、今だからこそ大きな意味を持っていると思われるのである。

【文献】
1) ベネッセ（2009）「第2回の子ども生活実態基本調査」（櫻井、武内ほか）http://benesse.jp/berd/center/open/report/kodomoseikatu_data/2009/index.html

17 子どもへのまなざしの変貌と
学校体育のこれから

「子どもが変わった」という感覚

　最近、「子どもが変わった」と強く感じたことがある。たまたま乗り合わせた電車の中で、遠足に行く小学生の集団といっしょになったときに、「あれー、最近の小学生は『汚い子』がいないなぁー」と思ったのである。私たちが小学生のときは、「青っぱな（鼻汁）」をたらしていた子も多かったし、服装にしてもボタンがないだの破れているだの、結構そういう格好が普通であった。けれども、最近の子どもたちはキャラクターのついた服や持ち物を身にまとい、髪の毛等もおしゃれにカットしている子が多いのである。

　もとより、学校現場においても、ふっとした瞬間に「子どもが変わった」と感じるときも多いのではないかと思う。「これまでできていたことができなくなっている」「体力がない」「集中力がない」「生活習慣が身に付いていない」など、職員室等でもつい愚痴ってしまうことがあるのではないか。このような「子どもが変わった」という感覚は、今、社会においてもかなりの程度広く共有されている。例えば近年、大学には「子ども」をテーマにする学部や学科が新設されることも多くなったし、「子育て」についての支援や講座、カウンセリング等も幅広く活発になされている。「子どもが変わった」ことに、みんなで戸惑っているし、一方で、だからこその市場も広がっているのである。

　ここで、こうした子どもの変貌と学校体育の問題について考えてみたいわけだが、しかし、ぜひともその前に考えたいことがある。それは、むしろ私たちはどうして「子どもが変わった」ということを、これほどまでに、はやり言葉のように使ったり感じたりしてしまうのか、ということについてである。

「変わらぬ子ども」と「変わる子どもへのまなざし」

　大学で学生を指導するときにいつも思うのが、「自分ができなかったことを学生に言っているなぁ」ということだ。例えば、「大学生にもなって講義中に私語

をすればどれだけ他の人の迷惑になるのかわからないのか」と言って叱るときがある。だが、自分が学生のときはこれがまったくわからず、自分の講義中の態度を今思えば、本当に情けないものだった。ところが、今はなんの躊躇いもなく、「こらっ！」と叱ったり説教したりしているのである。私の学生時代を知る人たちから見ると、「開いた口が塞がらない」状態だろう。

　ここには、自分で書くにはそれこそ気がひけるのだが、教育という営みが持つ基本的な性質が映されているように思う。それは、自分や現実はどうであれ、「こうあってほしい」という、子どもに求めたい願いや希望から教える側はスタートする場合が多いということである。願いや希望というのは、いわば子どもを見るときの「めがね」としても働いてしまうから、願いや希望が変わると、子どもも全然違って見えてくる。私の場合も、難しい社会を生きることになるこれからの学生はしっかり勉強すべきだ、と思い込んでしまっているから、「最近の学生は講義によく出て来てまじめだなぁ」という共感的な理解よりも、「こらっ！」が優先してしまう。結局、子どもはどの時代、どの社会でも変わらない面も多いのだが、大人が持つ子どもへのまなざし方が変わってしまえば、捉えられた子どもは、以前の「子ども」とは「変わって」しまう。つまり、「子どもが変わった」以上に、今、私たちが持つ子どもへのまなざし方が変わっていように思えるのである。

　このようなことをあえて強調したのは、だからといって、「子どもは何も変わらないのに、変わった、変わったと大人が騒いでいるだけだ」ということを言いたいからではない。子どもをめぐって、フワフワした流行感覚で考えるのではなく、「変わらないもの」「変わったもの」を冷静に見極めてみたいのである。今、「子どもが変わった」ということを問題視する傾向にあるのは、子どもに対する願いや希望がむしろ変化している、あるいは「子ども」という言葉がいつの時代にも含んでいる「私たちの未来」というものに対して、今までの願いや希望では対応できないかもしれないと言う不安が強くなっている、ということの現れではないか。また、子どもに対する願いや希望というものは、結局のところ、これからの社会を生きていこうとする私たちの「幸福のモデル」をどう考えるのか、ということがわからなくなっているのだとも思える。つまり、子どもの変貌と学校体育という問題は、むしろ、私たちを取り巻く社会の今とこれからの見通しの悪さから、「子どものまなざし方」が変わったということから考える必要があるのでは

なかろうか。

何が本当に変わったのか？

そこで、できるだけ簡潔に、子どもと体育をめぐる現在の社会について考えてみよう。まず、日本の社会は本当に豊かになった。このことの持つ意味は大きい。少し前からよく言われることだけれども、子どもたちに「何か欲しいものがある？」と聞くと、「別に…」と答える子どもが多くなった。成熟社会の様相を示す今の日本において、子どもたちは基本的に満たされた状態の中で生きている。一方で、だからこそ退屈になりがちな「まったりとした日常」の中で、「消費」を喚起される出来事には関心が高く、都市や農村を問わずに流されるテレビやネットなどからのメディア情報にはアンテナを張り巡らし子どもたちは生きている。生活技術はより便利にどんどん進み、子どもの生活も「動かずに楽に過ごす」ことが普通になった。

2004年のことになるのだが、日本の子どもたちとタイの子どもたちに対して、一日24時間をどのように過ごしているのか調査してみたことがある（p.209）。生活時間量の視点から比較してみると、少し面白い傾向があることがわかった。タイでは、「よく外で遊ぶ」子どもは「あまり勉強しない」、逆に「あまり遊ばない」子どもは「よく外で遊ぶ」という傾向が出た。それに対して日本では、「よく外で遊ぶ」子どもが「よく勉強する」、逆に「あまり外で遊ばない」子どもは「あまり勉強しない」という傾向が認められたのである。このような傾向が日本の子どもたちに見られたのは、「遊び」と「勉強」以外に、「テレビ」や「休憩」「何もしない」などの、「受動的な時間消費」の存在が大きな影響を与えていたからであった。つまり、こうした時間が多い子どもは、「遊び」にも「勉強」にも意欲がなく、主にメディアから提供されるコンテンツによって、ただ時間を消費しているわけである。しかし、一方ではいわば「勝ち組」を目指して意欲が高く、様々な活動を積極的におこなっている子どもたちもいる。こうした子どもたちの二極化、格差の広がりが、例えば「運動をよくする子ども」と「あまりしない子ども」というような、体育にかかわる子どもの二極化をも生み出している。

さらに、社会が豊かであるにもかかわらず子どもの数が少なくなっている現在、子ども一人ひとりに割かれる社会資本の量は明らかに大きくなっている。いわば過剰投資になっているきらいがあり、この意味で、現在の子どもは過度に大

切にされ、いわば「囲われ」「保護される」ことが当たり前となってきた。豊かな少子化社会では、こうして親は何から何まで子どもの面倒を見てしまう。加えて、現在は人生80年の時代である。「子ども」という言葉は単に未成年を指すだけでなくなり、例えば、70歳の親に対して40歳の「子ども」といったように、二重の意味を持つ言葉になった。親から見ると、こうしてつきあう時間や責任を与えられる時間が長くなってきた分、結果的に「なかよし親子」が増えてきている。親が持つ子どもへの願いや希望が、「独り立ちすること」に向かうよりも、「いっしょに楽しく過ごせること」に移っているからだ。だからこそ最初に立ち向かう「他者」として親が子どもに位置づきにくく、以前にも増して「幼く」かつ「他者」に対して関係をとることが下手な子どもが多くなっているのかもしれない。

　つまり、子どもの意欲や体力が低下しているのも、他者関係が上手くとれなくなっているのも、そのほとんどは、私たちが「豊かさ」を目指して作り上げてきた現在の成熟社会という環境がもたらしたものである。その意味では、子どもへのまなざし方が今変化しているとすれば、それはとりもなおさず、大人の私たちが目標とし実現し得た「豊かな社会」に対する評価感覚であろうし、ここまできた後、これからの目標なり夢がほとんど描けない、ということに対する苛立なのではないか。遊ぶときに、キラキラとした目で食い入るように夢中になる子どもの姿は、今も昔も変わらないものである。このような本来の子どもとしての姿は変わらないのに、成熟社会という環境を咀嚼して生きる子どもの姿に、「これから」をうまく感じとれなく大人が戸惑っているのだ。だとすれば、むしろ「今の子どもはだめだ」「体力や技能が低下した」「人間関係が上手く作れない」など、「未来」を目標や夢として明るく実感できないネガティブな評価から考える前に、「これからはこんなことを目指してさらに幸せになろう」という形での、目標、夢、ビジョンを子どもに示すことこそが、そしてそのような視点から子どもにまなざしを与えることこそが、むしろ生活経験が豊富で知恵が豊かな大人の担うべき役割ではないのか。そうでなければ、「子どもが変わった」という意識は、単なる「マッチポンプ」を引き起こすだけになりかねない。教育政策が、現実のニーズに応えて社会を形成することとともに、考え抜かれた夢を示すことで新しい社会を生成することに力点が置かれなければならない理由もこの点にあると思われるのである。

学校体育の変遷とこれから

　このように考えてみると、これまで我が国の学校体育は、そのときそのときの夢やビジョンを少なからずはっきりと提示し進んできたように思われる。戦後の日本においては、「民主的な国家作りとそれを担う民主的で主体的な個人の形成」を一つのビジョンとして、70年代後半からは、「生涯にわたって人々がスポーツする社会の実現」を一つのビジョンとして、である。いずれも社会が発展途上にあり、この意味では、理念としての「豊かな社会」や、具体的なスポーツ先進国を目標とした「追いつけ追い越せ型」のビジョンであった。また、この中で強調された「スポーツを楽しみ、心身ともに健康であること」は、子どものみならず私たち大人にとっても、揺るぎない一つの「幸福のモデル」であった。

　ところが、これまでに述べたように日本の社会が成熟社会へと変容し、問題も多いもののある程度の「豊かさ」が実現した現在、体育やスポーツの現状を見ても、ある程度の「生涯スポーツ社会」や、世界の様々な地域に比べて「心身ともに健康な社会」の実現に、我が国は成功している。もちろん、近年の体育科教育をめぐる議論でもよく話題となるように、例えばそのための方法として強く打ち出された「運動の楽しさ」を重視する体育政策が、「スポーツを楽しみ、心身ともに健康であること」を実現するために課題がないわけではない。しかし、少し冷静に捉えてみれば、学校体育が目指したビジョンは、不完全ではあれ、現在、現実のものとなりつつある。世界の国々の中で、日本ほど子どもや大人がスポーツにアクセスしやすい国があるだろうか。また、学校体育が充実している国があるだろうか。だからこそ、「それで、次は？」が、今の問題なのであろう。

　「ゆとり教育」から「学力重視」への力点の移動は、おそらく「次」を探るための「とりあえずの一手」である。むしろ、そうでなければ単なる揺れ戻しでしかなくなってしまう。こうした中で、子どもと社会の現状を踏まえ、子どもへのまなざし方をポジティブなものへとさらに変えてくれるような学校体育の新しいビジョンはどこに求められるのであろうか。「基礎基本」をしっかり身に付けさせたり、身体能力を高めたり、健康を維持増進できたり、人間関係をよく作れることは確かに大切である。しかしそうした「現実のニーズに応える」だけでは、学校体育はいつか不必要になってしまいかねない。新しい社会を生成するために、税金を投入してでも国民に教える必要があるといった、高付加価値を基準とした

これからのサービスの原理に見合わなくなっていくからである。民間の研究団体活動、あるいは学会活動や行政における特別委員会の設置なども含めて、幅広くみんなで新しいビジョンを探る必要性が高まっていると言えよう。

　残念ながら本稿においても、このことに対する答えを、今、示すことができない。ただ、成熟社会を生きるときに、「美しさ」「美的なもの」といったこれまでにない生活や人生の基準が注目されだしていること、また、メディアや特に電子的な生活技術がさらに発展する中で、障害のある人や、子ども、高齢者、国、文化などの違いを超えた「ユニバーサル」な価値に高い評価が集まっていること、さらには生活の中での「身体」のあり方が激変していること、スポーツの領域が社会の中でさらに拡大していること等は、それを考えるときの一つの観点にはなりえよう。そして、少なくとも子どもたちに体育を教える現場でも、これまでの目標のより確実な実現に向けての努力を積み重ねながら、子どもたちへの新しいまなざし方を、子どもたちの立場からともに探ってみることが、今、求められていると言えるのではなかろうか。

第2部　現代社会と学校体育─子どもの現状とカリキュラム─

18 「脱20世紀」の体育を考えるために

「生きること」の一回性

　「ホーム・アローン」シリーズで知られるクリス・コロンバス監督の映画、「アンドリューNDR114」を見た。SF界の巨人、アイザック・アシモフの傑作小説「Bicentennial Man」を原作とした新世紀のヒューマン・ドラマで、自分の中に芽生えはじめた感情に気づき人間になろうとするロボットを、「パッチ・アダムス」「レナードの朝」などで人気の俳優、ロビン・ウィリアムズが好演している。
　作品では、ロボットをはじめとする先進のテクノロジーと共存し、豊かに生きる人間と未来社会が描かれているのだが、感動を誘うのはそのラストの部分だ。偶然に「心」を持ってしまった主人公のロボット「アンドリュー」は、人間とのギャップを埋めるために数々の試みを遂行し、最終的に物事を主体的に選択する権利、つまり「自由」をも手に入れることになる。ところが、人間が人間として生きるためのメッセージであるように見える「自由」や「個性」を得てさえも、ロボットのアンドリューには埋められない溝があった。それは、自分だけが、頭脳回路を切らないかぎり、半永久的に不滅であるという点である。アンドリューが仕え、そして唯一の家族でもあるマーティン家の人々は、成長し、結婚し、子どもを産み、そして年老いて亡くなっていく。ところが、自分だけは不変の時間に留まるしかない。悲しいあせりの中で人間に同化しようとする「彼」が選んだ最後の試みは、有限の時間世界の中に自らを導くことであった…。
　この作品における原作者アシモフ氏のメッセージには、過ぎていく20世紀がめざした人間像や社会像への批判的な眼差しが宿されている。それは、今ここで、泣き、笑い、怒り、哀しむ、そうした日々の生活の中にある、一回きりで直接的な人間の「生きる」ということをそのまま受け入れ、迎え入れるということ、そしてそうした「生きる」ということの澱をたっぷり含んだ有限世界の連続の中に身をゆだねることへの敬意である。そしてそれはまた、「無限の欲望」を是として求めた20世紀への厳しい反省と、それを断念することへの表明でもある。そ

うした一回性の中での「精いっぱい」こそが「生きる」ということに他ならないということであろう。「共生社会」という言葉が日増しに大きなかけ声となって響く現在であるからこそ、このコロンバス監督とアシモフ氏が問う「人間とは何か」というメッセージの意味は深い。

インセンティブ・システムに根ざす「等身大」の体育授業

　さて、21世紀の体育授業はどのように展望することができるのだろうか。もちろんのこと、「世紀」という100年単位の問題を簡単に見通すほどの力量は私にない。20世紀における100年間の体育授業の劇的な変化を考えると、なおさらに思い悩んでしまうほどである。けれども、アシモフ氏も感じていたように、私は、「無限の欲望」に忠実な20世紀の近代前衛主義、つまり「未来はこうなければならない」とか「そのためにはこういうふうにがんばらないといけない」といった構えに支配された時代から解放されて、「生きる」ということにいわば等身大な出来事として初めてめぐり合える、そういうところにやっとたどり着いたのではないか、と感じている。だとすれば、体育授業やさらには学校教育も、「右肩上がり」の過剰な期待から解放されて、地域や各学校で、さらには各クラス単位で、子どもたちと先生、保護者や地域の人々が共に「生きる」ということの澱の一つとして、生活の中での等身大の授業が、徹底的に個性豊かに展開されてよいのではないか。

　この点からすると、学習指導のおこない方、スタイルなどは、時代が先に進むにつれてそれほど大きな関心事とはならなくなるのではないかと思う。そもそも、ある程度の質を共通に整えることができさえすれば、スタイルは状況によって使い分けられるべきものであるし、また同様に、教師主導／子ども主導とか、生活中心／科学（内容）中心、といった近代学校教育にお決まりのイデオロギー的な対立軸も、効率良くいかに自国民を「右肩上がり」に教育するか、という呪縛さえ解けてしまえばあまり話題にならないのではないかと思う。さらには、教えるべき「種目ありき」そして伝達、といった狭い学習観とそれを支えるスポーツ観からも、つまり何を内容とするのかという点についても、もっと開かれた考え方が主流になってくるのではないか。欧米諸国でもすでに同様の傾向にある。授業の展望を、狭い意味での「授業方法論」に見ること自体が、ピントはずれになる可能性があるというわけである。

第2部　現代社会と学校体育―子どもの現状とカリキュラム―

　むしろ問われるものは、「どんなことをどれだけうまく伝えられたのか」といった、まさに20世紀的な教育の磁場ではなくて、一回きりの人生を「生きる」ということ＝全体的な生活の中での体育授業の「時空間の濃さ」といったものを、より広い家庭／地域／社会との関係に基づいて、これまでのような規範性に頼らないインセンティブ（市場原理的な刺激）を生かしたシステムの設計を通し、いかに子どもたちに提供できるか、ということであろう。子どもたちの学習や発達、強いては社会の発展にとって何を教えなければならないのか、という原理的な教育内容の区別は残っても、それをどのようなシステムの中で教え／学ぶのかは、「総合的な学習の時間」型の展開を含めて、教科の再編や家庭／地域／学校システムの抜本的な改革など、もっと広く考えられるべきものである。新しい授業の環境作りも、従来の学校枠を超えて構想されることが求められる。もちろん、個々の直接的な子どもや運動とのかかわりが、授業の中心であることに変わりないのだが、21世紀の体育授業の展望、といった場合、こういう規定から考えてみる必要があることを、私たちは忘れないようにしたい。

「身体」から「運動（スポーツ）する身体」の授業へ

　ところで、先の映画「アンドリューNDR114」が興味深いのは、それが「人間とは何か」という問いであると同時に、体育授業とは関連が深い「私たちにとって身体とは何か」という問題をも考えさせてくれた点にある。

　例えば、一般的に言って、体育授業の展開には、健康や体力の維持・増進といった「からだを育てる」という意識が強く影響する。「運動量」や「運動技能」が授業実践において結局問題にされるのも、この点に大きくかかわってのことだろう。ここで「からだを育てる」というとき、私たちは「からだ」に対して、はたしてどのようなイメージを持ってきたのだろうか。「何をするにもからだがまず大切」といったように、「道具としてのからだ」というイメージを持ってきたのではないだろうか。体育の教科特性としても、これまでこの部分が大いに意識されてきた、というのがぼくのここでの見方である。

　けれども、映画「アンドリューNDR114」が示唆するものは、そのような「からだ」は、結局のところ機械によっても代替えが効くという可能性、つまり「人間として変わりなく大切にされるべき価値」などとは到底言えないしろものであるという事実である。臓器移植や人口臓器の問題を取り上げなくとも、「道具と

しての からだ」の持つ問題の怪しさははっきりしている。そもそも、体育について考えるとき、「私の存在」と「からだの存在」を切り離して考えることがあたりまえとなっているように思える。これはとても不思議なことだ。例えば、スポーツは「身体活動」で、読書は強いて言えば「精神活動」であると区別するところから始まっている。だからこそ、体育の教科特性は「からだ」ということになっている。けれども、少し考えればわかることなのだが、人間はそもそも「からだ」としてしか存在しないから、読書をしても音楽を聞いてもそれは「からだ」がおこなう活動、つまり「身体活動」なのであって、決してスポーツのみが「身体活動」ではないはずなのである。「からだ」として存在する私が、たまたま「読書をしたり」「音楽を聞いたり」「スポーツをしたり」するのであって、スポーツや体育だけが身体活動ではないのである。しかしながら、スポーツや体育だけが「身体活動である」ということを強調されるのは、「からだの管理」を必要とした20世紀型の社会における特殊なあり方であった。このあたりの事情は、「規律・訓練」や「従順な身体」という言葉でよく知られるフランスの思想家、ミシェル・フーコーに詳しい。

　だとすれば、20世紀の「そのあと」に生きようとする子どもたちや社会においては、そうではない新しい「からだ」のイメージをこそ、体育授業のバックボーンとする必要が高まるのではないか。むしろ「道具としてのからだ」を解体してしまうような「からだ」、「精神／からだ」「心／からだ」などとそもそも分割されない「からだ」、そして「生きること」の一回性を過不足なく背伸びもせず引き受けさせてくれるような「からだ」、あるいは「からだ」一般ではなくて、「運動（スポーツ）するからだ」のみが持つ教育的・社会的可能性こそが、体育授業を制度的には支えることになるのではなかろうか。学習指導要領で新設された「体ほぐし」のねらいも、表記される内容を超えて、このあたりから読み解いてみたいのである。そのような「からだ」はいわば「運動（スポーツ）」という遊びの中にある「からだ」のことであるから、体育授業はその内容を「からだ」一般を背景とした「動き（技能）」や「認識」という視点から、「運動（スポーツ）するからだ、遊ぶからだ」が問題となる「運動（スポーツ）の世界」という視点へシフトさせて捉えることが重要であると思う。私たちは「運動の楽しさ」という「遊び」にかかわる問題を、あまりにも短絡的かつ表層的に理解し過ぎている。20世紀的な文脈で社会的に求められた「からだ」よりも、人類にとっては「遊び」

の歴史の方がはるかに古い。かのホイジンガが「文化は遊ばれることによって創られた」というゆえんである。こうした観点からする具体的な授業作りの方向性については、他の論考を御参照いただければありがたい。

　昨年、幸運にもいくつかの機会を得て直接的に見聞きできた、近年の世界各国の体育事情を見てみても、20世紀的な意味での体育の役割はそろそろ終焉を迎えつつあるようだ。イギリス、ドイツ、フランス、アメリカといった、これまで日本がモデルをとってきた国々の体育授業も、大きな転換期にさしかかっている。成熟社会を迎えて、国々の課題がより個別化する中で、もはやモデル追従型の体育授業はありえない。「体育は生き残れるか」などというネガティブな発想ではなくて、新世紀ならではのポジティブな発想から、今こそ個々の現場の自由で創造的なエネルギーに支えられた、多様な授業実践の工夫と交流が我が国において求められているように思うのである。

19　体育のミニマム（基礎・基本）を問う

「出会い」と専門性

　東京学芸大学では、2011年10月より「学芸大子ども未来プロジェクト」という組織を立ち上げた。耳を覆いたくなるような痛ましい事件が子どもをめぐって続いている今、子どもの安全な新しい遊びの場や、問題が噴出している子育てのための支援センターの自立システムなどを、産学連携の共同研究を進めることで開発し、地域に事業展開していくための取り組みである。

　このプロジェクトメンバーとしての活動を通してよく感じるのが、次のようなことだ。このプロジェクトには、教育学、心理学、精神医学、社会学、音楽、美術、体育など、様々な領域から研究者が参加している。そして、理論を実践へと移すためにワークショップやイベントを共同で企画し実行するのだが、この際に、それぞれの先生や学生の持つ専門性というものを、今さらながら痛感してしまうのである。

　例えば美術関係の研究者や学生たちは、イメージやちょっとした感じを、実際の作品やものとして具現化する力が本当に凄い。コラボレートした企画展をおこなうときも、「こんなイメージでこんなことを伝えたい」というと、驚くばかりの技術とセンスとで、あっという間に具体的な強い表現に変えてしまう。音楽は音楽で、音を創り、音をイベントやワークショップにふさわしい場として加工し、鋭い感性をみなぎらせて場を音楽で充たしてしまう。ゼミの学生たちと、「ほんと、凄いよねー」を連発する経験ばかりである。

　一方で社会心理学などからは、例えばソーシャルスキルといった考え方やそのトレーニングの成果に魅了させられてしまうし、精神医学からは、子どもの深層にある深い自我の存在について、「はっ」とさせられる議論と実践を提示されたりもする。当たり前のことかもしれないのだけれども、専門領域の「凄さ」というものが随所に現れる。

　教育という営みは、意味ある経験を通して望ましい方向に人間が変容していく

ことを促す取り組みであると思うから、「新しいこと」「知らなかったこと」「驚くようなこと」との「出会い」の体験こそがその基幹を成しているとみてよい。大学が高等教育機関として信頼を得るのは、こうした高い専門性に支えられた凄さの「出会い」の体験を学生のみならず、社会全般に対して用意できるからこそであろう。こういう意味で、プロジェクトでの活動は、改めて自分の専門性というものを、意識し研鑽することを迫られる出来事でもあった。

「出会い」と子どもたちの社会環境

　もちろん、小学校や中学校、高等学校にはそれぞれ固有の問題があるので、大学とまったく同じ視点でそのあり方を考えることは難しい。けれども、教育が「出会い」の体験であること、この本質は変わらないのではないかと思う。ここでいう「出会い」とは、もちろんのこと単に「知らなかった人と出会う」ということではない。これまで自分にとっては「未知」のものでしかなかった、新しい「技術、知識、思考、態度、価値」といったものの「凄さ」に気づき、それを獲得しようとすることをここでは指している。この意味で、このような様々な内容を新しく身につけた「新しい私、これまで知らなかった私」との「出会い」の体験であると言い換えてもよいかもしれない。

　このような「出会い」の体験をすべての子どもたちに用意し、またこのことを通して、社会生活の基礎や基本をしっかりと学ばせ、社会を維持・発展させていくのが学校という場のもつ使命なのであろう。ただ、このような「出会い」の体験はもちろんのこと自然発生的に起るわけではないから、各教科や道徳、特活、総合的な学習の時間などというように、「出会い」の体験の窓口を教育過程として編成し、特に中心となる教科の内容と方法をカリキュラムや学習指導の問題として整えるとともに、その成果を社会にしっかりと説明できることが、小学校や中学校、高等学校の教育では、大学以上に特に配慮しなければならない問題となる。

　だからこそ、小学校や中学校、高等学校の教育において体育という教科をしっかりと位置づけるためには、この教科が、子どもたちにどのような「出会い」の体験を用意し、どのような新しい「技術、知識、思考、態度、価値」といったものを身に付けることになるのかという、体育の専門性が問われることになるわけだ。

ところで、このような「出会い」の体験に向かわせようとする、当の学齢期の子どもたちは、現在、どのような社会環境の中で生活しているのだろうか。

　日本の社会が、90年代以降、大きな変化を経験していることはよく知られている。1945年に戦争が終わり、その後60年代終わりまで、日本の社会は高度経済成長期にあった。ところが70年代から80年代にかけて、世界でもトップクラスの豊さを実現した日本の社会は、逆に、90年代以降、「先行きの見えにくい」社会へと変わっている。70年代から80年代にかけてよく使われた「余暇社会」「脱工業化社会」といった、量から質への転換を説く社会理論は影を潜め、代わって台頭しているのが、先行きの見えにくい「成熟社会」という言葉である。「成熟」の意味は、一方で「先頭まで来た」ことを意味するが、一方では「そのままでは熟れて落ちてしまう」ことも含意している。つまり、「右肩上がり」の時代から「水平」もしくは「右肩下がり」の時代の到来である。

　このとき重要なことは、経済的な拡大期が終わりつつある今、それでも社会が発展するためのインセンティブを保つため、多くの先進国がそうであるように、「富めるもの」と「貧しいもの」との差を拡大する動きが強まっていることである。つまり、拡大しないパイを不均衡にわざと分けることで、多くの取り分を獲得しようという動機を喚起するようなシステムへの移行である。このような社会の傾向は、「希望格差社会」や「下流社会」などと呼ばれて、現在よく取り上げられている。

　もちろん、こうした日本の社会全体を捉えようとする議論がどこまで正確なもの、あるいは妥当なものなのかについては、議論の余地は大きいかもしれない。しかしながら、教育を受ける子どもたちの社会環境を考えた場合、この種の議論は私たちに大きな視点を与えてくれることになるようにも感じられる。それは、「出会い」の体験を支える、子どもたちのいわば「意欲」にかかわる問題である。

「未来」と「今」の逆転

　今、子どもたちの生活を見てみると、以前とは比べ物にならないほど豊かである。もちろん、子ども自身は働いているわけではないから、保護者に限らず、回りの大人たちの豊かさに、子どものこの豊かさは支えられている。ここでは、社会保障や福祉等の制度の問題も含めてのことである。

　こうした環境の中で、日本の子どもたちは「無理をしてがんばる」あるいは「積

極的にチャレンジする」ことの必要性がなくなっている、というのはいい過ぎであろうか。先に述べたような社会理論としての是非の問題はさておいても、「成熟」という視点は、このような子どもたちの身近な生活のあり方の問題として、「がんばる必要のない時代を生きる子どもたち」という視点を私たちに提供しているのではないか、ということが言いたいのである。

　もし、このような視点が成り立つとすれば、それは学校教育をめぐってさらに大きな問題へとつながっていくことになる。それは、「無理をしてがんばる」ことの必要性がなくなった環境の中で生きている子どもたちには、体育に限らず各教科で促そうとする「出会い」の体験の設計が「無理をしてがんばる」ことを前提に考えられてきたところがあるから、そもそも無理をしてまでどうして「出会い」の体験を持たねばならないのか子どもたちにはわかりにくい、という問題である。つまり「学びの意味の喪失」ともいえる問題である。

　「右肩上がり」の時代に生きた子どもたち（つまり、今、本稿を読んでいる読者の一部）は、「右肩上がり」であるのだから、「今」よりも「未来」の方が明るい、ということをあまり疑ったことがない。このような「今よりも未来」という信念が社会的に共有されていた時代では、「先のためになるから、これを今、身に付ける必要があるんだ」という気持ちをもちやすいから、たとえどれほど「今の自分」には意味がよくわからなくても、「出会い」の体験を持つ＝「勉強」すること自体の意味については疑わない場合が多かったのではなかったかと思う。

　ところが、「脱右肩上がり」の時代に生き、かつ現在、豊かな状況を生きる子どもたちにとっては、「未来」は「今」よりもむしろ暗いかもしれない言葉である。ゆえに、「今」を犠牲にして「未来」のために努力するというのは実感としてわかりにくい。「先のためになるから」といういい方に、現実感がないからである。結局のところがんばって「出会い」の体験を持つ＝「勉強」するということの意味がよくわからないということになっているのではないかと思うのである。

　むしろこれまでのように「先のためになるからがんばる」と思える子どもたちは、格差が広がる社会の「上位」に位置していると実感し、自分の希望がかなう可能性があると強く信じることのできる子どもたちだけであって、「中位」以下の子どもたちにとっては、「先のためになるから」といういい方は、単なるお題目にしか聞こえないのではないだろうか。

　こうなると、勉強すること自体に対する意欲＝「出会い」の体験自体に対する

意欲というものを、すべての子どもたちにそもそもどのようにしたら持たせることができるのか、が問われなければならない。その視点が先行しなければ、いくら内容を明確にしても、子どもたちに対するアカウンタビリティ（説明責任）が成り立たないからである。

「経験」の大切さ

　ここで一つの解決策として試みられてよい考え方は、「先のためになるから、これを身につける必要があるんだ」という発想のみならず、「今、目の前にある内容の凄さに触れる体験や経験が面白いからこそ、もっとやってみたくなるように工夫する」という発想であろう。「経験」というものは、この意味で現代社会であるからこそ、教育の目的としてそれを確実に「身に付けさせる」ことがすべての子どもたちに求められている。子どもたちの「今」から考えたときに、「今、目の前にある内容の凄さに触れる体験や経験」をコアとしたときのみ、様々な技能、能力、知識、思考、判断、態度等が身に付くのであろう。また、この種の「経験」は教育学でもすでに明らかになっているように、固有の論理と発達段階に応じた系統性を持っている。

　同時に、このような発想は、先に述べた専門性の問題をも再び浮かび上がらせることになる。なぜならば、「今、目の前にある内容の凄さに触れる体験や経験」の本質は、「心理的に楽しくできる」とか「雰囲気が良い」といった「方法」の問題ではなく、これまで自分にとっては「未知」のものでしかなかった、扱っている内容そのものが固有に持つ、新しい「技術、知識、思考、態度、価値」といったものの「凄さ」に気づく面白さとして用意できなければならない「内容」の問題であるから、それは専門性に支えられる必要に強く迫られるからである。

　ところで、この専門性という言葉の響きには、ただの役割分担ではない何かが含まれている。例えば、音楽のことは音楽科に、絵画や工芸のことは美術科に、運動や体のことは体育科に、というだけでは、そういう役割をただ分担して機能的にやりましょう、というだけで、そこには専門性という語感があまり感じられない。また、人々の持つニーズに応えていくだけでは、これも専門性という語感は生まれない。

　例えば、自動車の免許をとるために通う自動車学校は、ニーズには応えているが、だからといって、それだけでは「専門性がある」とあまり意識されない。「専

門性」が意識されるのは、むしろニーズにかかわらずなにがしかの「こだわり」が「専門家」を通して、その内容の凄さの実感につながったとき、つまり「専門家」が私たちに「こだわり」として表現し理解させてくれたときなのではないか。

だとすれば、体育という教科において、私たち専門家はどんな「こだわり」を持ち、子どもや保護者に教科で扱っている内容の凄さをどのように垣間みさせることができるのだろうか。基礎的な身体能力、知識、思考・判断の力、あるいは基本的な態度を身に付けさせることはもちろん大事なことである。しかしそれらの「ミニマム」を身に付けることだけに力点を置いてしまうと、これはただニーズに応えるというにとどまってしまうのではないか。

それとともに、いったいどのような「こだわり」の中でそうした「ミニマム」が大切にされ、教科として固有に扱う内容の凄さにどのように子どもたちが拓かれていくことになるのか、こういった見通しがともに表現されなければ、「ミニマム」という言葉は、単にニーズに応えるだけの言葉になってしまい、「専門性」を表現する言葉にまではいたらないのではないか、ということがいいたいのである。つまりそれは、「ミニマム」を方向づける、あるいは「ミニマム」の必然性を支える「ビジョン」を「ミニマム」とセットで語ることであり、「体育とは何を教える教科なのか」を常に考えるということでもあろう。

体育という教科においては、内容として扱っている「運動」「スポーツ」という経験とその経験の本質にかかわる「学び」、また「健康」という経験とその本質にかかわった「学び」の「凄さ」や「驚き」が問題となるから、生涯スポーツという理念がしっかりと述べられなければならないと思われるし、生涯スポーツという理念を現代の子どもの立場から支えることになる「運動の楽しさの経験」というものがともに位置づけられる必要があると思われる。体育という教科の歴史を考えてみた場合、「運動」という固有の内容は、「スポーツ」という形で理解されたときにもっとも端的な表現となった経緯がある。そして「スポーツ」とは、語源から見ても明らかなように「楽しみ」という要素を欠いては成り立たない文化である。体育における専門性を支える「こだわり」どころがあるとすれば、やはりこの点は重要な視点の一つであろう。

二重のアカウンタビリティ

ただ、現在の小・中・高等学校の学校教育が難しいのは、こうした子どもの問

題とその教育的対応の側面のみならず、それを保護者等に代表されるような社会全体に説明することが求められるにもかかわらず、子どもたちと親では生きていた社会環境が異なるから、いわば「脱右肩上がり」の原理に基づいた教育的対応を実際には意図しなくてはならない状況があるのに、一方では「右肩上がり」の原理に基づいて納得してもらえる説明を求められているところであろう。いい方を変えれば、子どもに対するアカウンタビリティと親や社会に対するアカウンタビリティが同じ観点から成り立たない、という時代の特殊状況に置かれた難しさであり、おそらく、社会変化が急激に進んだ日本という国ならではの難しさなのであろう。

　これまでにも、日本の学校体育政策は、特に先進国である欧米の学校体育政策に大きな影響を受けてきたが、現在、こうした欧米の社会環境は、先に述べたような「成熟社会」を持続させるシステムへと、社会全体がすでに変化し終わっている。また、こうした変化を、かなり長い時間をかけて続けてきたため、日本に見られるように、生活した時代的な社会環境が親子で異なるということがない。例えば、欧米の先進国は「パイの拡大」を前提にしなくても、インセンティブが既に保たれた「階級格差」の進んだ社会であり、そのような社会に既に何世代も人びとが生活している。

　ゆえに、移民や経済的な下層階級等の「国民」内の格差の広がりが社会政策としていつも問題になるがために、教育政策においても、いかに下層にいる人びとの教育の場と成果を確保するかが問題となりやすいし、この意味で、「最低限」ということがコンセンサスを得やすくアカウントされやすい。先進国において見舞われている「学校体育の危機」といった文脈も、こういった先進国の社会構造の問題や、冷戦が終了した国家間の戦争という事態が想定しにくくなっているといった時代状況の中で、体育が果たしてきた役割が従来型のものでは馴染まなくなってきたからである。逆に発展途上にある国の体育は、まだまだ重視されており、スポーツを広く普及していくための機能も体育に担わされている場合が多い。

　つまり、日本という社会の固有の現状から派生する問題は、諸外国を参考にしても解決できる問題と解決されない問題があるということである。この点からすると、「身体」というものに着目することで、子どもに対するアカウンタビリティと親や社会に対するアカウンタビリティを包摂しようとする考え方は、一つの知恵ではないかと考える。「スポーツ」は身体を自己目的化させた「楽しみ」で

あるし、その活動によって「身体能力」は結果的に高まっていくからである。

しかし、少なくとも、子どもに対するアカウンタビリティと親や社会に対するアカウンタビリティが同じ観点から成り立たないとはいえ、生涯スポーツの理念と「楽しさ」を重視したこれまでの体育の考え方の遺産を、親や社会に対するアカウンタビリティという点からのみもし完全に否定するのであれば、それは体育という教科が明治の頃からたどってきた「トレーニングなのか、あるいは学習なのか」という問題を振り出しに戻してしまうだけだ、ということには留意しておきたい。

強い光を当てると、その裏側には当然濃い影ができてしまう。人は、ある一面に問題を見たとき、その捉えた視点を強調すればするほど、意図せざる結果として、その視点の「光」が強くなる分、「影」となって見えなくなってしまうものを、つい忘れがちになってしまう。体育を通して、子どもたちのみならず国民全体の幸福という問題を考えようとすればするほど、こうした影の存在に敏感にならなければ、すくなくとも「すべての子どもたちに」といった視点に耐えうる議論を展開できなくなるのではないかと思われる。

例えば、障がいを持つ子どもたちにとって「身体能力」というミニマムが設定されたときに、その子どもたちは「すべての子どもたち」の中に入らないのかといった議論はすぐにでてきてしまう。それは決して本意ではないはずである。

二つの対立する考え方を作っておいて、「Aはだめなので B にいく」と述べれば、こうした説明は大変わかりやすく、力強いものになろう。けれども、日本の社会や日本の体育がおかれている状況は、このような形で果たして解決できるほどに、のどかな場所におかれているとはあまり思えない。おそらく今後の新しい学習指導要領の改訂において大きな観点となる「ミニマム」あるいは「ミニマム」の考え方は、学校における体育の独自な役割を明確にするとともに、目的が抽象的ではなく、評価もよくわかるようにすることで、成果に責任を持つことを特に大切にしよう、ということを強調するものだろう。一つずつ積み上げて、さらによいものを考えるという形での議論が望まれるところである。

20 これからの体育カリキュラム

カリキュラムを考えるというのはどういうことなのか

　これからは、体育の学習を指導するときにも、カリキュラムを考える機会が多くなってくることだろう。カリキュラムというと、つい「年間計画のこと」をすぐにイメージしてしまいがちである。しかし、カリキュラムとは、もっと大きな内容をさす言葉である。そして同時に、もっと重要な内容を含んでいる。まずは、カリキュラムという言葉で、どのようなことを考えなければならないのかということについて、ここでもう一度確かめておこう。

　体育のカリキュラムを考えるということは、どんな子どもに育ってほしいのか、についてまず考えることから始まる。もちろん、学校には学習指導要領というものがあるから、体育の目的や目標を、まったく自分勝手に考える、というわけにはいかない。それではこのようなことは考えなくてよいのかというと、それは違う。なぜなら、学習指導要領で示されるものは、全国共通に「最低限これだけは」という性格のものであるから、こうした骨組みに肉付けするのは一人ひとりの教師であるし、そもそも学習指導要領自体が、実は一人ひとりの教師や子どもたちが織りなす授業、あるいはそれをとりまく家庭や地域の意思の総和として決定されていくからである。

　例えば、「生涯にわたって運動に親しむ子ども」とか「身体能力を十分に身に付けた子ども」と言われても、それは授業を通じてさらに具体的にはどのような子どもに育ってくれることを期待するのか、それがはっきりしなければ学習指導は進まない。「たとえ下手でも積極的に運動に取り組んでくれる活発な子ども」とか、「指示を待たなくても自分で運動に取り組める子ども」とか、「逆上がりは最低できる子ども」など、具体的な学習指導の目的や目標を持つ必要があろう。また、家庭や地域の願いを受けてそれぞれの学校で取り組んでいる授業の目指すものが大きく変化したとき、学習指導要領もまた変化せざるをえない。ところが、このように一人ひとりの教師が、実際にどのような具体的な目的や目標を持っ育

の指導をおこなうのかによって、体育の授業全体が大きく変わり、子どもたちの学びも実は大きく変わってしまうということに、日々の授業に追われる私たち教師は案外、気がつかないものなのである。

　ましてや、これからの小学校では、例えばどんどん広がっている学校選択制度などにも見られるように、「どの学校も横並び」というのではなく、「学校独自の特色づくり」がさらに求められる。そうなればなるほど、各教科の目的や目標をどのように考えるのか、ということは大切になってこよう。体育という教科の学習を通じて、どんな子どもに育ってほしいのか、について、まずはじっくりと考えてみる必要がある。

　こうして体育の目的や目標について考えた後、それではそのような目的や目標を実現するためには、子どもたちは体育の学習によって何を身に付ければよいのか、またそれをどのような順番で学ばせればよいのか。つまり、体育の内容について考えることが、カリキュラムを考える次の段階である。ここで注意しなければならないのは、体育の内容というのは、いつでも「運動の種目」や「技能」のこととは限らない点である。例えば、「逆上がりは最低できる子ども」に育ってほしい、と考えた場合にはそこでの基礎的な技能が内容となるが、「指示を待たなくても自分で運動に取り組める子ども」に育ってほしい、と考えた場合には、技能のみならず、それに必要な態度や知識もしっかりと身に付ける必要がでてくる。つまり、目的や目標をどのように考えたかによって、身に付けさせたい内容の捉え方が変わってくるということである。カリキュラムを考えるということは、このように目的や目標と、身に付けさせたい内容の整合性が整っているかどうかをチェックするということでもあるわけだ。

　さらに、カリキュラムを考えることは、目的や目標から導かれた内容を子どもたちにどのような方法で学ばせるのか、その仕方をしっかりと考えることにもつながっていく。「指示を待たなくても自分で運動に取り組める子ども」に育ってほしいと思い、それに必要な態度や知識を育てたいと思っているのに、教師主導の一斉指導の授業ではおかしいだろうし、逆に「逆上がりは最低できる子ども」に育ってほしい、と考えているのに、子どもに課題の持ち方をまったく自由に選択させるような授業では、やはりおかしい。目的・目標と内容と方法は、常に一体のものなのである。

　そして、このようにして考え、実践してみたときに、果たして計画通りうまく

いったのかどうかについて、どのように評価し修正するかについて考えるのが、カリキュラムを考える最後の段階である。ここでも、「逆上がりは最低できる子ども」に育ってほしい、と考えているのに、「がんばって取り組んだかどうか」という視点だけで評価するのはおかしいし、「指示を待たなくても自分で運動に取り組める子ども」に育ってほしいと考えたのに、技能テストを中心に評価するというのでやはりおかしいということになろう。こうして、目的・目標－内容－方法－評価という学習指導の四つの場面を、一貫したものとして計画し調整する作業とその実践こそが、「カリキュラムを考える」ということの中身なのである。

　もちろん、このような体育のカリキュラムを考えるにあたって、学校の施設や用具の問題、時間割の問題、さらには担当者の問題など、様々な付随する問題をあわせて考えなければ、実際に授業をおこなえなくなってしまう。そういう、学校が置かれている様々な体育環境との調整作業も重要な問題の一つであろう。このように考えてくると、体育のカリキュラムを考えるということは、子どもたちが体育という教科を通じておこなう学びの全体像をまさにトータルにデザインし、さらにそれを実践することそのものなのだ、ということになってこよう。ここまでくると、「年間計画のこと」という当初のカリキュラム・イメージも、ずいぶん変わってくるのではなかろうか。

子どもと社会の現在

　さて、カリキュラムという言葉で考えなければならない内容がこのように広いものだとすると、例えば簡単に「これがカリキュラムのモデルだ」という形でカリキュラムを考えることは難しい。むしろ、いろいろな要素をうまく調整してそれぞれに考えるためには、「要（かなめ）」となる「観点」をはっきりとさせておくことのほうが大切だろう。そこでここではまず、カリキュラムを考える背景となる、子どもたちの置かれている現在の社会について考えてみよう。

　現在、体育の学習指導において難しいと感じる子どもの問題は、「意欲がない」「目一杯がんばる、にチャレンジできない」「運動をおこなうための仲間関係がうまくとれない」の三つあたりに的を絞れるのではないか、と思われる。また、近年盛んにいわれる体力低下や技能低下についても、このような問題を解消していくことが大切な手がかりになるとも感じられる。つまり、子どもたちは「楽（らく）」をしてしまっていて、「目一杯」の活動を通して自分を向上させていく、と

いう意欲と活動に欠けている。また、だからこそ「仲間関係」を自らが整えていく、といった積極的な構えも自然とでてこない。そんな感じである。

　こういう子どもたちの現状には、現在の社会の状況が大きく影響している。運動に関する様々な経験が以前よりも少なくなっているにもかかわらず、情報は比較にならないほどに多くなっている。また「成熟社会」と呼ばれる豊かな社会に暮らし、地域や家族が変化する中で子どもの数も少なくなり、他者体験も貧しくなっている。こうした状況において、無理せずに安定を求めて生きる価値観が子どもたちには強い。さらに、そのような社会では、「将来の役に立つからがんばろう」「明日のために今をがんばろう」といった、今を犠牲にして未来に役立つ「貯金」をしておくといった、交換動機による「学び」が成り立ちにくい。未来よりも今の方が「はっきり」しているし「心地よい」からだ。この点は大変重要なことだと思われるので、もう少しだけ考えておきたい。

　そもそも、私たちは普通、子どもに対して「子どもの将来のためになるから何かを身に付けさせたい」という願いを持つ場合が多い。「体力をしっかりつけさせたい」「技能を身に付けさせておきたい」「学び方を身に付けさせたい」などの思いは、「将来のために」という願いからからスタートしている。ところが、「未来のためになるからがんばろう」という、今を犠牲にして未来のために「貯金」するという態度は、今の子どもたちには実はもっともわかりにくいものなのではないか。社会が成熟化するとともに萎縮している現在の日本にあって、見通しもきかず今より暗そうな未来よりも、成熟した今の方がはっきりしているし心地よい。なのに、なぜ「未来のために」なのだ。ここのところが、現在の子どもたちが私たち教師の世代と決定的に異なっているところなのである。それでも、成績上位層の子どもたちは「貯金」の恩恵を受ける可能性があるからがんばれるけれども、一歩でも踏み外してしまった子どもたちはがんばれない。社会学者の山田昌弘は、このように将来に向けて希望を持てる子どもと持てない子どもがはっきりわかれてしまう現在の社会状況を「希望格差社会」と呼ぶ。だからこそ、子どもたちは様々な側面で「勝ち組／負け組」に「二極化」するし、学力、体力、技能の低下も、特に学びへの意欲が「将来のために」という形では持てない下位層の「負け組」の子どもたちの存在が引き起こしている事態なのであろう。

　ところが、これまでのカリキュラムに対する観点は、「すべての子どもに」「最低限これだけは」「身に付けさせたい」という形で発想される教育計画と学びで

ある場合が多い。つまり、基本は「未来のために」の「貯金」型である。しかし、目一杯の体験よりも、「そこそこ」の見通し（思考）のきいた生活を重視する子どもたちにとって、「貯金」のために「とにかく体当たり」を求める、このようなカリキュラム観点は、子どもをさらに学習から遠ざける原因になってしまうのではなかろうか。肝心の「目一杯がんばる！」というほどの子どもたちの学びへの意欲が伴わなければ、それはまったく絵に描いた餅である。そこで問題となるのは、「貯金」型の発想を押し付けるのではなく、どのように考えれば現在の社会状況を生きる子どもたちが、「目一杯がんばる！」というほどの学習意欲を持つカリキュラムをデザインできるかであろう。

「貯金」が有効なのは、貯めたお金を未来にほしいものと「交換」できるからである。つまり、「貯金」を志向する学びは「交換動機」によって成り立っている。それに対して「目的動機」という言葉がある。これは、「今やっていることは将来何かのためになる」という手段的意識からではなく、「今やっていることがまさに面白い」という目的的意識から持つ動機のことである。つまり、「交換動機」による学びがすべての子どもたちに成り立ちにくくなっている今、学びは「目的動機」を背景とした「投資」型の学びへと転換することが強く求められていると思うのである。子どもと社会の現在、という視点から「目的動機」の原則にたった体育のカリキュラムづくりという課題が見えてくるのではなかろうか。

「観念」が先行する子どもたち

近年、子どもたちに「サッカーは好き？」と聞くと、「あんまり。だって習ってないから」という答えが返ってくるようになった。「習う」というのは、もちろん体育の授業で、という意味ではなく、スポーツ少年団など学校外でのこと。これまでだと、「習う」という言い方は、例えば習字やピアノなどに対してよく使われていたが、最近はスポーツも「習う」ものになってしまったようだ。

ところで、子どもたちから見た場合、スポーツはもちろん「楽しい運動」である。つまり、遊び＝プレイなのだ。だからこそ、休み時間でもおこなわれるし、教科の中でも体育の人気はいつも高い。遊びはある種の探索行動である。あらかじめ決まった内容がある、というよりは、「緊張」「歓び」「面白さ」といったものを求めて体当たりして楽しむ。スポーツという運動遊びは、自分の体と心を目一杯使って、「こんなことできるかなぁ？」とドキドキ・ワクワクするところがポイ

ント。そこで体育の時間では、運動が持つこのような「プレイとしての特性」をしっかり味わうとともに、「めあて」を持って、工夫や努力を重ね、運動を広げ深めさせようとする。この結果、体力の向上にもつながり健康の維持増進も図られる。社会性も育まれる。そして、なによりも「スポーツ好き」の子どもたちが育てば、将来においても運動に親しみ続ける「明るく豊かな生活」と「生涯スポーツ社会」が広がるだろう。このように考えて、学習を支援し、指導しているわけである。

　けれども、今の子どもたちが持っている、「スポーツは習うもの」という感覚は、このような体育学習に対してどのような影響を与えるのだろうか。まず気になるのは、子どもたちの「習うもの」という感覚には、「体験」よりも「思考」を優先する、現在の子どもたちの特徴が現れているのではないか、という点である。子どもたちは、「とにかく体当たり」といった行動が苦手である。「観念」がいつも先行している、と言い換えてもいい。つまり、「アタマでっかち」で、「習うより慣れろ」という感覚が乏しくなっているように思うのである。そうすると、形式ばかりが先行し、「スポーツは面白い」という原動力から始まる学びが期待できなくなってしまう。もちろんこれには、社会的な背景がある。運動に関する様々な経験が以前よりも少なくなっているにもかかわらず、情報は比較にならないほどに多くなっている。また「成熟社会」と呼ばれる豊かな社会に暮らし、地域や家族が変化する中で子どもの数も少なくなり、他者体験も貧しくなっている。こうした状況において、無理せずに安定を求めて生きる価値観が子どもたちには強い。さらに、そのような社会では、「将来の役に立つからがんばろう」「明日のために今をがんばろう」といった、今を犠牲にして未来に役立つ「貯金」をしておくといった、交換動機による「学び」が成り立ちにくい。未来よりも今の方が「はっきり」しているし「心地よい」からだ。目一杯の体験よりも、「そこそこ」の見通し（思考）のきいた生活の重視。子どもたちに「とにかく体当たり」を苦手にさせている原因である。

　運動を「する子／しない子」の二極化が言われて久しいが、「まずやってみて面白い」から始まらず、このように「アタマでっかち」で「そこそこ」を判断してから行動する子どもたちだからこそ、運動も「する」「しない」を「アタマ」で決めてかかる結果、二極化してしまうのであろう。この意味では、「学ぶ意欲や自分で課題を見つけ、自ら学び、主体的に判断し、行動し、よりよく問題解決

する資質や能力」を身に付けさせることが大きな目標となっている学校教育の動向をふまえても、「運動は楽しい」ということを「アタマ」ではなくて、まず「カラダ」や「ココロ」で実感し、その上で思考力や判断力を働かせ運動を広げ深めるとともに、その結果、運動に対する知識や技能も身に付け態度も育まれる、そのような体育学習が望まれるのではないか。「運動の楽しさ」といった観念が問題なのではなくて、「運動は楽しい」という実感と、それを実感したことから育つ「感じる力」、そしてさらに、そこから運動の学習を自ら進めることができる「考える力」こそが必要なのだ。

個に応じた体育カリキュラム

この点から見たとき、我が国の近年の学習指導要領においてとられた考え方は大変優れたものであると思われる。内容を「運動の特性」、つまり学習者が持つ価値や意味の視点から、大きく「体操（体つくり運動）」「スポーツ」「ダンス」の三つに構成し、さらに低学年の「ゲーム」や高学年の「バスケットボール」などとして「ねらいと活動（あるいは内容と教材）」を統合し示すという、教育学者のアトキンが推奨したことでよく知られる「羅生門的接近モデル」に類した構えからカリキュラムを編成しているからである。

例えば、教えるべき「概念・知識・技能」を内容として設定し、それを教えるための材料を教材構成として考える、「教育内容」と「教材」を峻別した「工学的接近モデル」に比べ、「種目」という形で示された運動のまとまりを主題とし構成する現行のカリキュラム・スタイルは、我が国の他の教科に比べても、先行したものとなっている。その大切さが指摘されながらも、教育課程として具体的に展開することが他教科ではなかなか進まなかった。つまり、「バスケットボールで学ぶ」のではなく、「バスケットボールを学ぶ」ことで「バスケットボールで学ぶ」ことをも統合した体育は、かなり先進的な教科だったのである。

ただ、漫然とした将来への「不安」が漂い、学校教育が果たせる役割を常に説明することが求められる現在の状況からすると、「工学的モデル」の方がわかりやすいし納得されやすい。そこで、カリキュラムの考え方においても、数値目標や行動目標といったものが大きく前に出てくることになる。しかし、教育の現場にいて、子どもたちの現実をよく知っている「専門職」としての教師の発想とは、社会的に持たれている「不安」に対して、それを「社会からの要請」という形で

第2部　現代社会と学校体育─子どもの現状とカリキュラム─

直接的・短絡的に解消しようとするのではなく、まさに「子どもの豊かな学び」のデザインとして変換し、具体的・実際的に効果が上がることに責任を持って考える、というところにあるのだと考えたい。そこで、これからの体育カリキュラムとして、これまでのよさを生かしつつ、さらにそれを進めるために、「個に応じたカリキュラムづくり」ということを強調してみたい。ただ、ここでいう「個」の意味は、大きく三つの側面から考えてみる必要がある。「授業をおこなうクラスがおかれている『個』別な状況」「発達段階における『個』別な状況」「全体との関係で引き出される、子どもたち一人ひとりの『個』」の三つである。

　まず、最初の『個』は、授業を行うクラスがおかれている状況の問題である。日本全国には様々な学校の状況がある。南と北、海辺と山間、都市と地方、大規模と小規模、広い校庭と狭い校庭、恵まれた運動器具・用具と不足がちな運動器具・用具など、数え上げればきりがないほどの『個』別な状況がある。ところが、こうした個別性は、どちらかというとこれまで「克服すべき対象」として捉えられてきた。つまり、どのような状況においてもある一定水準の体育学習が保障されなければならない、といったようにである。体育学習が広がる過程にあった、「発展途上」型の捉え方であるとも言えよう。

　しかし、学習指導要領の性格においても「基準性」がはっきりと打ち出されている現在、学校体育が「先進」型の域に達している日本においては、先に見られた個別性が、むしろ地域の特性に応じた「個性」と「可能性」として取り上げられるべきではないのか。ところどころの状況に応じて、自らの関心や能力に応じて、学習指導要領の持つ「基準性」は大切にしながらも、大胆に内容や方法が選択され工夫されることが、体育学習を、まさに子どもたち一人ひとりのものとして用意することになるのではないかと思うのである。ニュースポーツなど取り上げる運動教材の多様さのみならず、学校外の施設や場所を利用したり、ゲストティーチャーあるいはボランティア・ティーチャーを活用したり、さらには保護者との連携、教科担任制、ティームティーチングの工夫など、方法面においても幅を広げることで、学校体育が生涯スポーツに統合される可能性も広がろう。

　次に、発達段階における『個』の問題である。小学校1年生と小学校6年生では、もちろん「楽しい」と感じる運動や、運動のおこない方は違っている。ところが、これまでよく見られたのは、「6年生ではこういう運動をおこなうから、そのためには低学年でこのような力をつけさせなければならない」という「トッ

プダウン方式」で発達段階の問題を考えたり、「運動の特性は、どの子どもたちにも同じはずだから、1年生も6年生も同じ扱い方でいいはずだ」と「交換動機」でこの問題を捉えたりする傾向があったのではなかろうか。しかし、1年生はやはり「単純な運動」が楽しいし、6年生は「より複雑な運動」が楽しいのであるから、種目や「特性」の固定化に向かうよりも、発達段階が持つ個別性に合わせて運動を弾力化して扱い、各発達段階や学年に応じた多様な運動教材の考え方や取り上げ方が工夫される、いわば「ボトムアップ方式」で「目的動機」からの考え方に転換していく必要があるのではないか。このとき、発達段階を捉える一つの特徴として、低学年は「モノ」への関心、中学年は「人」への関心、高学年は「自己」への関心が高いという傾向がある。例えば、活動と思考が未分化な低学年の発達特性を考えた場合、この頃の子どもたちにとって運動はおしなべて「遊びの性格を持った運動」つまり「運動遊び」であるし、それらは、自分とボールやマット、縄、あるいは水や地面など、環境やモノとの関係で「こんなことできるかなぁ」という、具体的で単純な運動である場合が多い。ところが中学年くらいになってくると、そうした単純な運動から他者との比較や共同、あるいはもう少し複雑な運動課題を持つものへと関心が移っていく。そして高学年段階になってくると、社会でおこなわれている「スポーツ」に関心が高まるとともに、複雑な運動を楽しみ、かつ他者との比較の中で自分のできばえを自己実現の一つと捉えて楽しもうとする段階へと発達していく。つまり、交換動機から自ら学び、主体的に判断し、行動し、よりよく問題解決する学習を行うには、「モノ」「人」「自己」に焦点化した「ねらい」の持ち方/持たせ方が、一つのヒントを与えてくれるのではないかと思うわけである。つまり、低学年では、「競争型」からボール運動を考える学習もあれば、逆に例えば「Gボール」から、様々な楽しみ方を経験し、「Gボール」への興味・関心からボール運動の「運動の特性」に至る、といった学習もあるのではないか、といったことである。そういう多様な側面から、単元で扱っている内容に対して、「探り」「確かめ」「触れ」「深める」学習が計画されることが必要であろう。

　また一方では、単元で扱う運動そのものも、「個」の発達段階に応じて、「単純から複雑へ」とまとまりを取り直し、配置する工夫も必要であろう。このような体育のカリキュラムにおける観点を、「ワン・ツー・スリー論」とここでは呼んでおこう。つまり、これはきわめて簡単な考え方で、例えば低学年では、「ボー

ルを手で投げて何かに入れる運動遊び」「ボールを手で扱ってあるところまで運ぶ遊び」「ボールを手で扱ってどれだけ保持できるかを競う遊び」という面白さの要素が一つだけ含まれている運動を配列し、中学年では「ボールを運んでシュートする運動（ex. リングゲーム）」とか「ボール保持してシュートする運動（ex. シュートゲーム）」など、面白さの要素が二つ含まれた運動を配列する。そして、高学年では「ボールを保持して運んでシュートするゲーム」つまりバスケットボールという、三つの面白さが含まれる運動を配列するという考え方である。これは、高学年でバスケットボールができるようにするために「リードアップゲーム」や「タスクゲーム」として下位の運動内容を下の学年に配置しようという、「トップダウン」方式の考え方とは違う。そうではなくて、「今できる運動」を積み重ねることで、努力や工夫も自然と「目一杯がんばり」、結果的に他者ともぶつかる中でかかわり合いのコツを実感していく。そうした経験が「遊びの発達」として系統的に積み重ねられることで、運動の意味や価値を学び、技能や知識も意味とのセットにおいてしっかりと学ぶことをデザインする、いわば「ボトムアップ」方式の考え方である。

　ここで、ポイントになることは、次の二つである。まず、これまでよく考えられてきた運動の捉え方、例えば「チーム対チームが競争するところに楽しさのある運動」とか「記録を達成するところに楽しさがある運動」といった、運動の特性を主知的、抽象的に捉える見方に対して、例えば「このボールを手で投げてあのリングに入れることができるかなということが面白い運動」とか「この坂のマットでも回れるのかなということが面白い運動」といったように、包括的、具体的な視点から「運動の特性」を捉えることである。「楽しさ」といった観念の問題としてではなく、「楽しい」という文化的実践場面への参加の問題としてそれを捉えたいからである。本当に面白いことは何か、ということについて、目に見えるアンケートや子どもの言葉のレベルにとどまるのではなくて、目に見えない子どもたちの心のひだにまで教師自身も「共感」することで確信を持つというような、真の意味での「教材解釈」が必要であると思う。次には、そうして捉えられ内容化された運動を、「運動遊び・楽しさの発達」とのかかわりから、単純から複雑へ、具体的なものから抽象性を加えたものへという二つの系統的なつながりを見通すとともに、中・高での体育学習との関連から、社会的にスポーツとして存在している「種目」との関わりを考えることである。

最後に、全体との関係で引き出される、子どもたち一人ひとりの『個』の問題について考えてみよう。「個」と「私」という言葉は違う。「私」という言葉は、「公私混同」などのように、どちらかというと悪い意味で使われる場合の多い言葉である。それは、他をまったく顧みない、「勝手な一人」をイメージさせるからであろう。それに対して「個」という言葉は、「全体」という言葉とセットでしか意味をなさない。つまり、いつでも「つながりの中」にあることを意識するときに使う言葉である。

　こういう意味での「個」を、体育学習ではこれまで大切にしてきただろうか。例えばこれまで重視してきた「運動の楽しさ」という言い方の中に、「一人ひとりの心の中の問題」というニュアンスをすでに含んでいなかっただろうか。「運動は楽しい」という感覚は、すでに「つながりの中」にある言葉である。もちろん、このときのつながり方にはいろいろなものがある。「いっしょにおこなう」「競争する」「共同してがんばる」「見合う」「応援する」「教え合う」などだ。例えば、これまで体育で扱う運動を「個人種目」「集団種目」というように区別してきたが、それはそもそもの運動の成り立ちの区別であって、こうした運動を楽しむときには、もちろん様々な「つながりの中」で、個別なおこない方があってよいはずである。マット運動においてひとり技に挑戦する楽しみ方もあれば、集団で技をシンクロさせようとする楽しみ方もあろう。つまり、「ひとり」であることと「個」に応じることは、まったく別なことなのである。

　一方で、こうした『個』に応じたカリキュラム実践は、必ず「指導と評価」が一体化されることが重要である。体育学習が『個』に応じて弾力化される方向は、いわば様々な『個』に合わせて、扇子を目一杯広げていくような作業でもあろう。ところが、扇子を目一杯広げることができるのは、扇の「要」が存在するからに他ならない。つまり「何のために行っているのか」「その成果はどうであったのか」という「要」の部分に、常に立ち返りながらおこなう必要があるということである。こういう視点を欠いてしまっては、『個』に応じたカリキュラム実践は、一転して、「いきあたりばったり」で「やりっぱなし」の学習に転化してしまいかねない。注意したいところである。

小・中を見通したカリキュラムの一貫性

　さらにここでは、このような扇の「要」に立ち返る作業を支えるより重要な問

題、つまり、あらためて「運動とは何か」という、体育の学習指導のいわば原点とでも言うべき問題についてもう一度触れておきたいと思う。そのことから、小学校からさらには中学校への体育学習のつながりについて、一つの見通しを示してみたいからである。

　体育の教科内容である「運動」は、一般に考えられている運動という言葉とは違う意味を持っている。一般には身体活動すべてを運動という言葉で表すことが多い。しかし、体育の教科内容は、このような身体活動すべてを指す運動を教えているわけではない。例えば「スポーツ」と呼ばれるように、単なる身体活動としての運動を、仲間とルールを構成し、また様々なモノとかかわり合いを持つことによって単なる運動を越えた、「独特の面白さを持った出来事＝文化としての運動」を教えている。このような「運動」になってこそ、生活の中に生きた文化として、私たちはそれを位置づけることができるからである。

　このことから、小学校の学習では、まずこのような単なる身体活動としての運動を越えた「運動（種目）」の意味や価値といったものが、学習の内容として学ばれることになる。つまり小学校の体育で、運動は、運動する「自己」、共に運動する「他者」、運動をするための用具や器具や場といった「モノ」がかかわり合って広がる、一つの「世界」のようなものの「よさ＝運動の特性」を学ぶわけである。子どもたちは、こうした「自己」「他者」「モノ」とのかかわり方を工夫することで、運動を広げ、より一層運動の楽しさを味わっていくことになる。

　例えば、小学校のボール運動の授業では、他者とともに、転がるボールを追いかけたり、ボールをいろいろな方向に投げたりするなど、ボールの存在によって「なになにができるかなぁ」といった運動遊びがまず実感されることになる。ボールという「モノ」とどうかかわるかにプレイの魅力があり、その視点で運動の学習を広げたり深めたりするわけである。また、ボールを追いかけているとき、共に追いかけている「他者」との関係に気づき、どちらが速くボールにたどり着くかなど、「他者」との関係によって運動の学習を広げたり深めたりすることができるようになる。それと同じように、例えばボールを投げるとき、どれくらい遠くまで投げることができるか、また、正確に投げられるかなど、「自己」のもつ技能に注目した視点でも運動の学習を深めることができる。このようにして、単なる身体活動ではない「独特の面白さを持った出来事＝文化としての運動」を学んで行くのである。

20 これからの体育カリキュラム

 それに対して中学校では、このように小学校で学ばれてきた「運動」が、私たちの実際の生活を構成する「人」や「環境」との関係の中に、個性に応じて位置づけられた状態を学びの対象にする、ということになるのではないか。いわば「スポーツ」から「スポーツライフ」の学習への発展である。

 例えばサッカーの学習をおこなう場合、サッカー実践の場面は、自チームや相手チームいった「自己」「他者」と、ゴールやボールといった「モノ」が存在して成立している。ところが、そのようなサッカーを、例えばクラブに所属して生活の中に位置づけたり、あるいはサッカー大会に参加することでおこなったり、さらにはサッカー教室に通ってみたり、気軽に友達と公園でおこなってみたりなど、運動実践の場面に直接存在しない「人」や「環境」とのかかわりのあり方から、サッカーは、いわば「サッカーライフ」として個性的な生活の一部として位置づいていくことになる。

 このように、「スポーツライフ」の学習とは、小学校での運動（種目）そのものの学習に加え、「運動」とそれを取り巻く「人」や「環境」のあり方を学ぶことで、生活におけるスポーツ行為能力を獲得していく学習として内容を考えることができるのではないか。そして、こうした学習では、「人」とのかかわりを築くことや運動をおこなうために必要な「環境」を整えることなどをも、「運動」自体の学習に付け加えて身に付けることになると考えられる。このように、小学校から中学校、さらには高等学校への学習が積み重なっていったとき、「個性的スポーツライフの形成」がなされるのではないか。このようなカリキュラム上の見通しを下図のように示すことで、本稿を締めくくることにしておこう。

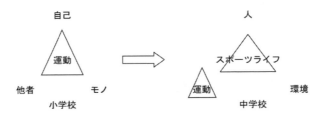

図20-1　教育内容の広がり

【文献】
1)　松田恵示（2006）「子どもが夢中になる体育のカリキュラムをデザインする」『体育科教育』3月号，大修館書店．
2)　松田恵示（2005）「これからの体育学習」『子どもと体育』vol.124，光文書院．

21 学校文化としての「体ほぐしの運動」

教育政策としての「体ほぐしの運動」

　宗像誠也は、教育政策を「権力に支持された教育理念」であるとし、教育行政を「権力の機関が教育政策を現実化すること」であると定義する。そして、「教育理念というのは、教育の目的と手段と、内容と方法との総体を意味し、そこには当然なんらかのイデオロギーが貫いている」という（宗像、1954）。これを受けて黒崎は、ここには国家権力が特定の価値志向にもとづいて教育を組織するという事実認識と、さらにその改革こそが教育行政＝制度の研究課題になるという問題意識がある点から、宗像の定義を高く評価している（黒崎、1999）。

　こうした教育政策、あるいは教育行政に対する視点の取り出し方は、確かに、学校体育を検討するときにも、いわゆる「体育科教育研究」に対して、学校体育政策研究、あるいは学校体育行政研究の独自な問題領域の設定を示唆しているように思われる。本稿で目的とするものは、こうした観点から、特に高等教育機関との関係で取り上げられる、「体ほぐしの運動」の教育政策・行政的検討である。

　周知のように、学習指導要領では、教科目標に「心と体を一体として捉える」ことが強調され、その考え方をもっとも象徴する内容として、これまでの体操領域が「体つくり運動」へと名称変更されるとともに、従来からの「体力を高めるための運動」に加えて、「体ほぐしの運動」が新設された。

　「体ほぐしの運動」は、学習指導要領やその編成の過程において次のような位置づけがなされている。日常生活での身のこなし方がぎこちなかったり、体を動かすことがおっくうがったり、運動の中で仲間とうまくかかわれない子どもたちが増えている。体力低下も進んでいる。また、よく運動する子どもとそうでない子どもの二極化傾向が進んでいる。こうした状況を受けたときに、これまで体育学習でよく扱ってきた、競争やゲームに勝つ、記録を伸ばす、難しい技に挑戦する、といった運動の行い方だけでは教育的対応が充分と言えないのではないか。あるいは、これまでの体育や運動、体操の概念を広げて、運動すること自体の心地よ

さを味わうことのできる運動が求められるのではないか。この意味では、これまでの体育における身体の見つめ方は「外から」の評価が中心であって内側から体を見つめることがなされていない。そこで、このような運動を「自分の体に気づき、体の調子を整えたり、仲間と交流すること」をねらいとした「手軽な運動や力動的な運動」として「体ほぐしの運動」と呼び、これを内容化することで、運動への好意的な態度を育てるとともに、日常生活における身のこなし方や体の調子を整え、さらにはストレスフルな生活を緩和したり、関係の希薄化が心配される仲間同士の交流をさらに深めることを期待しよう、というものである。

また、こうした「体ほぐしの運動」が議論された背景として、「生きる力の育成とゆとりある学校教育」という理念から、完全学校週5日制への移行という変化や総合的な学習の時間の新設、教育内容の厳選といった動きに対応する各教科内容の見直しと時間数の削減、といった前提に留意する必要がある。つまり、教科としての体育の存在意義が強く問われたということであり、このためのいわば戦略拠点として、「体ほぐしの運動」は政治的背景を持って登場したという点も否めない。

ところで、このような「体ほぐしの運動」は、教科体育の内容としてカリキュラム化されている他の運動、例えばスポーツやダンスといった生活文化とは異なり、学校文化としていわば創作されたものである。そして、ここには高等教育機関における研究、教育実践の積み重ねが大きな影響を与えている。例えば、学習指導要領の改訂にかかわった村田は、「体ほぐしの運動」の活動例として著書をいくつかまとめている（村田、2001）。これらは、小中高の教育現場がこの「体ほぐしの運動」を導入する際に大きな影響を与えているのであるが、実際の内容については大学における教育実践や研究において積み重ねられたものであり、こうした傾向は、他の「体ほぐしの運動」に関する研究、教育実践者にも通じるところである。つまり、「体ほぐしの運動」は、高等教育機関を基盤とした学校文化である、という見方が成り立つ。

そもそも、わが国における運動やスポーツという文化は、明治期より主に行政が直接的な主体となって、その振興が図られてきた。学校や各教育委員会、ならびに行政との関係が深い各種協会などが、実際的にスポーツをおこなう場を提供し、具体的なスポーツ伝達機関として大きな役割を果たしてきたわけである。この中でもとりわけ、学校が果たした役割は大きい。特に、明治期から大正期にか

けて、輸入文化としてのスポーツを広く国民に普及させることに大きな影響力を持ったのは、まずは旧制高等学校をはじめとする高等教育機関であった。もちろんそれは、初等教育や中等教育のように、スポーツをおこなう場を実際に提供したというのではない。いわば「スポーツ」という文化モデルを新しく形成し、国民に広く知らしめる「メディア」としての機能を持ったという意味においてである。つまり、当時の高等教育機関は、スポーツという遊びを文化として学校化し正統化するとともに、それを配信（distribution）したということであろう。

　この意味で、学校体育政策における高等教育機関の存在は、「体ほぐしの運動」の事例からもわかるとおり、現在においても同様の役割を担っていると見てよい。そこで本稿では、このような高等教育機関を基盤とした学校文化である「体ほぐしの運動」が、教育政策学的にどのような可能性と課題を持つことになるのか、特にここでは、教育理念の形成と政策の現実化を支える条件という視点から「運動の楽しさ」という概念の持つ意味について考察してみたい。

「体ほぐしの運動」と教育理念形成

　そこでここでは、まず、学習指導要領で示される、教科体育の持つ教育制度上の特徴について確認することから始めよう。

　まず第一点目が、ここで捉えられる「体育」とは、公教育、あるいは権力に支持された教育制度の中の一つの営みである点である。ここから「体育」は、何がしかの形で、現行社会の維持・発展のための制度となる。

　次に第二点目が、「体育」が教育課程上、教科として位置づけられており、内容のまとまりと固有の文化性が、その前提となる点である。

　このことから、「体ほぐしの運動」を考える場合、一方では社会との関係、他方では体育の内容である「運動」や「文化」の固有性、あるいは「健康科学」「保健」の観点から検討される必要がでてくる。さらに付け加えなければならないのは、現在の大きな教育イデオロギーとなっている、生涯学習社会への方向性、つまり「学習＝子ども主体」の教育原理である。そこで、簡単にもう一度、学校体育と社会との関係性についてここで振り返っておきたい。

　日本の学校体育は、これまでに三つの大きな波のなかで動いてきた。近代的な身体の形成が国家目標となり、直接的に体力や体格・体位の向上が図られた、明治5年の学制公布以来、第二次世界大戦の終戦まで続く「身体の教育」の時代。

学習指導要領では昭和43年の改訂までがその時期にあたり、アメリカの新教育思想などの影響を色濃く受けて、運動やスポーツを通して全人的な人格形成を図ることに力点が置かれた「身体活動を通した教育」の時代。そして、1970年代以降、ユネスコに先導された生涯教育／学習や生涯スポーツの理念から、運動やスポーツそれ自体を教えることにそれまでの体育理念を統合させ、運動の楽しさを重視するための工夫、改善がなされた、「運動・スポーツの教育」の時代である。

もちろん、このような学校体育の変遷は、体育が社会の維持・存続のための制度の一つでもある以上、社会変化がその背景となっている。「身体の教育」の時代には、遅れてスタートした日本の近代化政策の重要な部分として「身体の近代化」が位置づけられところに体育存立の根拠を負っていたし、終戦後の日本の復興期から高度経済成長期においては、新しい民主国家を担うべく近代的な主体性を持った個人の形成が図られ、また産業社会の進展には、それに見合ったいわば工場労働を遂行できる人材の育成が求められ、運動やスポーツは、そのための手段としておおいに役立てられた。さらに、1970年代の半ばから80年代にかけては、オイルショックを一つの契機として、安定成長期に日本の社会が入ったなか、これまであまりにも仕事のために押さえ込まれていた人間性の回復に教育の焦点が置かれるようになり、量から質へといった理念から「余暇社会」への対応という教育課題の中で、「楽しさ」への注目が体育の中で強くなったわけである。

ところが、1990年代半ばから、日本の社会はさらにはっきりとその後の姿を明確に変化させつつある。それが近代化の終焉、安定成長期のその後としてやってくる「成熟社会」と呼ばれる社会である（宮台、1998）。現在の日本の子どもたちが共通して描いている未来像の一つに、「未来は現在に比べてそれほど明るくはない」というものがある。これは単に子どもたちのみならず、広く現在の日本の社会に共有されている社会意識といってよい。一貫して「今よりも未来はかならずよくなる」という信念に支えられたのが、右肩上がりの第二次世界大戦後の日本の社会であった。ところが、1970年代後半から始まった日本社会の変化は、過渡期を経ていわば「先頭にでてしまった」消費社会へと変貌していく。つまり、右肩上がりの未来像や社会観に対して、「成熟」したがゆえの「見通しの悪さ」というものが、現代社会の基本的な特徴になったということである。

このような社会は、もちろんのこと学校や学校における子どもたちの学習に大きな影響を与える。もっとも重要な点は、「学習することの意味が見失われやすい」

という点である。みんなが右肩上がりに社会や個人の未来像をイメージしている社会では、「今」は「未来」のために投資すべきことが疑われないので、多少「学習することの意味」がはっきりしなくても、学習の成果はいわば「お金」のようになににでも「交換」することができるという点から（例えば「学歴」）「学習することの意味」に戸惑うことはないと言える。しかし、右肩上がりでなくなった社会においては、「今よりも先に向けて頑張る」ということの意味がよくわからなくなるから、これまでのような「交換」という形では「学習することの意味」が保証されなくなってくる。同時に未来のあるべき個人や社会の姿をモデル＝規範として、それにみんなで向かっていくというやり方が崩れていく。現在の学校改革に特徴的な「機能的学力観」「ゆとり」「体験重視」「総合性」といったキーワードは、このような状況にいかに対応するのか、という処方箋に見えなくもない。つまり「がんばれば未来のためになる」といった動機づけからでは、「学習することの意味」が見えにくいわけである。

　もちろん、こうした社会状況の捉え方は、ある一つの言説であってそれ以上でも以下でもない。しかし、そもそも教育政策自体が「権力に支持された教育理念」であるから、対抗性を持つ有力な言説に対して、それを取り込んでいく普段の動きが引きおこるはずである。この意味で、現在のいわば言説的「社会状況」を確認しておくことはやはり重要な作業であると思われる。そして、先述したように、こうして形成される教育理念を正統化するために、高等教育機関が独自のかかわりを持ってくるわけである。

　さて、こうした学校と社会の動向を受けて、「体ほぐしの運動」は登場することになった。このことからすれば、「体ほぐしの運動」は内容的に「体」や「人間関係」にかかわる教育的課題を引き受けるとともに、それは「学習の意味」の不在に対して、政策的には社会的要請や期待に応えるものでなければならない。だとすれば、「心地よさ」という視点から「運動の楽しさ」＝スポーツ文化の固有性までをも、相対化する視点を持つべき必要があるのではないか。つまり、これまでに述べてきた社会と学校の現代的変容から考えると、「学習内容のレベル」で、学ぶものの内容のよさ自体に魅力を感じて子どもたちの学習が始まる、という「成熟社会型」の学習原理を徹底する、という可能性について「体ほぐしの運動」が政策的には拓かれなければならないのではないか、ということである。

　確かに生涯スポーツを理念とした近年の日本の体育では、一斉指導からの複線

化など、方法の脱規範化はよくおこなわれてきたけれども、スポーツという文化を比較的、理想や遺産」いう形での、いわばドイツ流の概念として捉えてきた傾向があるために、それほど内容の脱規範化は進められていないのではないか、ということでもある。それは、今後の「成熟社会」の未来展望を、学校という社会制度がモデル化して先導するという意味でもある。「学習」という営みが、「交換」という動機から「目的」という動機へ転換なされなければならず、「必要だ、だから学ぶ（あるいは学びなさい）」という学習の規範化からでは、モデルを示しえないのであるから、むしろ「今だからこそ、体育の学習では楽しさを」ということであるし、その取り組みをさらに促すものとして、「体ほぐしの運動」という提案を捉える必要があるのではないかということである。この意味では、健康や安全を主眼とした「身体の教育」という理念の形成に「体ほぐしの運動」がコミットしていくことは、ある程度の政策的限界を抱え込まざるをえない、ということになる。

ところが「体ほぐしの運動」は、高等教育機関を基盤とする学校文化ではあるが、それが持つ教育理念形成のための言説が先行したのではなく、先にも述べたように、戦略的な政治的観点から教育実践がアドホックに使われた経緯がある。ゆえに、「身体の教育」の理念とは独立した形での言説がほとんど用意されておらず、社会の未来展望という形で、モデル化＝理念化しきれていないように思われる。こうした点については、学校体育啓発雑誌等においても何回も特集が組まれるなど、よく知られたところとなっている。この点に、明治期にみられた学校文化としての運動の正統化機能が作動したプロセスとの違いを指摘できることになるわけである。

それでは「体ほぐしの運動」を「身体の教育」の理念と独立させ、「成熟社会型」の学習原理をモデル化するように「運動の楽しさ」へと繋ぐには、どのような視点を用意する必要があるのか。このことを考えるために、次のような体育授業における低学年の子どもたちの姿を考えてみることにしてみよう。

中学年の子どもたちのサッカー型ゲームの様子を見てみると、ボールを一生懸命追っかけてとにかく「相手のコートに蹴る」「ゴールに入れる」ことで夢中になっていることが多い。もちろん、ゲームの後、「勝った／負けた」に対して「やったー」の声が沸くものの、ゲーム中に「勝負」を意識している子どもは少ない。もちろん、これは運動経験の少ない子や苦手な子にもよく見られる姿である。

ところで、これまでの学習指導では、このときのゲームを、「運動の楽しさ」の視点から「チーム対チームの点を取り合う競争」と捉える（解説書）。「点を取り合う競争」というものは、「今、5対6だな」とか「時間がないから早くもう1点取らないと」といったように、今、目の前にあるボールを誰が蹴ることができるかどうか、といった具体的・直接的な競争ではなく、頭の中で目標を立てて行なわれる意識的・観念的な競争である。ところが、事実としては中学年の子どもたちには、このような「競争」としてのゲームは、楽しむことがむずかしい。このズレを、どう考えるのか。実践現場では、いくつかの悩みのうちの一つとしてよく聞かれるところである。

同じような問題は高学年の子どもたちにもある。例えばマット運動は「運動の楽しさ」の視点から考えると「技への挑戦＝達成」という点がポイントとされている。そうするとマットの苦手なA君が、「前転」を挑戦技に選んでできるようになると「運動の楽しさに触れた」はずである。ところが、他の友だちの挑戦技も知っているので、手放しでは喜んでいないことも多い。これまでは、これをスポーツへの認識という形で指導してきたが、むしろこれは、「前転ができるかどうか」という具体的・直接的な挑戦と、「みんなが認めている技」という、意識的・観念的な挑戦という、先の二つの相を表わしている子どもの心の動きなのではないか。

こうした問題を考えるために、ここでは「人称」という視点から「運動の楽しさ」についてさらに考えてみたい。英語では、主語となる言葉に、I、YOU、THEYという三つの区別がある。一人称、二人称、三人称の区別である。これを、認知心理学者の佐伯胖は「ひとり」「あいだ」「みんな」の世界のことである（佐伯他、1995）と捉えている。「ひとりの世界」では、「心地よい、気持ちいい」といった感覚的な理解、「あいだの世界」では「こんなことができるかな、どうかな」といった、具体的・直接的な、自分のからだ、人、モノとの関係の中でおこなわれる直観的な理解、「みんなの世界」では、「競争」「技の達成」など、意識的・観念的な客観的理解がなされている。また、発達の側面から考えてみると、このような世界の理解は同心円上に積み重ねられて広がっていく。この視点から先の「運動の楽しさ」について考えてみると、結局、例に見られた「運動の楽しさ」の考え方は三人称の世界、つまり「みんなの世界」における運動の見方であると言える。しかし、中学年段階や運動の苦手な子どもにとっては、まだ「運動

の楽しさ」は二人称的な世界の理解の仕方の中にあるのではないか。ここに、例のような問題が起こる原因がある。

　ところで、これまでの社会では、一人称や二人称の運動体験は、家庭や地域など子どもの学校外生活の場面に豊かに広がっていた。しかし近年、子どもの運動経験は少なくなっており、一人称や二人称的な運動体験が貧しくなってきている。一人称や二人称の運動体験が豊かでないと、三人称の「運動の特性」も貧しいものにならざるをえない。また、情報化や人間関係の変化が激しい現代社会にあって、「子どものからだの道具化」が進んでいる。「からだの経験」は、主体的な経験であって道具的な経験にとどまっては問題が大きい。このような新しい意味での「身体の教育」への要請が社会にはある。つまり、一人称や二人称の身体経験への要請である。このように見れば、「体ほぐしの運動」は、こうした社会の要請を引き受けている部分があるのではないか。そうであるとするならば、学習内容としての運動を、「体ほぐしの運動」では、「運動の楽しさ」を一人称や二人称の視点から捉えたと言えるのではないかと思われる。こう考えると「体ほぐしの運動」は、「体つくり運動」といった、学習の内容として「身体」を直接設定する領域の中にあると言うよりも、「ダンス」や「スポーツ」といった、「面白さ」を内在させる「運動」それ自体を内容とする領域の中にあると考える視点が導かれることになる。教育理念的として、この点が「体ほぐしの運動」をめぐっての重要な課題点であると思われるのである。

　しかし一方で、「教科」の学習が、文化内容のまとまりをユニットとしている今、一人称の運動体験は、「教科」の枠内では考えにくい。例えば「逆さ感覚を楽しもう」「ボールで遊ぼう」といったテーマ単元は、総合学習や教育課程における第5の領域として設置された方がわかりやすいのではないか。現行の「教科」は、あくまでも「個人の内的な経験の質」ではなく「内容」にポイントを置くものである。「内容」がまとまりを持って現れるのは、少なくとも二人称の世界からである。そこで、二人称の世界から捉える「運動の楽しさ」に「体ほぐしの運動」の内容を整理する必要がある。このようなカリキュラム内容構成論を準備する言説を高等教育機関が発信できることが、教育政策的には必要になると思われる。

正統化機能と配信機能

　「総合的な学習の時間」に類して、ねらいのみが示され内容が示されないなど、

第2部　現代社会と学校体育―子どもの現状とカリキュラム―

「体ほぐしの運動」には、地方自治の流れにあって、国家的な教育水準の「管理」を主旨とする従来の提示の仕方を超える、政策的な新しい特徴がある。けれども、同時にそれは、「権力に支持された教育理念」の中で、その体裁を調えられ続けなければ、結局のところ「打ち上げ花火」に終わってしまいかねない危険性も合わせ持っている。特に高等教育機関との連携によってよく機能しているこれまでの我が国の学校体育政策においては、高等教育機関がよく果たす正統化機能と配信機能をよく成り立たせる条件について、継続的に吟味され、その位置づけや姿を求めることが一つの視点として重要であると思われる。本稿では、こうした点について、特に「運動の楽しさ」という観点から問題を指摘したものである。

　また、こうした高等教育機関が果たす、スポーツ文化や運動文化に対する正統化機能と配信機能が、大正時代の大衆社会化をモデルとして、特に1970年代より「運動の教育」という理念の中で強化、作動している点についても、最後に再び強調しておきたい。こうした高等教育機関の持つ社会的機能を自覚することが、今後の新たな政策展開においても、不可欠の要素になると思われるからである。

【文献】
1) 宗像誠也（1954）『育行政学序説』，有斐閣.
2) 黒崎勲（1999）『教育行政学』，岩波書店.
3) 村田芳子（2001）『「体ほぐし」が拓く世界―子どもの心と体が変わるとき―』，光文書院.
4) 宮台真司（1998）『終わりなき日常を生きろ』，筑摩書房.
5) 佐伯他編（1995）『びへの誘い』，東京大学出版会.
6) 井上俊（2000）『スポーツと芸術の社会学』，世界思想社.
7) 高橋佐門（1986）『旧制高等学校全史』，時潮社.
8) ジョージ・セージ，深澤宏訳（1997）『アメリカ社会とスポーツ』，不昧堂出版.
9) ピーター・マッキントッシュ，石川旦・竹田清彦訳（1970）『スポーツと社会』，不昧堂.
10) ロナルド・スミス，岩田弘三他訳（2001）『カレッジスポーツの誕生』，玉川大学出版.
11) Steven A. Riess, 1990, "The New Sports History", REVEWS IN AMERICAN HISTORY.

第3部

体育における教師論
―教師の成長モデルと専門性―

22 「チーム学校」の時代に問い直される体育教師の専門性

「新しい公共」とは

　近年、国が打ち出す政策全般において「新しい公共」という言葉がよく使われるようになった。これは「官だけでなく、市民、NPO、企業などが積極的に公共的な財・サービスの提供主体となり、身近な分野で活躍していく」[1]ことを指しているが、教育やスポーツなどは、特にこうした「新しい公共」が展開しやすい場であるとよく言われている。つまり国という「官」が責任主体となって教育やスポーツという「公」の場を直接提供するだけではなく、「官」が政策的に下支えするにしても、むしろ自発的・主体的に「民」も責任主体に加わり、教育やスポーツという「公」の場を創り提供することを目指すものである（図22-1）。

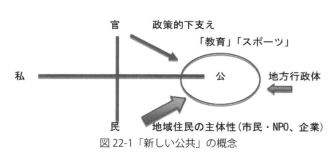

図22-1「新しい公共」の概念

　教育やスポーツの場では、例えば地域住民が学校経営に参画する「コミュニティスクール」、地域が総がかりで学校教育や学校外教育を支援する「学校支援地域本部」「放課後子どもプラン」、あるいは地域主体のスポーツの在り方を探る「総合型地域スポーツクラブ」等の普及・促進という形で、この「新しい公共」の概念を具体化する施策が、現在展開されている。

　こうした「新しい公共」という考え方が生まれてきた背景には、大きく二つの側面がある。一つは、国の経済発展が頭打ちになる中、税収増が見込みにくい状況にあって、行政が福祉や教育の多くを担うことに限界が生じているということである。これまで、いわば「右肩上がり」であった我が国の経済状況は、1990年代から平行、もしくは「先行き不安」へと変化しつつある。もちろん「事業仕

分け」や財政フレームの抜本的再編成など、とりえる試みはまだあるとはいえ、「経済規模の縮小」という現実は重くのしかかっている。このような状況において、幸福や福祉の実現という点から、行政に頼らない新しい取り組みを模索する必要があるという文脈である。

　一方で、社会が成熟化し価値観が多様化するとともに、地域の特性を生かしたいわば「小回りのきく」公共性の構築が望まれる中、現実的には行政による一律的な公共財の提供が未だ主流を占めていることに市民の不満が高まっている、という側面もある。教育やスポーツにおいても、地域それぞれの実態やニーズに応じて、市民が主体となり行政が裏方を支え、近年の社会変化の実情にふさわしい迅速な意思決定と公共財の提供をおこなう可能性が模索されている。コミュニティスクールや、地域総がかりで教育力の向上を図る先進的な取り組みは各地で現在盛んに試みられている。また、総合型地域スポーツクラブにおいても、普及期を過ぎて現在は内容の充実期を迎えているところである。

　「新しい公共」という考え方は、わが国では、1996年に組閣された第二次橋本内閣から自民党政権下で、主に前者の側面を捉えた形で意識され始め、2009年の鳩山内閣以来、民主党政権下では、むしろ後者の側面を強調する形で施政方針演説の中でもこの言葉が強調された。政治的に超党的価値を持つこの概念は、文部科学省から公表された「スポーツ立国戦略（案）」でもキーワードとして使われるなど、これからの教育とスポーツの在り方に大きな影響を与えるものである。

　さらに、「新しい公共」という取り組みは、国を超えても先進諸国に共通する動きとなっている。例えばイギリスでは、「小さな政府による高い福祉」を目指して1970年代以降の公共政策の柱となっており、学校体育政策においても「学校と地域の連携」という方針を定め、学校体育と生涯スポーツとの連携や一体化をめぐる具体的な施策を打ち出すことによって、すでに一定の成果を上げていることはよく知られるところである。この種のコミュニティーソリューション（地域が持つ課題の解決）に向かう活動が、ソーシャルキャピタル（地域力）を高め、コミュニティーを再構築するとともに、それが強力な資源となって地域の教育力やスポーツ環境の質が高まる、という望ましい循環を生むことが、時代の一つのうねりとして目指されているということであろう。

体育教師に求められる「コーディネーター」としての専門性

　では、このような「新しい公共」へ向かう時代の中で、学校教師の在り方は今後どのように変化するのであろうか。まず考えられることは、教育課程、教育課程外を問わず、公教育は今後ますます、教師、補助員等の支援者、保護者、地域住民、企業等がスクラムを組んで、いわば「チーム」で取り組むという側面が強くなってくるということである。現在の学校では、すでに教師以外の様々な人が入って教育活動を支えている。各種補助員、教育ボランティア等、国や、都道府県、あるいは市区町村の施策に応じて、学校内で地域の人を見かけることがどんどん「当たり前」になってきている。これは一方で、「教員増」が思うように進まず現場で多忙になるばかりの教師にとっては、「子どもと向き合う時間」や授業の準備のため時間を確保したり、教育事務等の雑務を軽減したりという意味で強い援軍ともなりえる存在である。また、授業においても、いろいろなキャリアや能力を持つ地域の人たちを「パートナー」とすることで、新しい視点から子どもたちにとってのよい授業づくりをおこなったり、生徒指導においても効果の高い取り組みを探ってみたりなど、教育活動に新しい可能性をもたらせてくれるきっかけでもある。

　他方で、「新しい知識・情報・技術が政治・経済・文化をはじめ社会のあらゆる領域での活動の基盤として飛躍的に重要性を増す社会」[2]と言われるこれからの「知識基盤社会」では、学校や教師の役割が大きく変化する可能性も指摘されている。知識基盤社会では、「新しい知識・情報・技術」は、何も公教育としての学校に行かなくても手に入る。例えば、「逆上がりの練習の仕方」などは、教師に教わらなくても、インターネットを検索すれば、映像付きの詳しい資料がそれこそ何百という数ですぐに手に入る。もちろん、実際に「体を動かして」教えてくれるわけではないけれども、それとて、同好の「オフ会」や塾・スポーツクラブ等が関連して今や身近にいつでも用意されている。こうした中で、学校やとりわけ「教師」の専門性は、「新しい知識・情報・技術を伝えることができる」という点のみではすでに危うくなっている。だからこそ、残された「生徒指導」あるいは「生活指導」的側面が、小・中・高を問わずに、教師の業務として相対的に増大しているのではないか。

　しかし、知識基盤社会には難しい側面もあって、情報が重要でかついろいろな

形で提供されているからこそ、それを選択したり総合させたりという、いわば知識の管理（マネージメント）に長けていることが必要になってくる。例えば、インターネットを使うときの「Yahoo!」「Google」等の検索サイトを思い出してみてほしい。インターネット上には膨大な情報があるからこそ、検索サイトなしには現実的にはアクセス不可能である。検索のスペースに「逆上がりの練習法」と入力すると、情報を選択し、汎用度の高いものから順番に並べてくれる。このような検索サイトがあるからこそ、私たちは溢れんばかりの「知識」や「情報」と向き合うことができる。つまり、知識や情報の量が多いからこそ、自分の必要に応じて「信頼のおける」なにものかに、コーディネート（組み合わせる・調整する）してほしいのである。

　しかし、このような、いわば信頼のおける「コーディネーター」はだれでも担えるというわけではない。それは、信頼できる、という意味での「プロフェッショナル」な部分と、詳しい、という意味での「スペシャル」な部分という、専門性を支える二つの側面を併せ持っていなければならない。つまり、これはある種の専門職であり、「スポーツに関することならばあの先生に聞けばいい」「健康に関することならばあの先生に聞けばいい」などという形で、知識基盤社会における体育教師の役割として、今後より求められる内容となるのではないかと思われるのである。

　このように考えると、先に触れた学校教育を地域の人々と「チーム」で取り組むことの意義を合わせてみた場合、体育教師は、体育や保健体育に関わって、地域の人々を「体育授業」のリソース（教育資源）として熟知し、体育授業や学校における体育的指導や生徒指導のために、ネットワークを作り補助者、ゲストティーチャー、パートナー等役割を分担し、地域総がかりで子どもの教育にあたる体制を全体としてまとめ作るとともに、子どもからは体育にかかわる信頼できる知識・技術のマネージャーとして、「コーディネート」する能力が強く問われることになるのではなかろうか。「今日のマット運動の授業は、校区内に住んでいらっしゃる元国体選手の○○さんにゲストティーチャーとしてきてもらって、前転系の技の学習をします」とか、「体育授業の際の器具・用具の準備・後片付けの補助に、地域・保護者の方のご協力お願いします」とか、「体育の成績をつけるための事務作業をボランティアでお手伝いくださる××さんです」とか、「あー、そこのところの練習法についてなら、数学の△△先生が学生時代に部活動でバリ

バリの選手だった人だから詳しく聞いてみればいいよ」などの会話が飛び交う感じである。

　体育教師の専門性を、学校空間内の説明原理として考えないことが重要であろう。「新しい公共」という考え方には、「官」による一元的な学校のコントロール、という方向性から、「民」の活力と地域の特性を生かした学校づくりへ、というある種の転換が含まれている。このときに、我々教師を支えるのは、付託された権威ではなく、受益者からの直接的な信頼である。今とこれからの社会を生きる子どもたちに、体育にかかわる価値ある内容を確かに伝達するとともに、教師との出会いがその子どもたちにとって新しい世界との出会いとなり、自己の世界を広げ深めていく「生成」の体験ともなり得たときに、自然な教師に対する畏敬の念と、教師の専門性に対する権威の承認が生じるのであろう。今、時代の変化に敏感になることは重要ではないかと強く思うところである。

「ラーニング・コネクション」「ラーニング・エクスチェンジ」

　現在、このような「新しい公共」を具体化していくための取り組みが、様々な形で盛んにおこなわれている。とりわけ、私の所属する東京学芸大学においても、教員養成のさらなる質の向上を図りながら、一方で地域から教育に参画する「教育支援人材」の育成について、新しい認証制度を構築して全国的にそれを広げようとしている[3]。また文部科学省においても、これまでもアスリートのゲストティーチャーとしての体育授業への参加を促進する事業などをおこなっていたが、「スポーツ立国戦略（案）」では、学校体育の充実に向けた内容の一つとして、体育授業の補助員・支援者の普及促進や、スポーツに携わる人の教育参画を含めた「循環化」といった方針を打ち出している。もちろん、地域住民の教育参加は、例えば「打ち合わせに手間がかかる」とか「いろいろな人が地域にいて連携はむしろ大変」とか、ネガティブな要素もよいことと同じくらい多くある。けれども、このような課題を「チーム」で解決して方向に全体を導いていくことが、また「コーディネーター」としての教師の専門性の発揮のしどころともなっていくのだろう。こうしてその先に、学校体育が地域の生涯スポーツとも連携、一体化することが進めば、学校体育と地域スポーツとの「学習結合（ラーニングコネクション）」や「学習交換（ラーニングエクスチェンジ）」という、また新しいスポーツと人間の関係を作る「公」の場が生まれてくる。そうした未来への可能性の中に、体

育教師の専門性についての議論を今後ともに深めたいところである。

【注】
1) 内閣府「新しい公共の考え方」(http://www5.cao.go.jp/hpc/attitude.html)
2) 中央教育審議会答申，2005.
3) 詳しくは大学HP(「6大学連携教育支援人材育成事業」) 参照.

23 中学校保健体育教師に求められているもの

保健体育教師の集団特性・イメージ

　中学校の保健体育科教師がおかれている現実や職業に対する意識は、いったいどのようなものだろうか。調査の結果を中心に、ここではいくつかの観点から考えてみよう。

　まず表23-1は、平成19年度文部科学省学校教員基本調査（以下、「文科省調査」と表記）から見た本務教員（中等教育学校・特別支援学校、幼稚園を除く）の人数である。中学校教員は約23万人が在職し、その内で保健体育科を担当する教員数は11.4％、約2万6千人となっている。また図23-1は、保健体育科教員の年齢構成を示したものである。保健体育科の教員は、45歳以上の教員でほぼ5割を超えていることがわかる。

表23-1　小・中・高における保健体育科教員の割合（平成19年度）

	全教員数	保健体育教員	
		数	割合
小学校	389,819人	―	―
中学校	231,528人	約26,000人	11.4%
高等学校	234,278人	約24,000人	10.6%

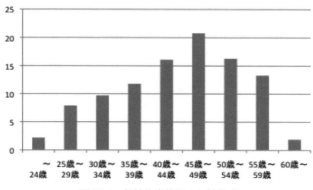

図23-1　保健体育教員の年齢構成

教師の高齢化傾向はよく指摘されるところであるが、近年の都市部の小学校がそうであるように、今後5年後から15年後にかけて、逆に中学校の保健体育科教師集団は、一気に若返る可能性が高い。教師文化をうまく伝達する仕組みやその準備が今から求められるところだろう。

　ところで筆者らは、平成19年度の科学研究費補助金を受け、東京、三重、岡山の三つの都県のすべての中学校の保健体育教師に対して、職能意識にかかわる実態調査を実施する機会を得た（以下、「職能調査」と表記）。実施した実態調査の概要は先の通りである。質問紙は、学校ごとに郵送し、とりまとめたうえで学校ごとに返送してもらっている。

　図23-2は、「職能調査」において明らかになった、保健体育教師の出身大学の割合である。体育系私立大学出身者が、全体の6割以上を占めていることがわかる。

図23-2　出身大学割合

　近年、私立大学出身者はますます増える傾向にあり、国立大学においても特色のある養成をおこない役割は補い合っているものの、保健体育教師の養成においては、私立大学の持つ影響力が大きいことを改めて考えさせる結果である。教師養成の問題は、政権交代後よく話題となる養成期間6年制の導入や、大学の養成カリキュラムにおける実践的な力量形成の必要性など、主に国立の教育学部改革が主眼にイメージされる議論も多いように見受けられる。だが実際にはそれは的を得ていない。特に、中学校や高等学校の教師養成は、保健体育に限らず私立大学に負うところが多く、こうした実態をふまえた検討が望まれるところである。

　また、おおよそ7対3の割合で、男性教師が女性教師よりも多い。生徒の性別割合はほぼ半分ずつであるから、これもよく言われるように保健体育は「男性中心」の職場でもある。このように「45歳超の男性教員」が、保健体育教師の

第3部 体育における教師論―教師の成長モデルと専門性―

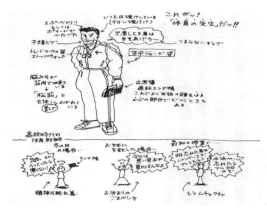

図23-3 保健体育教師の一般的なイメージ

ボリュームゾーンであることは、一般的な「保健体育教師」のイメージ形成にも繋がっているようである。図23-3は「体育教師を絵に描いて下さい」という調査によって得た別なデータの一つであるが、保健体育教師の一般的なイメージをなんともユーモラスに捉えている。もちろん、このような保健体育教師に持たれているイメージは、単に先生を揶揄するというだけではなく、親しみの感情も多く込められている。学校において、生徒指導や生徒管理の最前線に立つ存在として、いわばもっとも「学校的な先生」である反面、時に「頭で考えること」を「理屈だ」と無視し脱線することもいとわないキャラクターは、近さや親密さを感じさせやすい。保健体育教師の集団特性やイメージ等について、調査のデータから改めて見直してみたところである。

体育教師のキャリアパターン

①教科別に見る校務分掌

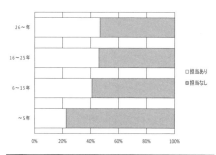

	～5年	6～15年	16～25年	26～年
担当なし	185	176	249	207
担当あり	54	122	211	181

図23-4 教職歴別生徒指導経験

図23-4～6までのグラフは、「職能調査」から保健体育教師の教職歴ごとの校務分掌の割合について比較してみたものである。学級担任や生徒指導は、5年未満の初任期を除けばほぼ割合は変わらないのに対して、学年主任や進路指導などは教職歴が長くなるにつれ割合が増えていることがわかる。

つまり、保健体育教師は、若い頃から生徒指導や学級担任という仕事を、学校の中では中心的に引き受けてお

23　中学校保健体育教師に求められているもの

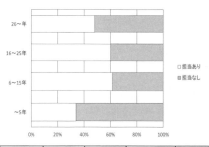

	〜5年	6〜15年	16〜25年	26〜年
担当なし	158	115	184	202
担当あり	81	183	276	186

図 23-5　教職歴別学級担任経験

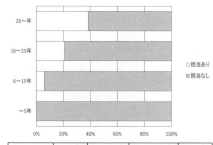

	〜5年	6〜15年	16〜25年	26〜年
担当なし	239	280	364	239
担当あり	0	18	96	149

図 23-6　教職歴別学年主任経験

り、他方では、ベテランになるにつれ、学年主任等の管理的業務を担うようになっていくということであろう。

②校長職へ至る道

　また、保健体育教師は、その後も副校長、校長といった管理職へキャリアアップしていく場合が多い。図 23-7 のグラフは、ある政令指定都市における、保健体育教師が占める中学校校長職の割合を示したものである。33% が保健体育出身の校長となっているが、図 23-9 のグラフを見てもわかるように、保健体育

中学校体育教員の割合

	数	割合
45 歳以上	13,000 人	約 50%
中学校	約 11,000 校	
体育出身校帳（予測値）	約 4,000 人	33%

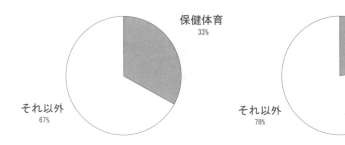

図 23-7　中学校長における保健体育出身者　　図 23-8　小学校長における保健体育出身者

第3部 体育における教師論―教師の成長モデルと専門性―

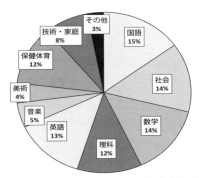

図23-9 中学校長における保健体育出身者

教師が占める教員全体に対する割合は12%程度しかないから、いかに保健体育出身者が校長職に多く就いているかがわかるところであろう。図23-8は、同じ政令指定都市における、体育を研究教科として主に活動していた小学校長の割合を示すグラフであるが、やはり小学校においても、体育に携わることが管理職に繋がりやすい傾向を読み取らせるものであろう。

また、仮にこの政令指定都市における割合を援用したとすると、全国にある中学校の総数が約11000校程度なので、このうち保健体育出身の校長は、約4000人いることになる。これは、45歳以上の保健体育教師の総数約13000人からすると、ほぼ3割にあたる数字となり、保健体育教師は3人に1人が校長職に就いている計算になる。生徒指導、学級担任、部活指導、学年主任、そして管理職へ、というのが保健体育教師の一つの典型的なキャリアパターンだということであろう。

これからの保健体育教師に必要な実践的力量

①教師自身が必要と考える因子構造

「職能調査」によって分析された、保健体育教師が職務を遂行するにあたって自分に必要だと思っていることが持つ因子構造を検討した結果、保健体育教師が必要だと思っている力は、大きく五つに類型化できることがわかった。その内容を整理して示したものが、図23-10である。縦軸は、必要とする力が「思考」か「行動」かという区別、横軸は必要とする力が授業の「内容」にかかわるものなのか、授業の「環境」にかかわるものなのかという区別である。この区別に応じて「授業構想力」「人間関係力」「運動指導力」「情報活用力」「生徒管理力」の五つの力が保健体育教師には必要であると考えられている。

では、この五つの力はどの順番で必要だと考えられているのかを示したものが、図23-11のグラフである。

グラフを見れば明らかなように、「情報活用力」＜「授業構想力」＜「人間関

係力」＜「運動指導力」＜「生徒管理力」の順に高くなっている。

学校生活全般における生徒指導の問題にも繋がりやすい「生徒管理力」がもっとも高く、また「授業構想力」が下から2番目に低いことなどからすると、この結果は、授業の指導よりも、その他の場面における生徒指導の方に、保健体育教師は役割を果たすことを期待されているということが言えるのかもしれない。一方ではこのような期待に応えつつ、他方では、やはり本来の授業における指導に力点を置かなければならない、現場でのジレンマの存在が予想されるところである。

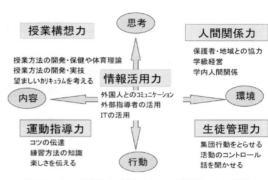

図23-10　保健体育教師にとって必要な力の構造

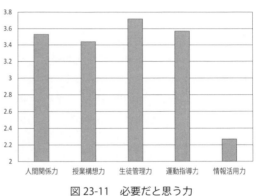

図23-11　必要だと思う力

②教職歴段階別に考える必要な力

さて図23-12のグラフは、学習指導、生徒指導、学校運営、地域連携の大きく四つに分けられた33項目のうち、「あなたにとって今、必要だと思いますか」という質問に対して、「いつもそう思う」と答えた割合の上位5項目を示したものである。

「運動の楽しさを伝えることができること」が、85%を超える割合でまず必要だと思われていることがわかる。生涯スポーツという理念が浸透するとともに、授業現場で身近に生徒たちと日々接する体育の先生方が、大切にしたいと感じられているということであろう。

また、「運動のコツを伝達できること」「運動が上手になるための方法を知って

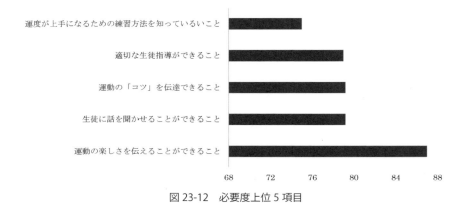

図 23-12 必要度上位 5 項目

いること」が、3位、5位に現れる。これは、体育授業で、具体的に先生方が生徒に教えようとしている運動にかかわってのことであるから、いわば、体育教師の中核的な指導力であると考えられているということである。今般の学習指導要領の改訂で、「内容の明確化」ということが強調されているが、「運動の楽しさがわかること」と「運動技能を高めること」の両方が、このように現場において強く意識されていることからしても、その両者を如何に結びつけていくのかが、えてして「運動技能を高めること」一辺倒に偏りがちな「内容の明確化」という問題に対して、より重要な視点となることが予想される結果である。

ここで、「生徒に話を聞かせることができること」「適切な生徒指導ができること」という二つの項目が、2位と4位にでてくるところは、体育教師に特徴的な点であろう。比較のために、現在、他教科を担当する教師への調査を企画しているが、そのためのヒアリング作業においても、他教科の教師からは、もちろん大切な力であるとは認識されていても、それほどこのような「生徒指導」にかかわる内容は上位に出てきそうにない。他教科の教師が部活動や生徒指導にかかわる活動に熱心だと、「先生は二つもできるんですね」と言われるという。教科指導と生徒指導のことである。同時にこのような言い方は、他教科の場合、先生はまず教科指導ができればよいという暗黙の価値観を含んでいる。もちろん、身体を動かすことが主な内容となる体育授業のためには、生徒をある程度統制する技術が求められるところもあるだろう。だが、授業のため、という範囲をおそらく超えて、「生徒指導」というものは、学校という組織体制から、特に体育教師に日

常的に期待されている生徒への指導力なのであろう。小学校にはおそらく見られにくい、中、高校の教科担任ならでは、の必要感である。経験的にはよく語られることであるが、あらためて調査の結果から、授業を指導する力と同等に、あるいはひょっとするとそれ以上に、「生徒指導」という内容が、体育教師自身も日々学校から期待されている指導力だと感じていることがわかるところである。

地域や性によって異なる「いい先生」像

一方、図23-13は、33項目のうち、下位5項目を示したものである。これらの項目は、一般的にいって「指導力」にはあたらないものが多いが、指導するためには持っていたい力、という意味では、どれも、近年注目され始めているものが多い。特に、最下位となった「学校外の人を外部指導者として活用できること」などは、今年度から文科省の基本施策として導入されることになった「学校支援地域本部事業」などのことを考えれば、学力低下とともに体力低下も同様に課題とされているのであるから、体育授業にも無縁ではない問題である。しかしながら、現時点では、体育の先生方には、あまり課題意識がないことがわかるわけである。

ただ、この点については、地域差の存在がある。図23-14は、調査をした地域別に、「学校外の人を外部指導者として活用できること」を必要と感じている割合を表したものである。見てのとおり、東京では「いつもそう思う」「時々そう思う」を合わせると60％を超える先生方が必要だと感じているのに対して、岡山では50％に満たない数字となっている。つまり、外部と連携して体育授業

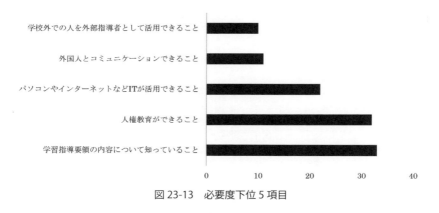

図23-13　必要度下位5項目

第3部　体育における教師論―教師の成長モデルと専門性―

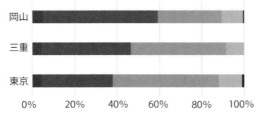

図23-14　学校外の人を外部指導者として活用できることの必要性

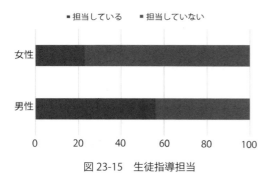

図23-15　生徒指導担当

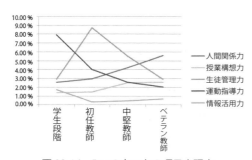

図23-16　5つの力ごとの項目出現率

や他の教育活動をおこなうことの必要感が、地域の風土や文化によってかなりの程度異なっていることが予想されるのである。地域差のある「求められる指導力」の項目について、ここでは詳しく述べないが、こうした地域差の存在を考慮することは、これまで「いい先生」を考えるときに、それほどなされなかったことであると思われる。

同様に、性差の存在も大きな問題である。図23-15は、校務分掌として「生徒指導」を担当している割合を、男女別に示したものである。女の体育の先生が、生徒指導を20%強の割合で担当しているのに対して、男の体育の先生は、50%程度が生徒指導を担当していることがわかる。担当が多いほど生活指導への能力も問われるから、生徒指導への力は男性の体育教師の方が強く求められているはずである。つまり、体育教師に求められる指導力も、その教師の属性やその学校が設置されている地域との関係から、内容が異なるのである。

23 中学校保健体育教師に求められているもの

一般的な問題として「体育教師の指導力」を考えることはもちろん大切なことであるが、その際忘れてならないことは、「体育教師」にもいろいろあり、そのいろいろに対して、学校からの様々な期待が存在しているという事実である。一つの視点からのみ、体育授業や体育教師の力を論じがちな現在、よく考えられなくてはならないことだと思われる。

そこで、全体的な傾向をさらに明らかにするために、先ほどの「授業構想力」「人間関係力」「運動指導力」「情報活用力」「生徒管理力」の五つの力に、それぞれの 33 項目の必要だと思われている力を振り分け、出現率を計算して示したものが、図 23-16 のグラフである。

この結果、学生では「運動指導力」の出現率が高く、初任には「生徒管理力」に関する職能の出現率が高いことが示された。また、中堅においては「生徒管理力」と「人間関係力」の出現率が高く、ベテランになれば「人間関係力」の出現率が増加する傾向があることが示された。これらの「必要だと思う力」は、教職歴段階別にある種の「成長モデル」としての役割意識を構成しており、キャリアに応じたこのような職能を身に付ける必要があると認識しているということだろう。こうした役割意識に応えていくことは、教員集団内での人間関係の構築や職務上の連携において必要性の高い問題であるとも考えられる。

また、図 23-17 ～ 20 は役割意識の教員の年齢別のグラフである。これを見てみると特に 40 代の教員だけが他の年代の教員とは異なる意識を持っていることがわ面白い。自らが中堅教員にあたる 40 代の教員は、特に「人間関係力」について中堅期に身につけなければならないと捉える点で、他の年代

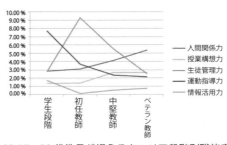

図 23-17　20 代教員が捉えるキャリア段階別職能意識

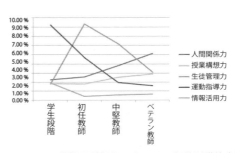

図 23-18　30 代教員が捉えるキャリア段階別職能意識

165

第3部　体育における教師論—教師の成長モデルと専門性—

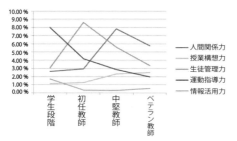

図 23-19　40 代教員が捉えるキャリア段階別職能意識

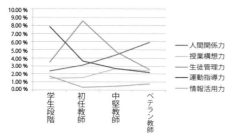

図 23-20　50 代教員が捉えるキャリア段階別職能意識

の教員や教員全般の傾向とは顕著に異なっている。つまり、教員集団において 40 代教員が置かれる立場の中で、「人間関係力」を問われる場面が実際に多く、教員自身も身に付けなければならないと感じているということであろう。このように、保健体育教師として求められていたり、あるいは求めていたりする力が教職歴段階によって異なっていることを考えると、教師としてはやはり「常に学び続ける」という姿勢が大切になるということなのであろう。

職歴に対応する「指導力」の変化

　さて、いろいろな「体育教師」が存在しているといったときに、もっとも大きな違いを生むのが、職歴、つまり体育教師の「経験年数」という問題である。表 23-2 は、体育教師を予備群としての「学生」、教職についてすぐの「初任者」、10 年程度以上の経験を積んだ「中堅」、20 年以上の経験を積んだ「ベテラン」に分けたときに、先の 33 項目のうち特にその時期に必要となる力について、三つあげてもらったものを、多い順に集計し表したものである。別なところでおこなった調査[2]と同様に、四つの職歴段階で、顕著に必要と感じられているものが異なる様子がうかがえる。

　まず「学生」段階では、運動の楽しさを実感したり、運動技能を自分自身が習得するなど、まずは、体育教師が内容として扱う「運動」そのものへの理解・認識を高めることや、教師という職業を支える広い意味での資質を高める必要があると思われていることがわかる。次に「初任者」段階になると、生徒を集団として如何にうまく扱うことができるか、といった点が主要な関心事となる。これは、

表 23-2　職歴段階別上位項目

	学生のとき		初任者のとき		中堅のとき		ベテランのとき	
1	運動の楽しさを伝えることができること	33.30%	生徒に話を聞かせること	35.45%	適切な生徒指導ができること	30.94%	保護者や地域の人と協力できること	30.58%
2	自分自身が運動を師範できること	33.00%	生徒に集団行動をとらせること	24.92%	生徒によりよい人間関係を作らせることができること	18.09%	自分自身豊かな人間性を持つこと	27.14%
3	自分自身豊かな人間性を持つこと	32.87%	運動の楽しさを伝えることができること	24.78%	学級経営がうまくできること	17.26%	学校を取り巻く社会状況についてよく知ること	24.21%

特に体育授業の秩序をしっかりと成り立たせることに向かって、求められる指導力が課題となっていることを示すものであろう。さらに「中堅」クラスになってくると、生徒指導、とりわけ学校生活全般における様々な生徒の指導が問題意識として強くなってくる。つまり、先に見た「生徒指導」への体育教師に対する学校からの期待感は、主にこの職歴段階の体育教師に抱かれるものであろうと予想できるのである。そして「ベテラン」段階になってくると、保護者や地域との繋がり、また教員間や広く学校が取り巻かれている社会との調整といったあたりに、意識が移っていく。職歴段階によって、体育教師として求められる仕事の内容が変化し、それにともなって、その時々に必要と感じられるものが違ってくるのである。体育の授業において生徒の学習を指導できる力は、もちろん体育教師にとって基本となる力である。しかし、学校の中では、明記されているかどうかにはかかわらず、組織の中で分担された役割に基づき教育活動をおこなうのが教師という仕事である。このとき、体育教師には職歴段階別に様々な役割期待がかけられる。そして、ベテランに近づけば近づくほど、「運動をよりよく教えることができる」といった指導力が、現実的にはむしろ問われなくなるのではないか。「体育教師の指導力」とは、この意味で、常に「体育授業」での、あるいは常に「生徒」に対してのものとは限らない、ということであろう。

　このように職歴段階に応じて現れる、体育の先生方が必要と思われている力を見てみると、表23-3のように、いくつかのタイプがあることがわかる。表にある六つのタイプの力は、体育教師のキャリア形成においても、重要な要素となる力である。ところが、キャリアに応じて学校から期待されるこのような指導力を身につけることがなければ、そこでは周りの期待と教師の思いの間にギャップが生じることになる。一般的にいって、学校内での教師間の人間関係が崩れる原因の一つには、このような学校という場所において「体育教師」として生活する上

表23-3 体育教師への指導力の要素タイプ

タイプ	特徴	例	順位
1型	進むにつれて力量として強く意識されるもの	保護者や地域の人と協力できること	27→16→7→1
2型	進むにつれて力量としては意識されなくなるもの	運動が上手になるための練習方法についてよく知っていること	4→8→12→15
3型	職歴に影響されないもの	運動に必要な器具や用具を工夫できること	23→20→24→30
4型	初任者時に強く意識されるもの	生徒に話を聞かせることができること	8→1→14→18
5型	中堅時に強く意識されるもの	学級経営がうまくできること	26→7→3→17
6型	学生時とベテラン時に強く意識されるもの	自分自身豊かな人間性を保つこと	3→13→11→2

で欠かせない、自分自身のアイデンティティ形成が、周りの期待と葛藤をおこしてしまうことがあるのではないか。もちろん、こうした職歴段階ごとに意識される必要な力が、果たして妥当なものと言えるのかどうかはもう少し検討してみる必要はある。ただ、現実的にこのような期待感に取り巻かれた体育の先生方に対して、ただやみくもに、「体育教師の指導力」として○○、××のものを身に付けなければならないと強調しても、それは絵に描いた餅にしかならないのだろう。体育授業をちゃんと指導できることよりも、「体育教師」にしかできないと思われている、その他の生徒への指導をおこなってくれることを望む空気が学校にはある。だとすれば、内容をしっかり伝えられることができるように授業の指導力を高めることに熱心になればなるほど、体育教師としての存在価値が薄れていくということも起こりかねない。こうした矛盾をどう考えればよいのだろうか。

研修を活かしていくために

2007年6月に改正された教育職員免許法では、免許状に対して10年間の有効期間が設けられることになった。またその更新には、免許状更新講習の課程修了が原則的に義務づけられた。いわゆる教員免許更新制の導入である。教員政策の抜本的な改革に踏み込んだこの制度では、「その時々で教員として必要な資質能力が保持されるよう、定期的に最新の知識技能を身に付けることで、教員が自信と誇りを持って教壇に立ち、社会の尊敬と信頼を得ること」が目指されている。

ところが本年の8月の総選挙で民主党に政権が交代し、この免許更新制度は見直される方向で検討されているということが再々にわたってメディアで報道されている。しかし、こうした教員政策の変化の背景には、周知のように教員に対する社会的な信頼の揺らぎがある。例えば、第三期の中央教育審議会の答申では

23　中学校保健体育教師に求められているもの

「教員の中には、子どもに関する理解が不足していたり、教職に対する情熱や使命感が低下している者が少なからずいることが指摘されている。また、いわゆる指導力不足教員は年々増加傾向にあり、一部の教員による不祥事も依然として後を絶たない状況にある。こうした問題は、たとえ一部の教員の問題であっても、保護者や国民の厳しい批判の対象となり、教員全体に対する社会の信頼を揺るがす要因となっている」と指摘している。また、「社会の大きな変動に対応し、国民の学校教育に対する期待に応えるためには、教員に対する揺るぎない信頼を確立し、国際的にも教員の資質能力がより一層高いものとなるようにすることが極めて重要である。変化の激しい時代だからこそ、教員に求められる資質能力を確実に身に付けることの重要性が高まっている。また、教員には、不断に最新の専門的知識や指導技術等を身に付けていくことが重要となっており、「学びの精神」がこれまで以上に強く求められている」とも述べている。

保健体育教師は、学校を支える重要な位置を占めるとともに、特有の役割や弱点を持ち、またライフステージに応じた役割意識などが存在していることをここまで見てきた。全体的な教師への信頼を確立することに対して大きな鍵を握る存在であるといっても過言ではない面もある。社会との相互作用の中で体育イメージの再構築のためにも、免許更新制という形で問題提起された「研修」に対する重要性を受け止めて、個人の状況に応じ実質化していくことが望まれていると言えるのではないか。考えてみたいことである。

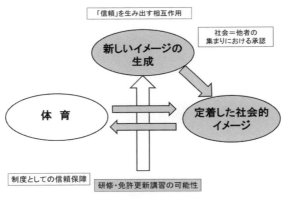

図 23-21　「教師」の信頼の構造

第 3 部　体育における教師論―教師の成長モデルと専門性―

【文献】
1） 松田恵示・山本俊彦・加賀勝（2010）『体育教師の「成長モデル」と研修プログラム開発に関する社会学的・実証的研究報告書』，平成 19 年度―平成 21 年度科学研究補助金基盤研究（C）．
2） 松田・柴田ほか（2006）『教師の成長モデルと現代的教育課題から見た実践的力量を形成する体育科の教員養成プロジェクト報告書』，東京学芸大学教育実践センター．

24 実態調査にみる小学校女性教師にとっての「体育」の学習指導

男女で大きく異なる教科指導観

　2011年の2月から8月にかけて、科学研究費補助金（基盤研究(C)、研究課題「体育科を指導する小学校教員の職能意識と研修内容の開発にむけた社会学的実証的研究」、研究代表者松田恵示）を受け、東京都、三重県、岡山県のすべての小学校教員に対して、体育科の学習指導に関する意識調査をおこなった。ここでは、東京都での調査を中心に現在分析途中のこの調査結果の一部を紹介しながら、小学校女性教員にとっての「体育」というものについて、いくつかの視点から検討してみたいと思う。

　まず図24-1は、子どもの頃の体育授業について「好き嫌い」を尋ねたものである。「少し嫌い」「嫌い」というネガティブなイメージが、女性教員で約30%と、男性教員の約15%に対してほぼ倍の割合になっていることがわかる。運動やスポーツは、よく「男性文化」であると言われるが、小学校教員にとっても、やはり女性にとっては遠い存在となりがちであるということができるのかもしれない。

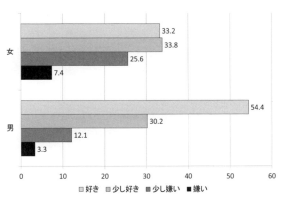

図24-1　子どもの頃の体育授業について

　次に図24-2は、得意な指導教科について尋ねたものである。女性教員は、算数、国語の2教科でほぼ6割を占めているのに対して、男性教員は、算数と体育でほぼ6割となっている。また、社会や理科を得意な指導教科と答える割合は、これもほぼ倍の割合で男性教員に多いことがわかる。また図24-3は、逆に不得

171

第3部 体育における教師論—教師の成長モデルと専門性—

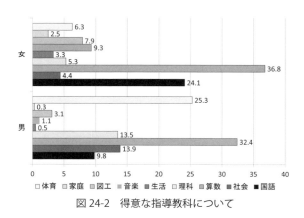

図24-2 得意な指導教科について

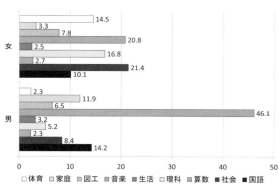

図24-3 不得意な指導教科について

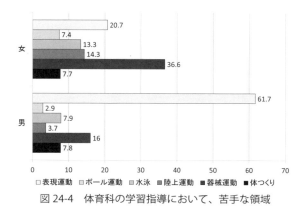

図24-4 体育科の学習指導において、苦手な領域

意な指導教科について尋ねたものであるが、女性教員では音楽、社会、理科、体育、国語が10％を越えて続くのに対して、男性教員では、半分に近い教員が音楽と答え、国語と家庭が10％を越えてそれに続き、とりわけ体育を不得意と答える男性教員は2％しかないことがわかる。このような教科指導の得意不得意に関する性差の存在は、しかし、いったい何に由来するのであろうか。また、こうした性差の存在は、それぞれの「性」を生きる教員にとって、どのような職務上の影響を与えることになるのだろうか。自身の性の「反対側」に対する感度を高める必要があるように感じられるところである。

図24-4は、体育科の学習指導において、苦手な領域について尋

ねたものである。4割に近い女性教員が器械運動を挙げており、表現運動、陸上運動、水泳の順で他の領域が続いている。これに対して男性教員は、6割を超える割合で表現運動を挙げており、とりわけ女性教員と比べて陸上運動を挙げる割合が低いのが特徴的である。またこれらに対して、体つくり運動にはあまり性差が見られない。それぞれの「性」を生きてきたことによる運動やスポーツの体験の違いが、こうした苦手領域に対する意識を形成しているようにも思われる。

図 24-5 は、他教科に比べて体育科の指導で難しいと感じていることについて尋ねたものである。女性教員、男性教員ともに「教え方」を挙げる割合がもっとも高い。概念や知識ではなく、運動が学習内容になっている体育科特有の課題である

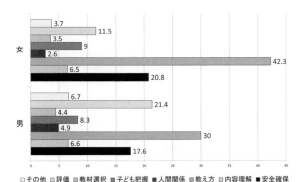

図 24-5 他教科に比べて体育科の指導で難しいと感じること

からだろう。しかし、次に割合の高いものが、女性教員では安全確保の問題となるのに対して、男性教員では評価の問題なっているところは特徴的である。体育科に関して、評価のあり方が特に難しいと感じているのは主に男性教員であるということだ。これには、性別に持たれている価値観や態度が影響しているように思われる。例えば、学習に関係なくそもそも運動のできる子どもに対してよい評価を与えることに、一般的に女性教員はあまり違和感を持たないのではないか。これに対して男性教員は、学習の成果を評価しなければならないのに、そもそも運動がよくできるということを評価の基準としてよいのかということに気持ちがいってしまう、といったようなことである。現実というものの受け止め方について、「引き受ける」をベースに育ってきた価値観と、「変えることができる」をベースに育ってきた価値観では、態度が変わってしまう。ジェンダー研究などでよく指摘される、性別の役割取得や態度取得の影響が見られるように感じられるのである。

日常性や具体性を大切にする女性教員の研修観

さてここからは、体育科の指導にかかわる研修に対しての問題をいくつか取り上げてみよう。まず図24-6は、区市町村で組織されている教科別の研究部所属の割合について示したものである。女性教員は国語部会がもっとも多く算数部会がそれに続き、あとの教科についてはほぼ横並びで分散している様子がわかる。これに対して男性教員は、体育が占める割合がかなり高くダントツの1位となっており、以下、社会、理科、算数と続いている。この結果、現場では「体育のことは男の先生が」ということになっている様子がうかがわれるところである。

図24-7は、今の自分にとって役立つと思う研修の形式について尋ねたものである。図の通り、女性教員では、模擬授業・実習形式がもっとも高い割合を示すのに対して、男性教員では実技形式がそれに代わっている。また図24-8は、研修会の講師として望む人について尋ねたものであるが、女性教員では圧倒的に体育が得意な同僚を望んでいるのに対して、男性教員では、大学教員に対する期待がある程度持たれている点で違いが見られる。さらに図24-9では、現在の自分にとって、

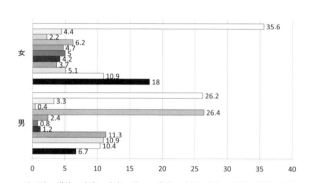

図24-6　区市町村で組織されている教科別の研究部所属の割合

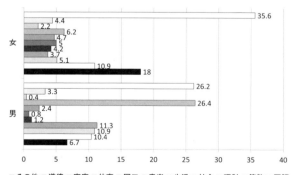

図24-7　今の自分にとって役立つと思う研修の形式

体育科の学習指導を充実させるために何が最も必要と感じるかについて尋ねたものであるが、女性教員では準備時間の確保と同僚のアドバイスが1位、2位となっているが、男性教員では準備時間の確保と用具施設の充実となっており、ここにも違いが現れている。これらのことは、総じて女性教員が体育科にかかわる研修に対し、日常的なものであったり、具体的なものであったり、同僚とのつながりの中でのものであったりすることを、特に男性教員よりも期待していることが示されていると思われる。

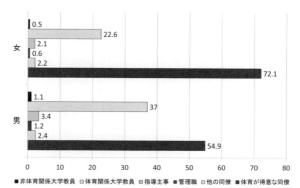

図24-8 研修会の講師として望む人について

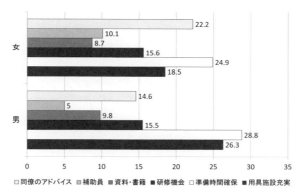

図24-9 現在の自分にとって、体育科の学習指導を充実させるために何が最も必要と感じるか

最後に、表24-1、2は、冒頭で述べた得意な指導教科と苦手な指導領域について、さらに地域別に比較してみたものである。このように同じ「女性教員」といっても地域によっては異なる意識や価値観の中にあり、職場の風土や生活環境に影響を受けて、職能に対する性差の存在も決して一様ではないことがうかがわれる。性差の問題を、「女性教員」という一つのカテゴリーとして取り上げることの危険性がここからは指摘できるところである。このように体育科の学習指導にかかわる意識が性差を持っているという事実は、もちろん、職業としての「教師」のあり方やその受け止め方にも大きな影響を与えている。この意味では、体育科を指導する小学校教員は、「女性の小学校教員」「男性の小学校教員」という「性」の属性を常に纏った存在

第3部 体育における教師論―教師の成長モデルと専門性―

表 24-1 得意な指導教科（女性教員・地域別） 単位（%）

	1位		2位		3位		4位		5位	
岡山	算数	41.8	国語	20.0	音楽	14.2	図工	10.4	体育	3.2
三重	算数	37.6	国語	18.7	音楽	13.8	図工	11.7	理科	4.1
東京	算数	34.3	国語	28.1	体育	8.6	理科	7.1	社会	5.6

表 24-2 苦手な指導領域（女性教員・地域別） 単位（%）

	1位		2位		3位		4位		5位		6位	
岡山	機械運動	40.3	陸上運動	19.6	表現運動	18.7	水泳	10.7	ボール運動	5.5	体つくり	5.2
三重	機械運動	35.0	表現運動	17.8	陸上運動	16.6	水泳	15.8	ボール運動	8.6	体つくり	6.1
東京	機械運動	35.9	表現運動	22.8	水泳	13.2	陸上運動	11.1	体つくり	9.4	ボール運動	7.7

でしかなく、与えられた「性」という衣装の「着心地」に一喜一憂して職場生活を送っている、と言えなくもない。「性」という視点から、職場にいる同僚や関係者を改めてみつめ直したり、深く理解し合ったりすることが求められているように感じられるのである。

【文献】
1) 松田恵示ほか（2013）『体育科を指導する小学校教員の職能意識と研修内容の開発にむけた社会学的実証的研究』報告書。平成22年度・平成24年度科学研究補助金基盤研究（C）。

第4部

遊び・身体・社会・子ども
―体育科教育とスポーツ社会学の接点―

25 「身体」という文化

自然と文化

　ドイツの哲学者であるA・ゲーレンほど、人間というものに自然体で向き合った人はいないのではないかと思う。ゲーレンは、人間のことを「特殊動物」と呼ぶ。ふつう、動物は、環境に対して苦もなく適応することができる。本能が、あらかじめ組み込まれているからである。例えば、熊は寒くても服を着なくて済むし、ハチは敵を刺すとき、練習などしなくとも決してヘマをすることはない。すべて、種としての本能が環境に適応すべく、あらかじめ組み込まれているからである。ところが、すべての動物の中で、人間だけがこのような本能に恵まれない。例えば、雪が降る荒野に生まれたままの姿では、1時間もしないうちに凍え死んでしまう。また、環境への適応としてはもっとも初歩的な、歩く、ということでさえ、1年間もの発育と発達を待たなければできないのである。
　このような「本能の崩れ」が、人間には徹底されている。動物が生存するためには、飲食と生殖はもっとも基本的な事柄である。ところが、人間は、これほど基本的なことでさえも、本能によってそれらをおこなえない。一見、誤解されることも多いけれども、人間の食欲や性欲は決して本能ではない。年がら年中発情したり、ダイエットのためにときに絶食したりするなど、そのようなプログラムは本能にはないのだ。
　しかし、このように本能の崩れた、いわばもっとも不完全な「特殊動物」であるからこそ、人間は、他の動物にはない能力を持つことになったとゲーレンは考えている。本能によって環境に適応できないからこそ、人間は、例えば、服を着たり、運動の練習をおこなったりなど、自然にあらがう作為＝文化を使って環境に適応するすべを持つ。そして、だからこそ、環境が激変すれば種として絶滅するしかない他の動物に比べ、文化といういわば保護膜を自在に操ることでどのような環境においても生存することができるという、最強の動物になったというのである。

ゲーレンのこのような見方が面白いのは、人間にとってもっとも自然なあり方とは、実は文化、あるいは作為に還ることでしかないのだ、という結論を導くことである。あくまでも「ありのまま」という、真の意味での自然には人間は還ることができない。あまりにも不完全な動物なのだ。自然に還ることができないことこそが、人間の「ありのまま」なのだ。このような考え方は、これまでよく対立的に捉えられていた文化と自然の対立関係が無効になってしまう。なぜなら人間にとって、そもそも文化しかないからである。自然を大切に、といったところで、熊に食われ、荒野で凍え死ぬような自然を人間は受け入れるわけではない。つまり、「自然」というカッコ書きの文化を、常に作り続けているだけなのである。ほんとうの、ありのままの自然は、人間にとって決して手が届くことのない虚焦点でしかない。自然体で向き合う、ゲーレンの人間観の一端である。

「身体」という文化

ところで、このようなゲーレンの考え方からすると、私たちがよく馴染んでいる、「身体＝自然」といった図式も無化されてしまう。身体は、人間の原点だとよく言われる。そして、もっとも自然なものだ、とも言われる。だからこそ、身体や肉体は、ときに「頭」で作られすぎた近代社会に対し、一つのアンチテーゼとして理念化されることも多い。ところが、人間という動物の身体は、「ありのまま」という意味では存在できないのである。「ありのまま」では生き続けられないからこそ、人間は意図的に運動し、薬を飲み病院に通うのである。同様に、感性は知性に対してより自然に近く、信ずるに値するものだという信念が語られるときがある。しかし、例えば社会史の領域があきらかにしてきたことは、そのような感性でさえもが、いかに社会的・人工的に構成されたものであるか、ということであった。つまり、「感性豊かな身体」といったものでさえ、文化として構築された一つの「身体」のバージョンでしかないのである。「ガチガチの頭でっかちの身体」「スレンダーな身体」「美しい身体」「マッスルな身体」「生身の身体」「機械化した身体」「サイボーグ身体」といった、いくつもの身体と、単に同列に並んでいる、一つの文化でしかないのである。

このような文化としての身体の深層に、ほんものの自然な身体など人間には存在しないことを、繰り返しゲーレンに習って強調しておこう。「特殊動物」としての人間の「ありのまま」の身体とは、まさに文化として形式化されたものでな

ければ、環境に適応し生存する「生体」にはならない。逆に、「ありのまま」という意味での、本当に自然な身体として存在するのは「死体」である。腐敗し朽ち果てることで、そのような身体は「ありのまま」に自然へと還流していく。つまり、人間の生きた身体とは、単なるエネルギーのようなものでしかなく、それに文化という形を与えたときに、初めてありのままの身体は、「身体」として私たち人間のものとなる。ゲーレンの日本での翻訳者でもある池井望も言うように、生物として生きているというレベルでの、もっとも基本的な私たちの身体が持つ性質とは、実はこういう「幻影」のようなものなのである。

　このように考えていくと、いかに「身体」というものが、私たちに過剰に思い描かれてきたかがわかるだろう。例えば、「鍛えられた身体」「健康な身体」といったものへの欲望、あるいは逆に、そのアンチテーゼとして語られてきた、「解放された身体」「感性豊かな身体」といったものへの欲望。どちらもが、「カラダが基本」といった身体の神話化でしかない。このような欲望は、「身体」として身体に形を与えて安定しようとする私たちの「不安」の裏返しから引き起こっている。情報化や国際化が進み、生活基盤や枠組みが劇的に変化する現代社会にあっては、なおさらであろう。しかし、人間の身体とは所詮「幻影」でしかありえない。身体の持つこの「幻影」としての性格に、むしろそのまま可もなく不可もなく、ニュートラルに向き合ってみること。このときに生まれる人間のポジティブな可能性をつかみ取ることの方に、身体をめぐる一つの現代的な教育課題があるのではないかと思うのである。

他者関係としての遊びと「身体」

　このような「幻影としての身体」が、生活の中でときにポジティブに大きく立ち現れる瞬間がある。それが、「遊ぶ身体」である。美学者の西村清和は、遊びの本質を、独特の他者との関係のとり方を指す、ある名称のことであると論じた。「ブレーキの遊び」や、「歯車の遊び」という言葉が示すように、遊びという言葉には、かならず「隙間」とそのあいだを行き来する「動き」がある。例えば、シーソー遊びを考えてみよう。上になったり下になったりが繰り返されるこの遊びは、「上」と「下」の「隙間」と、その間を行き来する「動き」が存在している。そして、相手とこのような、あてどない揺れ動きの中に身をまかせていくときに、底知れぬ一体感とシンクロナイズの中で、だだひたすら夢中になっていくの

である。つまり、「隙間」と「動き」は、自己と他者とにある「隙間」と「動き」でもあり、夢中になってとけ込んでしまう、といった、自他のある特殊な関係のとり方を促す仕掛けでもあるのだ。「勝ち」と「負け」、「できる」と「できない」など、このような仕掛けのバージョンは、様々な遊びの中に、確かに見いだすことができるものである。

　このような西村の見方からすると、私たちの身体が遊ぶとき、私たちの身体は、形を与えられた自己の「身体」と、そのような「身体」ではないもう一つの「身体」、つまり「他性を帯びた身体」と関係を取り持っているということになる。例えば、鬼ごっこに夢中になる二人の子どもたちがいたとき、鬼である子どもの「身体」は、捕まえようとしているのに「思い通りにならない」もう一つの「身体」との間で、「つかまえるぞ／つかまるものか」という「隙間」と「動き」の仕掛けの中にある。また、一人逆上がりの練習をする子どもがいたとき、そこには「逆上がりのできない身体」と「逆上がりのできる身体」という二つの身体が関係を結んでいる。あるいは、舞台でダンスを踊っているとき、素の自分の「身体」と演じられ踊られている役柄としての「身体」が関係を結んでいる。そして、このように私たちの身体が遊ぶとき、「身体」として形式化された日常の身体が、他性を帯びた別の「身体」との間を行き来することで、普段は潜在化している形式化された「身体」の持つ「幻影性」が露になるのである。しかし、ここでの違うバージョンの「身体」との出会いは、身体に形を与えて安定しようとする私たちの「不安」を誘うのではなく、逆に「楽しさ」として立ち現れてくる。つまり、「幻影としての身体」を楽しむという感受性の様式が、ここには広がっているのである。

　だからこそ、「ガチガチの頭でっかちの身体」が「感性豊かな身体」に出会ったとき、あるいは「ルーズな身体」が「美しい身体」と出会ったとき、私たちは感動する。この意味では、「生身の身体」が「機械化した身体」や「サイボーグ身体」に出会うことも、おそらく楽しいはずである。こうして、生身の他者ならず、例えば、「ダンスダンス・リボリューション」といったテレビゲームとときには遊んでさえも、私たちは「幻影としての身体」が持つ可能性を広げることができるのではないのか。閉塞感の漂う現代社会であるからこそ、「身体の不確かさ」を躍動するエネルギーへと変換するこのような感受性の様式について、私たちは敏感になる必要があるのではないかと思うのである。身体の持つ他者性を実践的にも理論的にもうまくつかみとる知恵が今、ためされている。

第4部　遊び・身体・社会・子ども―体育科教育とスポーツ社会学の接点―

26　いま、問われる体育の身体観
　―優越感と劣等感のはざまに揺れる子どもの身体観を
　　どうするか―

鏡の現象

　身体は、常に「わからないもの」としてしか存在しない。この身体の根本的な性格を理解することから、ここではまずスタートしてみよう。

　例えば画家が、目の前に広がる世界を忠実に再現しようとして絵を描き始めたとする。ところが、どうしても描ききれないものが一つだけ残ってしまう。それは何かというと、その世界を描いている画家自身である。しかし、ここで急いで世界を描く画家の身体をキャンバスに加えたとしても事態は全く解決されない。なぜなら、そのキャンバスに描かれた「世界を描く画家」を描く画家が、彼のキャンバスには描かれていないからだ。こうして、「世界を忠実に再現する」という画家の作業は無限に続くことになってしまい、それは決して終わることはない。つまり、描こうとする客体（対象）が、当の描いている主体でもあるというとき、この「忠実に描く」という作業は、原理的に不可能とならざるを得ないのである。

　このことは、人間の身体がもつ「認識の不可能性」というものをよく説明してくれていると思う。「忠実に描く」ということを、「わかる」とか「理解する」ことの比喩だと見れば、こと私たちにとっては、理解しようとしている身体というものも、実は当の理解する身体に他ならないから、主体と客体、あるいは視点と対象といった区別が成り立たず、自分自身の身体が「わかる」とか、それを「理解する」ということは、結局のところ不可能とならざるをえないということだ。

　この意味で、私たちの身体は、常に「わからない」もの、あるいは「不安」として存在している。けれども、そのような身体に通常、恐れもいだかず私たちが過ごせているのは「鏡の現象」のおかげである、と鷲田清一は鋭く指摘する（鷲田、1996）。つまり、直接「わかったり」「理解したり」できない身体でも、鏡に映せば、いわば「見て」「確かめる」ことができる。そして、こうしてある種の身体像や身体観を思い描けるからこそ、そのような不安も混乱もないのだ、と鷲田は言う。しかし、一度、病を患ったり、精神的なダメージから身体に何がしかの不満や欲

望を持ったとたんに、安定した身体像や観が崩れ、もともとの「わからない」ものとしての性格が立ち現れてくる。この意味で、身体の確かさは、常に「鏡の現象」に依存しているというわけだ。

もちろん、この「鏡の現象」というのは一つの喩えである。それは、結局のところ、他者を通してしか、自身の身体を把握できないということでもある。例えば、私たちは体の調子が悪いとき、お医者さんから検査の結果を聞かなければ、それがどれほどのものなのかを「わかる」ことができないし、落ち着くこともできない。自分の体なのにである。つまり、もっとも近くに在るのにもっとも遠くて届かないもの、そして普段はこのことが「鏡の現象」のおかげで気づかれずにいるもの、それが私たちにとっての身体なのである。

身体観の形成と学校体育

だとすれば、私たちが日常生活で感覚したり理解している「身体」は、通常、常識的に思われているように、生物として与えられている所与の属性であるというよりは、明らかに社会的に構築されたものであるということになるだろう。所与の身体とは、結局、不安や「分からない」という特性の中にある身体であって、たとえ医学というような科学的な視点からであったとしても、それが人間の一つの思惟活動である限り、このような理解さえ何らかの「鏡の現象」でしかないし、またそうして「理解可能」となった「身体」は、やはり人間関係のあり方に規定される一つの社会的産物でしかないということになる。それとともに、このことが、単に個人的ではなく、身体が持つ社会的構築性を隠蔽されてしまうほどの記憶の共同体として、私たちは時代に応じて集団的に保持している、という特殊な事態についても少し注意を払っておく必要がある。

認識の対象でもあり帰属点であるような存在は、世界に自身の身体をおいてありえない。ゆえに、科学的思考に代表される「世界の全てを対象化する意思」によって発展してきた近代社会においては、身体というものは、何がしかの形で飼いならされることが必要にならざるをえない特異なものであった。そこで、社会制度の次元で、集合的にこの問題に対処しなければ、近代社会は亀裂を生じてしまうことになる。つまり、近代社会の成立原理に対して、身体は、いわばアキレスの腱となっているのだ。おそらくこのことが、記憶の共同体として身体を形成しなければならない根本的な理由である。

近代社会はこうして、「身体とは何か」という記憶の共同体を、学校体育の一つの主要な装置として形成することになった。アジア諸国が、遅れて近代化に向かう中で共通することは、近代公教育の制度化と普及に力を入れたことであるし、同時に体育という制度を整備し、国民国家形成のために、自国の人々の身体の近代化を進めたことであった。

　こういう問題は何も歴史的なものの見方として、私たちの日常生活から遠い問題としてあるわけではない。むしろ、極めて日々の生活に近いところにもよく見受けられる問題なのである。例えば、体育の授業を受けた子どもたちに「もっとも心に残っている体育の風景を絵に描いてください」と言うと、「集合して指示を受けている」「注意を聞いている」等の「集合説明場面」を描くことが、他を引き離してもっとも多い。つまり「体育授業」と言われると、すぐさま思いつくものが体育座りをして「説明を聞く」という場面であった、ということである。

　また、子どもたちが描く「体育授業の風景」の構図は、全体の45％超が、「みんなが見ている」「先生が見ている」「見られている私がそのなかで運動している」というものであった。いわば「視線の渦」の中で運動するということへの思いが、こうした体育授業の原風景には塗込められているのだ（松田、2001）。

　ここで、すぐに思い起こされるのが、近代的な権力の作動に即した身体の構成法を、「規律・訓練」という言葉で語ったミシェル・フーコーである。近代的な権力、という言葉が少し唐突に響くかもしれないが、ここでは「どのようなものであれば人々はそれを現実的なものとして受け入れ意味づけるのか」という点への作用というほどの意味だ。つまり、「身体とは何か」という記憶の共同体が、いかに、またどのようなものとして作られてきたということである。

作られる「優越感」と「劣等感」

　フーコーの分析はよく知られたものであるが、「規律・訓練」とは、まず均質な空間へ個人を配分することから始められる。人々をまず区切られた場所に閉鎖し、各個人を整列させることによって定められた空間にはりつけ、そのことで集団全体の機能を高めるとともに、個人に序列化と座標化を強いることでいわば個人を匿名化する。匿名化された個人は、例えば古くなった部品を新しい部品に交換するように「取り替え」が可能な、この意味で抽象化、記号化された個人となる。まるで、それは体育授業の説明を聞かされたり、整列の場面を言っているか

のようだ。

　またフーコーは、「規律・訓練」は身体の細部への一種の政治解剖学であると言う。「規律・訓練」は、運動、動作、姿勢、速さ、巧さといった視点から身体を捉える構えを、私たちに用意させる。身体に対して、感情や気分といった具体的なものよりも、体力や能力を重視する態度をとらせることで、例えば、「前転の回り方」や「シュートの仕方」というように、身体の動きに敏感になり、細部にまで目をとどかせることになるということだ。ここで重要なのは、こうした身体へのまなざしが具体的には「何に向かってのものか」ということが問われることなく、「できないよりはできた方がいい」とか「人間は身体能力が高い方がいい」という形で、身体の能力を高め鍛練することが自己目的化することである。

　こうして能力という抽象的な基準によって統制された身体は規格化されるから、互いの「出来」を同じものさしで計る＝比較することが可能となる。それは、夏目漱石が書いた小説『三四郎』で、主人公が当時広がりつつあった運動会に対して抱いていた不快感の源でもあった。そして、このように標準化と差異化がセットになって、いわば近代的な「個人の身体」というものが確立することにもなるわけだ。これは、自分の身体を、計測できる能力、という外側の基準で客観化する視線を個人が内面化することでもあるから、結果的に自分の身体に恥ずかしさを持ち、自らが鍛練することを課す「従順な身体」を生む。「できるようにがんばろう」「できるようになりたい」と、何のために、という部分が欠けているにもかかわらず、自発的にそのことを欲求する個人の形成である。

　フーコーはこうした「規律・訓練」を媒介にした「従順な身体」の形成こそが、自分を誇示したり「見せること」によって動作していた前近代的な権力に対して、権力の側が逆に見えず、しかしそのことによってこそ「常に見られている」という意識のうちに、完全に諸個人を自発的に支配下に置く近代的な権力のあり方を可能にしたと強調している。ここにいたって、子どもたちは、身体に対して一方で「優越感」を持ち、そして一方では「劣等感」を持つことになるわけだ。本来、50ｍ走などしなければ、「走るのが速い身体」だとか、「走るのが遅い身体」といったように「身体」を意味付けることもなかったのに、子どもたちは、あるいは近代社会に生きる私たちは、その多くが「体育授業」という経験を通して、こういう「身体とは何か」という記憶の共同体の中に巻き込まれていくことになる。日々、体育授業に向う私たち教師の悩みは、この意味で自ら作り出したものを自

らで解消しようとする、いわばマッチポンプのようなものだ。もちろんこのようなことを自覚的に私たち教師はおこなっているわけではない。しかし、それが「自覚的」でなく、むしろ「子どもたちのために」と大いなる善意の中でおこなわれているからこそ、全く皮肉なことに、子どもたちに優越感や劣等感を作り出して「従順な身体」を形成させることにも、完璧な成果をあげることになっているのである。

噴出する新しい身体

　しかし、近代が成熟期を迎えるにつれて、これまで述べた近代社会と「従順な身体」の調和的なイメージは大きく崩れだしてきた。情報化や消費化という社会のトレンドを背景に、時代の閉塞感の表現として、子どもたちの身体は再び社会の様々な場所に突出し始め問題化している。つまり、「能力」としてそれを捉える身体観や、そういう記憶の共同体が揺らぎ出しているのである。

　例えば、現代社会における身体の変容と倫理を探る宮原浩二郎は、消費社会に働く身体へのベクトルが、意味の充満した重く「ウエットな身体」ではなく、意味の希薄な軽く「ドライな身体」に向かっていると指摘している。宮原は近年の広告に現れる情報化した身体のイメージが、「何をしているのか、何をおもっているのか、わからない、またわかることを求めないような、意味から自由なクールな身体」「意味のゼロ度ともいうべきオブジェとしての身体」として取り上げられていることを指摘する。そして、こうした方向で人間の身体そのものを変容させることで、「内需拡大」させるがごとく、新しい商品への需要や欲求を喚起しているのが消費社会であるとも言う（宮原、1992）。

　確かに、近年の若者に見られるファッション、茶髪、ピアス、化粧といった身体装飾は明らかに「能力」ではなく「見え」へのこだわりであり、意味によってではなく、圧倒的な情報量によって、身体を加工しようとしている。また、スポーツにおいても、パフォーマンスの意味が物語としても編まれ中継される「野球」という種目に対して、意味にではなく、場面の美しさや即時性など感覚情報に特徴付けられた「サッカー」という種目が、若者に好まれている。援助交際やテレクラ、といった性にかかわるトピックも、意味が纏わりつかない身体を、むしろ情報で埋めるための一つの方法なのかもしれないし、そうした身体が過剰な現実に呑み込まれていく一つの姿なのかもしれない。しかしここには、子どもたちの

側から作られる「優越感」「劣等感」を乗り越えようとする一つのレジスタンスがあると言ってもよいのではないか。
　けれども同時に私たちは、1990年代に数々の社会問題から自覚的な問いとして示されたように、このような意味を断念し情報ゲームに戯れることでもやはり「やってられない」、あるいは生き難いことがはっきりしてきた。この意味で、現在、社会には閉塞感が広がるとともに、人々を安定させる身体のモデルもまた拡散し霧散してしまっている。こうした事態を、伝統的な規範や主体的な内面性に引き戻すことなく、どのように打開することができるのか。宮原が鋭く指摘するように、「ウエットな身体」にも「ドライな身体」にも、「過剰なものに呑み込まれずに、自己の生存に様式を与えていくこと」という側面での倫理の問題が欠けている。学校体育から今こそ新しい風を引き起こすべきときなのではないか。
　ただ、近代という時代がかたくなまでに身体を対象化することを意志し、あるいは身体が求めたことを考えると、「その後」の時代とは、例えば、基礎・基本といった概念からさらにその意味を求め直したり、反意味という形で、享楽的な意味の幽霊と化すよりも、そういう意味を求める作業から解放されて「ほっ」とした気分、あるいは本来、意味があるのかどうかさえも分からない「身体として生きる」「運動をして楽しむ」ということに対して、背伸びせずそのまま向き合える、もっともそういう等身大、問題として思い描かれてもよいのではなかったか。そしてそれは、例えて言えば「遊びの中にある身体」のイメージであろう。
　このように見てくると、体ほぐしが求められる背景もまた異なった側面が浮かび上がってくるように思えるし、近年、私たちが主張している、体育の教育内容を、技能や戦術、ルール・マナーといった「動き」をベースにした捉え方から、それらを「運動遊びやスポーツの世界」として意味付けを再構成し、布置し直そうとする考え方（松田・山本、2001）も、拠って立つ問題の枠組みが広く読者の方々と共有できるのではないかと考えている。今こそ、もっとも根本的な次元で体育授業の改革を、ということであろうか。

【文献】
1) 鷲田清一（1996）「性の裳」,『imago』,青土社, pp.7-6.
2) 松田恵示（2001）『交叉する身体と遊び』,世界思想社.
3) 宮原浩二郎（1992）「身体の変容と倫理」『思想』817号,岩波書店.
4) 松田恵示・山本俊彦編（2001）『かかわりを大切にした小学校体育の365日』,教育出版.

27 スポーツする身体とこころ

スポーツと身体性

　スポーツする身体とこころという問題が社会的に取り上げられることが多くなっている。そこでここではこのテーマについて、「スポーツする」「身体とこころ」ではなく、「スポーツする身体」と「こころ」の関係として考えることにしてみたい。このことが含意するのは、そして本稿において結局のところ示唆されるものは、スポーツ科学において「こころ」の問題を取り扱うことが、いかに困難で、しかし面白いのかということである。

　「スポーツする身体」という言葉は、すでに多くの意味を含んでいる。例えば、「スポーツする」というフレーズを、「音楽する」や「文学する」という言葉でも置き換えることができる。つまり、「スポーツする身体」という言葉使いの中には、すでに「スポーツ」と「身体」という二つの言葉を、独立したものとして見なす考え方が含まれているわけである。

　しかし、「スポーツ」と「身体」という二つの言葉、あるいはより精確にこの二つの概念が独立しているという見方は、日常生活のみならず、スポーツ科学の領域においてもそれほど当たり前のことではない。ICSPE（国際スポーツ体育協議会）による「Declaration on sport（スポーツ宣言）」では、スポーツという概念を「身体性」「遊戯性」「競争性」の三つの要素から構成し定義している。あまりにも有名なこの定義を簡単に言い換えると、「身体性」に特徴づけられた人間のある営みのことを「スポーツ」と概念規定するということである。そうなると、「身体」は「スポーツ」を構成する主要な要素となるから、ここでは「スポーツ」を「身体」という言葉に対して独立したものとは見なしていないということになる。

　もちろんこのような捉え方は、日常的にもかなり広がっている。例えば「スポーツは身体活動である」「スポーツをすれば健全な身体が育つ」など、スポーツという文化のアイデンティティを支えるもっとも中心的な要素として「身体」を

考えることは一般的である。だからこそ、社会制度として国民的な合意の上に成り立つ「学校体育」などは、教科の特徴をこの点から説明することが多く、それに携わる教員も、自身のアイデンティティをこの点に求めがちである。

ではそれに対して、「スポーツ」と「身体」という二つの言葉が独立しているというのはどういうことなのか。次のような例から、考えてみることにしてみよう。

例えば、私たちはよく「スポーツは身体活動だ」という言明を日常生活で使う。ところが、この言葉を「AはBである」という形の一つの命題だと考えると、とても不思議な事態にすぐ出会うことになる。「AはBである」という命題が成り立つためには、そもそも「AはBではない」という否定の可能性が同時に成り立っていなければならない。なぜなら、否定の可能性がなく、もしすべてのAはすべてBだと言えてしまうと、「AはBである」という命題は「AはA（＝B）である」という繰り返しの文になってしまい、例えば「魚は魚だ」とか「男は男だ」などというように、そもそも何の情報ももたらすことのできない、冗長な発話、あるいは真偽を問うことのできない（この意味で命題とは成りえない）自己言及文となってしまうからである。

「スポーツは身体活動だ」という言明には、この点からすると、「いや、スポーツは精神活動だ」とか、「いや、スポーツは心的活動だ」といった否定の可能性が一般的には存在している。ゆえに、何ら問題はないように見える。けれども、ここで考えてみよう。人間はそもそも「身体」としてしか存在していない。だとすれば、実は「音楽」をやろうと、「文学」をやろうと、何をやっても「身体活動」でしかありえないのではないか。「思考」することでさえも、厳密には脳という身体の営みである。人間の行為を指し示す言葉はすべて身体活動でしかないから、この意味で「身体活動」ではない人間の行為は想定できない。つまり、「スポーツは身体活動だ」という命題に対して、本来、否定の可能性は存在しておらず、この言明は日常生活で何の違和感もなく使われるにもかかわらず、実は命題として成り立たない無意味なはずの言葉である、ということになってしまうのである。

「人間の行為はすべて身体活動である」という端的な事実から見たとき、「いや、スポーツは精神活動だ」とか「いや、スポーツは心的活動だ」という言い方は、スポーツが身体活動であることを否定する可能性というよりは、別な面を単に強

調しているに過ぎない「すれ違った」言葉なのである。しかし、これらの言葉の存在によって、「身体」という言葉は、「精神活動」や「心的活動」という言葉に対置されてのみ使われる、限定的な言葉へと矮小化する。これは「身体」という言葉や概念をめぐる一つの「擬制」であり、またこのような「擬制」を必要とするのが、「心身二元論」や「因果論」といった人間観、世界観によって個人や社会にとっての秩序を生み出している「近代」という時代の特徴なのでもあろう。

「スポーツ」と「身体」という言葉の暗黙の結びつきをこのように相対化してみると、「スポーツする身体」「音楽する身体」「文学する身体」といったように、「スポーツ」にとって「身体」という言葉は本来独立しているのであり、身体は何もスポーツにのみ特権的なものではないということがわかる。「スポーツする身体」という言葉には、このような含意があるという前提をここではまずしっかりと確認しておきたい。

スポーツする身体の特徴と「こころ」

そうなると次に問題となるのは、「・音・楽・す・る・身・体」や「・文・学・す・る・身・体」に対して、「・ス・ポ・ー・ツ・す・る・身・体」は、固有の特徴を持っているのか、ということである。つまり、スポーツが身体性に特徴づけられるのかどうかというのではなく、スポーツする身体が、他の人間行為における身体に対して何か違いを持っているのかどうか、ということである。

ここでまず思いつくのが、「音楽」や「文学」などほとんどの人間行為は、結局のところ身体を道具として使うのに対して、スポーツは身体自体が目的となるという点であろう。例えば、フルートを吹いて音を奏でるプレイヤーは、指使いや唇の動きといった身体を使って、「音」を生み出そうとする。あるいは、小説を読む人は、手で本を支えたり目で字を追いかけたりなど、身体を道具として使うことで小説の世界の中に入っていく。ところがスポーツは、何かをするために身体を使っているというよりは、「より速く」とか「より遠く」など、ただ身体を動かすことのみが本来的には優先する。つまり、身体が自己目的化しているわけである。もちろん、スポーツとて、「祖国のために勝利しよう」だとか、「あのライバルにだけは負けたくない」などの意識が強くなると、身体はそういった目標のために使われる道具の位置におかれる可能性もでてくる。しかし「より速く」とか「より遠く」といったスポーツに見られる欲望は、本来的に「祖国のため」

だとか「ライバルには負けたくない」などの意識とは独立して存在している。ここに見られる自己目的化する身体のあり様は、確かに「スポーツする身体」の一つの特徴であると言えよう。

しかし、そうなると、ここで少し難しい問題が立ち現れてくることになる。それは、「スポーツする身体」には、「こころ」という言葉が馴染まないという、まことに奇妙な問題である。それは、いったいどういうことであろうか。

私たちは一般に、「こころ」を行動の原因とみなしている。例えば、国語辞典を紐解くと、「こころ」は以下のように説明されている。「人間の理性・知識・感情・意志などの働きのもとになるもの。また、働きそのものをひっくるめていう（大辞泉）」。具体的には、興味、関心、気持ち、ものの感じ方、意志、思慮、分別、記憶、注意など、多義的ではあるけれども、人間の行動の原因という意味では共通する内容群が、「こころ」という言葉で説明される。こうした「こころ」という言葉の使い方は、「こころ」の漢字表記である「心」に「うら」という読み方があり、「うら悲しい」「うら寂しい」など、「裏」と同字源で「こころ」を使用する慣習があることからもわかるように、「見えない部分」、つまり可視化される「身体」には現れない部分の因果律によって、行動が引き起こされていると私たちが日常的に考えていることを現すものであろう。つまり、「こころ」とは外からは見えない「身体」の操縦席であり、この「こころ」の表象（representation）作用が、「身体」という道具を駆使して、「音楽」や「文学」を成り立たせている、と捉えているわけである。

ところが「こころ」をそのようなものとして考える以上、「スポーツする身体」には「こころ」は存在しないと言わざるをえなくなってしまう。なぜなら、「スポーツする身体」においては、「身体」を動かすこと自体が自己目的化しているから、そこでの行動の原因は行動それ自体に含まれるのであって、行動の内部、あるいは見えない「操縦席」からの指令を受けているわけでは決してないからだ。確かに「祖国のために勝利しよう」としておこなうサッカーならば、そこには「こころ」が見てとれることになる。しかし、「より速く」や「より遠く」という動因から始まるスポーツには、いったいそこにどのような「こころ」を見いだすことができるだろうか。そこに「こころ」という言葉を導入することは、むしろ「より速く走ることが名誉の獲得につながるからである」とか「より速く走ることのできる身体にはより健全な精神が宿ることになるから鍛錬としてがんば

っているのである」といった、「こころ」の「擬制」を用意するだけのことになってしまうのではないか。「スポーツ」は、何らかの表象によって成り立っているわけではない。何らかの再現を図っているのではなく、単に「身体」をそこに現出（presentation）させようとしているだけの、非日常的で、本来的には生存目的に対して不必要な営みであるのだから。

「零度の意図性」

　このように考えてくると、「スポーツする身体」の特徴は、「こころ」がないということ、まさにこのことに尽きてくることになる。一見奇妙に聞こえるここでの議論は、しかし、スポーツの現場ではむしろ当たり前のことなのではないか。例えば、スポーツにおける数々のメンタルトレーニングでおこなわれることは、「こころ」を自由に操ることではなく、むしろ「こころ」を無くすこと。「身体」に対する見えない操縦席をトレーニングによって無化し、「身体」の操作を、まさに「身体」自体に委ねることに向かっているように見える。トップアスリートたちは、競技や試合における失敗の理由として、「意識してしまった」という言葉をよく口にする。これは逆に、意識することで、その主体である「こころ」という操縦席が「身体」に対して分離し構成されたために、「身体」を「こころ」によって操作し、こうした表象作用の結果としてパフォーマンスをコントロールしなければならないはめになってしまったことを悔いているのではないかと思われるのである。

　このような「こころ」のない「身体」は、実は「遊ぶ身体」に固有の特徴でもあった。よく知られるように、ホイジンガやカイヨワは遊びの本質は自由にあることを強調する。しかし、カイヨワの著作『遊びと人間』を訳した多田道太郎は次のように述べている。「自由というとき、カイヨワもまた強制されないこと、つまり遊びへの参加の自発性ということをあげており、また自由とはそのことに尽きている。しかし、遊びが聖とも俗とも異なるのは、たえざる脱却の衝動、あらゆる束縛からの解放という意味での自由が、そこに働いているからではないのか」[1]。

　また、遊びに優れた現象学的分析を加えるJ・デュビニョーは次のように語る。「人間は遊戯活動を通じて、無限だが、意図するものは皆無の仕事を完遂しようとつとめている。零度の意図性である。変わった世界の、人を苛立たせる新奇さ

のなかに目をつむっているというわけだ。けっして、いかなる概念もそうした期待を認めても慰めてもくれない。ただ残っているのは、逃亡する合理性の予感だけである。したがってこれは、形式がけっして内容に到達しないことは承知で、形式と戯れることである。しかし、この〈無〉への開口は虚無への呼びかけではない。われわれは一般に受け入れられる空間や変形する形姿を遊戯的に操作して空虚を満たすからである」[2]。

　「こころ」というものを、行動の原因という意味で、何らかの「意志」や「意図」を指し示すものとして考えるのであれば、多田やデュビニョーが語る「遊び」における身体の有り様は、まさに「身体」が「こころ」から解放された積極面を強調していると言うことができる。スポーツという言葉の語源が、「遊び」とほぼ同義の「非労働的な出来事」にあることを考えると、こうした指摘は「スポーツする身体」と「こころ」の問題について示唆的であるというほかないと思われるのである。

スポーツ科学における「こころ」の位相

　一方、美学者の中井正一は、「スポーツ気分の構造」というエッセイにおいて、スポーツのフィールドに入った瞬間、私たちがしばしば経験する緊張、もしくは興奮について、次のようなことを述べている。「『何々にまで』或は『何々のために』と言うところの道具の有意義性に於ける距離とはそこでは一応遊離して、只『にまで』『のために』と言う距離そのもの、追い抜き突破し、到達しなければならないことそのもの、有意義そのものが明るみに浮き上がってくる」[3]。

　ここに著わされていることも、ただ「身体」を現出させることを目指す「零度の意図性」であり、「スポーツする身体」の置かれた状態である。このような気分に満たされた身体にとって、しかしながら「こころ」の問題とは、いったい何を意味することになるのであろうか。

　「こころ」という言葉を使ってこのような「スポーツする身体」をリライトしようとすれば、「只『にまで』『のために』と言う距離そのもの、追い抜き突破し、到達しなければならないことそのもの、有意義そのものが明るみに浮き上がってくる」という身体の状態を、必ず「『何々にまで』或は『何々のために』と言うところの道具の有意義性に於ける距離」の世界へと、つまり「スポーツする身体」から「スポーツ以外の身体」へと引き戻してしまうことになろう。なぜなら、「こ

ころ」は行動の原因であり因果律の中心である以上、観察者に一貫した説明を与えることが可能になる「合理性」という性格から、ここでは「スポーツする身体」が読み解かれてしまうからである。つまり「ことば」という言葉をぶつけることで、考えようとしていた「スポーツ」というものが状態を変えてしまうのである。このような困難さを抱え込むのは、スポーツという固有の対象を有するスポーツ科学に特有の問題である。私たちはしかしながらこのような問題に、実はそれほど敏感ではないのもまた事実ではあるが。

しかし一方で、このような「零度の意図性」にある「スポーツする身体」の積極性の解明は、「こころ」という言葉からしか、少なくとも今の地点では取り扱うすべを持っていないこともまた他方の事実である。つまりそれは、「こころ」という概念それ自体を、スポーツ科学の立場から精査する作業にもつながっていくということであろう。

単にスポーツを検証の場と見なすのではなく、スポーツとい対象物の固有性にこだわりながら一般科学との対話を目指し、スポーツという場から逆に一般科学を変えていく契機は、このような形で具体化していくのではなかろうか。もとより「こころ」の持つ本源的な社会性の問題[4]など、触れるべき点の多い中、本稿では「スポーツする身体」と「こころ」の関係に焦点をあて、スポーツ科学における「こころ」を扱うことの困難さと面白さについて、若干の問題提起をおこなってみたところである。

【文献】
1）多田道太郎（1971）「管理社会の影」，読売新聞社，p181.
2）J・デュビニョー，渡辺淳訳（1986）『遊びの遊び』，法政大学出版局，p58.
3）中山正一（1962）『美と集団の論理』，中央公論社，p125.
4）大澤真幸（1994）『意味と他者』，勁草書房，pp.269-297.

28　心・遊び・スポーツ

「心が疲れる」という言葉

　「心が疲れる」という言い方は、例えば「身体が疲れる」とか「目が疲れる」などと同様に、心は自分の「一部」であり「持ち物」である、ということをすでに含意しているように思われる。ところが、心はいわば目に見えない「持ち物」でもあり、同時に「持ち物」という言葉にはもちろんとどまらない「私自身」でもありうるから、当人からするとその実態は大変捉えにくい。だからこそ、例えばほんとうに疲れたときには、「疲れたー」と言ってしまうのがまず自然な発話であって、「心が疲れた」などと、あえて当人からその対象を名指しして声に出すことはそれほど多くないように思える。むしろ「心が疲れる」というときには、事後的・反省的に発せられたり、他者とのコミュニケーションにおいてそれをアピールしようとしたり、または他者に対して気遣ったりなど、自己や他者の理解不能な変調を、しかしながら関係性の中に表現しようとする場合が多い。この意味では「心が疲れる」という言葉には、心は「持ち物」でもありながら、自分ではそれを回復させたりコントロールしたりすることが簡単にはできない、という逆説的な「私という深みに生じた機能不全」とでもいうべき客観的な認識が含まれている。

　また同時に、心という言葉は、ロボットを操る操縦席のように、当事者の行為の中枢としても意識されている。この意味では、心は「あなた」とは隔絶されるべき「わたし」という存在の責任の所在でもあり、「個＝主体」として生きるための自己統制作用そのものでもあると意識されていることになる。心とは、「個」として主体的に生きることを義務づけられた「わたし」の、いわば司令塔である。また、そこには「あるべき心」といった「心の規範的モデル」も前提にされている、とも言えよう。だからこそ、「モデル」と現実のギャップに、「疲れた」という言葉をそこにあてはめるのであろう。

　本稿で考えてみたいのは、このような心の疲弊といった現象に対して、「そも

そも心など問題にしないような体験」を遊びやスポーツが提供する力についてである。つまり、心が疲れたときに活力を生み出す遊びやスポーツとは、「心」などという言葉を使って自己を意味づけること自体から、子どもたちや私たちを開放するところにあるのではないかということである。このような趣旨をひとまず確認した上で、テーマとなっている遊びやスポーツについて、順に考えてみることにしてみたい。

遊びの3条件

　スポーツとは、そもそも遊びである。語源として、「仕事ではないもの・日常ではないもの」というフランス古語を持つ「sport」という言葉は、この意味で「遊び」とほぼ同義の内容を持ち、さらにもともとは「身体的な活動」ということにさえも限定されていなかった。よく知られた「遊びの要素を含み、他者とのかかわり合いの中でおこなわれる、身体活動」（「スポーツとは何か」ユネスコ「スポーツ宣言」「スポーツ振興法」等）といった使われ方が広がるのは、19世紀イギリスのパブリックスクールにおいて、それが教育活動の中に取り込まれて以降のことである。だからこそ、例えば「遊び」の研究で名高い、ヨハン・ホイジンガやロジェ・カイヨワといった研究者たちによっても、スポーツは遊びの一部として詳しく論じられたりもしている。

　それでは、そもそも「遊び」とは何か、という問いもここでは気になるところである。そこで、ここでは現象学的な視点から遊びの本質について卓越した議論を展開する美学者の西村の議論を援用して、「遊隙、遊動、遊戯関係」という三つの条件を満たすものを遊びと考える、という視点から捉えておきたい（西村、1999）。

　まず、「遊隙」とは何か。日本語に、例えば「ブレーキの遊び」や「歯車の遊び」という言い方がある。これは、ブレーキペダルを踏み始めてもブレーキはすぐにかからず、実際には少しの「余白」ないし「ふみしろ」があることを指して使う言葉である。このように、「間」や「隙間」に生じる「余白」が存在しているときに、私たちは「遊びがある」とこれを表現する。このときの「余白」のことを、「遊隙」と西村は呼んでいる。

　一方で、この「遊隙」を、「行きつ戻りつする」という「動き」のことを表す言葉としても「遊び」が使われることが多い。例えば「遊び人」とは、定職にも

就かず「ふらふら」としていること、つまり「あちらこちら」へと「動き」続ける人のことである。ゲームなどをしていても、「勝つか／負けるか」という両極において、「勝ちそうになったり負けそうになったり」と、往復運動が繰り返されるほどにゲームは熱中する。西村はこの種の「動き」のことを「遊動」と呼ぶのである。

　それでは「遊隙」があって「遊動」のあるものは、すべて「遊び」と呼べるかというとそうでもない。例えば、スポーツという遊びのほとんどは、「できる／できない」あるいは「勝つ／負ける」をめぐって、「遊隙」と「遊動」を楽しむ行為である。遊びを四つに分類したロジェ・カイヨワは、この種の遊びを「アゴーン（挑戦）」と名づけた。しかし、スポーツにおいて、「できなかったり」「負けたり」したときに、友達や先生から罵声を浴びせられたり冷笑されたりしようものなら、もちろんそこで遊んでなどいられない。つまり、「遊隙」と「遊動」に夢中になるためには、「これは遊びなんだ」というメタ・メッセージがみんなに了解されていなければ遊べない。いわば、「個人が結果に対して責任をとらなければならない」といった、日常生活における「個＝主体」である様態とその関係性を離れて、「所詮気楽なものだけれども、もちろんまじめで真剣なものでもある」という独特の行為者の態度・様態とその関係性が、まさに「遊戯関係」として自他間に成立していなければならないということである。

　スポーツは、このような西村の視点から捉えても、やはり遊びそのものである。「勝つか負けるか」という心の揺れが、「遊隙」と「遊動」となり、もちろんルールによって限定された時間と空間の中でおこなわれるという「非日常性」が、社会心理学者のチクセントミハイが「フロー」と呼んだ没我の状態を「遊び手＝PLAYER（プレイヤー）」に手繰り寄せ、この意味でスポーツに遊ぶ人は、独特の行為者の様態と「遊戯関係」の中に夢中となる。子どもたちの、休み時間でのサッカーやドッヂボールに夢中になる姿がそれである。所詮勝っても負けてもどうということはないのだけれども、真剣になって「勝つか／負けるか」「できるか／できないか」という心の揺れに夢中になっている。なにもオリンピックやワールドカップのようなチャンピオンシップ・スポーツだけを、スポーツとして思い浮かべる必要はなかろう。身体を使って、他者とともに遊ぶことが、スポーツと呼ばれる行為のミニマムな性質である。

相互同調関係

このように遊びとスポーツという問題の系を整理してくると、「夢中になってスポーツをしている」ということ自体が、日常からひとまず離れ、かつ、日常では常に求められる、合理的な判断に基づき「個」として主体的に生きること、という課せられた義務からも離脱する体験になる。さらには、スポーツをおこなうときの身体は、意識的に統制して身体を動かしているというだけではなく、むしろ「考えずに」、身体に内在する暗黙の知に従うことによって熱中する身体でもある。このことから、より、日常の「私」のあり方からは遠いところに誘われる。また、この際の他者との関係は、社会学者のアルフレッド・シュッツによって論じられた、相互同調の関係にあるといってもよい。言葉やジェスチャーなどのシンボルによって意味を交換し合い繋がり合うといった理性的な日常の関係ではなく、「我々」という感覚として、個であることの意識が溶解し、自他の区別が消失したようなある種の特殊な「溶け込み」感覚と、しかしながら自身においては「覚醒」しているという両立の中に、いわば「気分」を共有する特殊な状態がスポーツの中には現れる。「アイ・コンタクト」と例えられるように、心が解け合って糸を引くような動きの中に、パスをもらったり絶妙のコンビネーションでプレーできたりしてしまう、他者との同調体験である。そのような体験の中に没入することが、逆に「心」を問わざるを得ない、合理性と自己責任の原理に徹底した日常生活からみれば、船が「ドック」にはいるように、子どもたちや私たちに、離脱することから生きるエネルギーの「充電作用」をもたらすのではないかと思われる。「心が疲れたら、スポーツにでも惚けてみよう」といった事態である。

身体を動かすということ

ただ、ここで難しいことは、スポーツにおける「勝つ／負ける」、あるいは「できる／できない」という「遊隙」や「遊動」は、「頭」で構成されるものであり、その分、「心」が問われる意識によるコントロールに徹しなければならない日常生活から離脱するには、作法やエネルギーが存在し「心が疲れている」状態にあっては、一歩そこに踏み出すには壁が高すぎるという問題がある。サッカーのなかに「勝ち負け」に夢中になるには、「えいやー」と日常生活から、いわば「ダイブ」するかのごとく、スポーツの世界に転位する必要がある。このエネルギー

が、スポーツの中に入ってしまえばそれなりに夢中になれることも多いものの、「疲れた」状態ではこのハードルを乗り越えることがまずは大変難しい。

　このときに注目したいのが、「勝つ／負ける」「できる／できない」という「遊隙」や「遊動」ではなく、まさに身体が行きつ戻りつするという「往復運動」という形での「遊隙」や「遊動」である。例えば、ブランコにのることは、身体が行きつ戻りつするという「遊隙」や「遊動」に身を委ねることである。このときの「わたし」は、まさに「意識する」とか「考える」ということから逃れた時間を、遊びによって用意される。あるいは、キャッチボールをする、ただうろうろと歩く、身体をあてどなく揺するなど。こうした身体を使った遊びは、スポーツという言葉の周辺に広がる「スポーツ的な遊び」として、やはり子どもたちや私たちに、離脱することから生きるエネルギーの「充電作用」をもたらすのではないかと思われる。むしろ、一般的に「心が疲れた」ときには、このような「スポーツ的な遊び」から「スポーツ」へと、段階を踏んで「遊ぶ」ことが、大変好まれるのではなかろうか。

　音楽を聞く、お風呂にはいる、寝る、ボーッとする、など、心が疲れたときにおこなわれる、「人から遠ざかる」「とにかく休息する」といった初期段階から、ただただ歩く、笑う、「スポーツ的な遊び」に漂う、といったように、活力を生み出す方向に歩みだし、そして、スポーツをする、遊ぶなどを通して、積極的に「充電」することから活力を貯め、そして日常生活の荒波にもう一度立ち向かっていく。こんな、回復へのプロセスを、遊びやスポーツがその一つの方法として担える可能性があるのではなかろうか。

　そのためには、「遊びとは何か」「スポーツとは何か」という問題について、今一度問い直してみることが大切なことに思える。また、心の疲れ方や子どもの状況・個性に応じて、常に見合った遊びやスポーツを柔らかく提供することも必要なことだと強く思う。もっとも、こうした問題をどのように実際に取り扱っていくのかということについては、もちろん読者自身の問題ではあるけれども。

【文献】
1)　西村清和（1999）『遊びの現象学』，勁草書房．

第4部　遊び・身体・社会・子ども―体育科教育とスポーツ社会学の接点―

29 「触れる」ということと現代的な教育課題

　触れる、ということ。ここではこのことについて少し考えてみたいと思う。
　「触れる」という、この独特のからだのあり方について、哲学者の坂部恵は大変興味深いことを述べている（坂部、1983）。「触れる」という動詞は、人間の他の四つの感覚を表わす言葉、つまり「形を見る」、「音を聞く」、「匂いをかぐ」、「辛さを味わう」といった動詞に対して、例えば「机に触れる」というように、助詞に「を」ではなく唯一「に」をとる。これは、他の四つの感覚が「見るもの」と「見られるもの」、あるいは「聞くもの」と「聞かれるもの」というように主体と客体がはっきり区別されるとともに、主体から客体への直線的な関心を表わしているのに対して、「ふれることだけが、ふれるものとふれられるものの相互嵌入、転移、交叉、ふれ合いといったような力動的な場における生起という構造をもっていることを示す」からである、と坂部は言う。触れるという動詞の使用だけは、例えば「私が机に触れる」という発話に対して「机が私に触れる」とも言い換えることができる。つまり「触れる」とは、主体と客体が入れ替わる可能性を含んだ言葉であるということだ。他の感覚を表わす動詞ではこのような関係は成り立たない。ここに、「触れる」ということの、他者に対する独特の関係のとり方が認められる。
　私たちが生活するこの世界には、通常、「私」と「私以外のもの＝他者」の二つのものしか存在しない。ここで言う「他者」とは、私以外のものすべてのことだから、もちろん人間にとどまらず他の生き物や自然、モノ、環境なども含むかなり広い意味での言葉である。その中で私たちは、「私」の興味や関心に応じて、言葉や思考や身ぶりや記号などを使い他者と関係をとり結ぶ。こうした行為を、私たちは一般的に「かかわる」と言っているわけである。そして、このときに総動員されるものが、見る、聞く、かぐ、味わうなどの「私」を出発点にした身体感覚である。
　ところが、触れるという身体感覚だけは、言葉や思考や身ぶりや記号などを介在させ「私」を出発点にして他者と関係をとり結ぶ、ということに繋がらない。

坂部が注目したように、これだけは、他者との「触れている／触れられている」という感覚が交叉する「入れ替わり可能性」に満ちた即時性をベースラインに、他者を直接的に「感じる」ことで、どちらが出発点でもない「私」と他者との相即的な関係を構築する。私たちが言葉を介さずとも、人の手のぬくもりのなかにその人のやさしさやきびしさを感じとったり、からだを抱きしめることでその人の愛や人格を感じることができるのも、こうした「触れる」ことによる他者了解の直接的な作用が基盤をなしているからである。この意味で、「触れる」ことから始まる他者との関係は、「他者に対する感度」という形でコミュニケーションの再下層を構成する、もっとも重要な社会資本であると言えよう。

　スポーツやダンスなどの「身体活動」を柱とする文化は、この「触れる」というからだの独特のあり方を一つの特徴としている。この点については、あまり言葉も必要ないだろう。ただ、体育やスポーツの専門家であるからこそ、確かめておきたいこともある。それは、むしろもう一方の「身体活動」という言葉についてである。

　スポーツやダンスは「身体活動」だとよく言われる。ところが「精神」とか「心」というものも、感覚器や神経系や脳細胞といった「身体」の全体的活動にほかならない。だとすると、スポーツやダンスとは違うとされている音楽や読書も、実は同じ「身体活動」でしかないことになる。逆にスポーツやダンスも「精神活動」のはずである。そもそも人間の活動は、人間というものが「身体」としてしか存在しない以上、なにをおこなってもすべて「身体活動」にならざるをえない。だとすると、スポーツやダンスだけを殊更に「身体活動」だというのはいったいなぜなのだろうか。

　おそらくそれは、より精確に言えば、「スポーツやダンスをする身体は、他の場面での身体に比べて独特のよさや可能性を持っている」ということを言っているのだと思う。つまり「スポーツやダンスは身体活動だ」という言葉は、「スポーツやダンスは身体的である」ということに力点があるのではなくて、「スポーツやダンスに現れる身体は、他の身体に比べて異なった身体なのだ」ということに焦点があるのではないか、と言いたいわけである。

　少し理屈っぽく聞こえるかもしれないが、この点を見極めておくことは大切である。それは、そもそも「精神」と「身体」、あるいは「心」と「体」といった区分など、人間には存在しないという事実にもつながっていくからであるし、し

いてはスポーツやダンスの本質の理解にもつながっていくからである。

例えば、「精神」や「心」に対して「身体」や「体」を区分し、スポーツやダンスのよさは「身体」や「体」にあると考えるのはとてもわかりやすいし納得もしやすい。しかしこれは先でも述べたように、あきらかに誤った捉え方である。こういう考え方は、逆に本当に大切な「身体」の問題を、体育やスポーツだけの問題として狭く囲い込んでしまうとともに、社会の他の場面にある「身体」の問題を覆い隠してしまう危険性すらある。「体が勝負！」といった体育観やスポーツ観は、専門性をわかりやすく主張するためだけの単なる方便に過ぎない。私たちは、まずこの悪癖から抜け出したうえで、「身体活動」と「触れる」ことの関係を考える必要があるというわけだ。

もちろん、他の場面での身体にはない、スポーツやダンスをする身体だけが固有に持っている特徴とは「他の目的のための道具としてではなく、動くこと自体が目的となって『運動している』」という点にほかならない。つまりスポーツやダンスの中では、私たちがこのような「運動する身体」であるがゆえに、様々な他者に「触れる」ことになり、他者との出会いが数多く促されていくのである。例えばマット運動で私たちが前転をするとき、体全身がマットに「触れ」、それの柔らかさや固さ、冷たさや温かさ、やさしさや難しさを他者として感じとることになる。「マット運動って面白いんだ」。

一方では、仲間とときに競争したり、シンクロしたり、共同したりしてマット運動を楽しむとき、そこには仲間という他者との豊かな「触れあい」がある。「仲間と運動するってこんなに面白いんだ」。もちろん、当初から運動をしない「止まったままの身体」であれば、このような「触れる」体験も引き起こらないし、それゆえそれにともなう他者関係も引き起こるはずがない。

また、このようにマットや仲間と新たな「かかわり」を構成できるようになるのは、例えば、「前転ができないとよい成績がとれない」といった「他の目的のために身体を道具として動かす」という状況の中では無理である。それは「私」の関心から出発してしまうという点において、結局のところそこでの「身体活動」が「触れる」体験にはならないからである。こういう状況のとき、身体は「触れる」といった開かれた語感を持つ言葉よりも、むしろ「こわばる」といった閉じた語感を持つ言葉に馴染みやすい。そうではなくて、「回る」ということ、それ自体が面白くてそれ自体が目的になったときにこそ、そこでの「触れる」体験がマッ

トや仲間という他者との新たな「かかわり」を構築することに繋がるのである。

　このように考えてくると、遊びの原動力に突き動かされて「運動する身体」が豊かに現れるスポーツやダンスという活動は、「触れる」ことから始まるコミュニケーションの最下層にあるもっとも重要な他者関係を育むことに長けた文化であるが、しかしそのためには、「身体的」であるという点や「関係作り」という点にではなく、むしろ「遊ぶ」という点により力を注がなければ、「触れる」という体験を引き起こすことができず、結果的に豊かな「かかわり」も構築しえないだろうという見方が導かれてくることになる。そうなると、例えば現在の体育においてトピックとなっている「からだほぐし」も、それは単なる「からだ」の「癒し」や「心地よさ」、あるいは「ほぐす」という概念を重視するというのではなく、「遊びとしての力動的な運動」を通して「触れる」体験を引き起こすということを、もっと前面に押し出すものでなくてはならないのではないか。「からだほぐし」は結局のところ「運動遊び」である、といった見方である。

　また一方では、スポーツやダンスを教えるとき、「私」を出発点とした関心から「からだの動き」や「技術・戦術」としてその内容を捉えることよりも、「私」にも「他者」にも出発点のない一つの「運動の世界」として捉えることの必要性を指摘できるように思う（松田・山本、2001）。これらの視点から、本当の意味で「触れる」ということの特質が体育で生かされたときにこそ、「身体活動」としてのスポーツやダンスが、現代的な教育課題ともなっている「かかわり」という問題に対して、何らかの意義ある貢献を成すことになるのではないかと私には思われるのである。

【文献】
1）　坂部恵（1983）『「ふれる」ことの哲学』，岩波書店．
2）　松田恵示・山本俊彦編（2001）『かかわりを大切にした小学校体育の365日』，教育出版．

第4部　遊び・身体・社会・子ども―体育科教育とスポーツ社会学の接点―

30 レジリエントな子を育てる
―多様な体験を持つ子―

体験と運動

　一般に、教育の中での「体験」という言葉には、動的なニュアンスが含まれる場合が多い。例えば、「体験参加型の学習」などと言った場合には、じっと映像を見ている、とか、じっと本を読んでいる、という姿はイメージしにくく、内なる興味や関心に突き動かされて、自分から「動いている」状態をむしろイメージしやすい、といったことである。しかし、あらためて考えてみると、この「体験」という言葉と「動く」という言葉の間にある関係は、それほど自明なものでもない。果たして、この両者の間には、どのような蝶番が存在しているのだろうか。
　ところで、社会学者の作田啓一は、この「体験」と「動く」ことの関係について、次のようなことを述べている。

　　知性（意識）は単一で不可分の全体を部分の集合に置き換える。ところで、運動とは切れ目のない全体であり、これに切れ目を入れて部分に分けたものの総計とは別物である。運動は分割されえない。…（中略）…先に体験の特徴として自己境界の不在あるいは喪失を挙げた。意識に先立つ限りでの運動もまた体験であると言える。そして、このような経験の特徴は、部分には分割しえない―分割すれば別のものになる―全体としての経験である、という点である（作田、1993）。

　ここでは、「動く」ことを「運動」という言葉で示しているが、とりわけ「分割されえない全体」というキーワードから、「体験」と「動く」ことの関係を捉える視点は面白い。
　「運動」が全体としての経験であり部分に分割されえない、という指摘は、例えば、ゼノンのパラドックスとして有名な「アキレスと亀」の話からも理解しやすい。もっとも速いものの代表であるアキレスと、もっとも遅いものの代表であ

る亀が、亀に少しハンディキャップを与えた上で競争したとする。このとき、亀がハンディキャップをもらってスタートした地点まで後ろにいるアキレスが走ってきて到着するまでには、少なからず必ず「時間」がかかる。しかし、その「時間」の間に、亀も前に向かって少しとはいえ必ず進んでいるということになる。そうすると、次に亀が進んだ地点にアキレスがまた到着するまでには、やはり少しであっても同様に「時間」が必要となるために、亀はやはり少し前に進んでいる。そうすると、いつまでたってもどんどんその間の距離は短くなったとしても繰り返しにしかならず、アキレスはいつまでたっても論理上は亀に追いつけない、というパラドックスである。

　これは要素的断片の集まりが運動になるわけではない、つまり非連続なものの集まりが連続したものになるわけではない、ということを示すとともに、知性ないし意識という、我々のいわば「頭の作用」が持つ、根本的な特徴と限界を指摘する面白さを持っている。そもそもの言葉＝言語の特性を考えてもわかることだが、言葉は差異の体系として意味を持つシンボルである以上、常に「分割」という操作が前提となる道具である。例えば、色彩について私たちが意識するとき、「青」とか「赤」といった言葉を使用する。このとき「青」という言葉は、もちろん「赤」やその他いろいろの「黄」や「茶」といった言葉とそれが指し示す内容との区別の上に成り立っている。つまり、「色」を必然性のない記号の差異の体系の中で、言葉を使用して「分割」し、整理して理解するのである。ソシュールが述べた言語の恣意性にかかわる議論である。

　そうなると、現象としての色彩は、「青に近い赤」などグラデーションとして自然の中では連続して在るにもかかわらず、例えどんなに細やかな区別と言葉を用意したとしても、それを私たちは分割という操作によって理解しているがために、経験として言葉＝知性の世界の中にストックされた「色彩」の世界は、自然な世界のありのままを捉えているわけではないということになる。人間によって、作られた世界であるということだ。

　このことからすると、作田が述べるように体験とは、意識に先立つ、つまり、このように分割して構成されストックされた経験ではなく、分割する前の全体としての経験として理解されるものであり、運動、つまり「動く」ことは、そのような全体としての経験の、いわば代表選手であるということになる。逆に言えば、体験という言葉の中に動的なイメージが教育の中でよく含まされるのも、運動と

いう言葉に代表されるような、部分には分割しえない全体としての経験を子どもたちの育ちの中で大切にしたいという、私たち大人の側の願いの現れなのだとも思われる。

回復力と全体性

　ここで、本稿の課題にかかわって、「全体」というものが持っている回復力という視点が、にわかに浮かび上がってくる。例えば、ゴムまりが凹んでも変形してもまた元に戻ってくるのは、もちろんゴムまりが部分の集合なのではなく、「球」という全体であることに由来している。また、その弾性は、ゴムという材質の「連続性」にある。部分をつなぎ合わせたボールであれば、「分割」されてしまったときに元に戻ることはないし、幅やゆるみのない非連続的で画一的な材質であれば、それには弾性は宿らず、耐性以上の力がかかればバラバラに破裂してしまう。もちろん、このような比喩を使うならば、ゴムまりの弾性には、どの程度までの外側からの力（応力）がかかっても凹みは回復するか、という「限界」の問題と、外側からの力に応じてどの程度ゴムまりは凹んでしまうかという凹みの「率」の問題がありうる。つまり、「全体」であるということの形態の側面と、全体を形成している内容＝質の側面の二つが、弾性にかかわっているということである。レジリエンス、といった場合に、この両者が問題になるということでもあろう。

　そうなると、このようなゴムまりのメタファーから、本稿の課題について考えるとすれば、まずは子どもたちの自我の全体性という問題がひとまず焦点の一つとして立ち上がってくることになろう。確かに自我が部分の集合として在る子どもと、全体として在る子どもという「物差し」は、人格のインテグレーションというような課題とも関連して、レジリエンスを考える一つの補助線になりえる。しかし一般に、自我とは、他我とは区別される、その意味では独立した意識を持つ主体を指すから、子どもを取り巻く全体性の問題は、さらに、自と他の全体性、あるいは「自」という存在が持つ、世界との連続性という課題をも引きよせることになる。

　先の引用箇所で、作田が「体験の特徴として自己境界の不在あるいは喪失」を挙げるのも、この点にかかわってのことである。このときに、「運動」という言葉は、やはり独特の意味を担うのであろう。例えば、ワークショップ等の体験参加型の教育という取り組みの中では、参加者が自発的に課題にかかわり、いわば体当た

りで働きかけるところに人と人との共同作業やつながりが生まれ、さらにそれは一つの「運動体」となって、個と個が、分割されたものの集合という状態ではなく、一つの「絆」や一つの「縁」の中に、子どもたちがいわば「溶解」していく。作田が、「意識に先立つ運動」のことを「体験」と呼ぶことの意味は、このように運動という状況が、自己の意識の中に閉じこもらない、世界との連続性の中にある「私」の生の根拠のようなものを提供してくれることを示唆する点にあるといってよい。

　このことからすると、ボランティアや社会奉仕といった社会参加の体験、音楽、美術などの芸術的・文化的体験、身体を動かすスポーツや運動の体験、自然体験、旅行などの非日常的体験など様々な体験は、そのほとんどが他者との共在や部分としての自己の境界を相対化するような、意識に先立つ体験である。このような体験を通して子どもたちは、いわゆる「運動体」への溶解を通じて自己と世界との境界の不在を味わい、そこで腑に落とされる、全体としての経験のなかに、世界という全体性とともに「私」というものの存在を実感するのであろう。繰り返すことになるが、こうした体験の中で一心不乱になり「我を忘れること」の多様さと量が、子どもたちにおけるレジリエンスの礎となるということである。

複眼性

　こうした多様な体験を持つことは、同時に、ある特徴的な知性＝意識にも拓かれていくように感じられる。それは「複眼性」を持つ、しなやかな知性である。例えば、自己境界の不在を体験したことが、往々にして他者に対する感度や共感する力といったものを、そこで育む場合がよくある。「触れ合う」といった日常的によく経験される場面は、触覚が優先し情報によって枠づけられたというわけではない、他者という「全体」と接するという意味で、身近な、全体としての経験である。このときに、触れ合うことは、言葉やジェスチャーといった記号を介さずとも、「私と同じように人格を持ち、しかしながら私とは違う『あなた』という存在が確かにここに私と接している」という実感を生じさせる。だからこそ、人は悲しいときには抱きかかえられ、嬉しいときにはハイタッチをし、他者に触れ合うことで、悲しみを半分にし喜びを二倍にできるのであろう。

　このような、他者に対する感度や共感する力といったものは、「私」と「あなた」という、視点の二重性、ないしは、複眼性を基礎づける力でもある。視点と対象

の関係を意識することは、もちろん科学的思考では当たり前のことであるが、日常生活ではそのような視点と対象の関係が複数以上存在し、それらが並立、共存しているところに、科学的世界とはまた異なった、現実の持っている「現実性」というものが存在している。ある人を助けることは、別な人からすれば誰かに見捨てられることを意味している場面もないわけではない。誰からものを見るのか、どの視点から世界を捉えるのかで、生活の質感やそこでの意味は大きく変わってしまう。加えて、そのような様々な視点が、並立、共存しているのが「現実」という日常生活の複雑さでもある。

このような世界の中で、先の意識に先立つ体験というものは、結局のところ、意識＝知性の持っている、分割的な、あるいは単眼的な思考を相対化し、複眼的なそれへと、その性質を変化させる意味を有しているのではないだろうか。先述した「アキレスと亀」のパラドックスも、一つの視点から合理的な「つじつま」によってすべてを説明しようとすることから起こる、一つの知性が持つ癖、あるいは少し広く、情報というものが持っている、一つの限界としてもまた捉えることができるのかもしれない。テクノロジーの進展によって、ますます情報化かが進み、意識に先立つ体験など、生活の中で望めなくなった子どもたちにとっては、このような知性あるいは情報の持つ巨大な闇に巻き込まれる中で、ますます複眼的な思考を支える、全体としての経験が必要性を増しているということでもあろう。多様な体験を、単眼から複眼へ、というコンセプトから子どもたちに提供することの意味は、このように考えることができるのではないかと思っている。

【文献】
1）作田啓一（1993）『生成の社会学をめざして』，有斐閣，p29.

31 「第三の時間」と子どもの運動遊び・スポーツ
― 日本とタイの生活時間調査の比較から ―

パースペクティブとしてのスポーツ

　現代社会は、まさに「スポーツする社会」といっても過言ではあるまい。オリンピックやワールドカップといったビッグイベントのみならず、学校や地域社会においても、人々の身近な生活の中にスポーツという営みは浸透している。

　もとより、こうしたスポーツの広がりは20世紀以降のことであり、この意味では社会の近代化や産業化、あるいは経済開発の動きとほぼ平行している。このために、スポーツには様々な問題を見てとることが可能であり、例えば、スポーツと政治、経済、教育、文化などの関連の中に、いわば現代社会の縮図が現れるとともに、スポーツがある種の社会装置として、いかに近代社会の編成を促進してきたかが浮かび上がったりもする。また、開発教育との関係から考えても、スポーツメーカーのNIKE社の問題がクローズアップされたスポーツをめぐる南北問題や児童労働の問題、あるいは長野オリンピックでクローズアップされた環境破壊の問題、さらにはボクシングやサッカー、野球などに見られる興行と国際的な出稼ぎの問題、アスリートを利用する政治の問題、巨大な資本によって支えられるオリンピックの問題など、いくつものテーマがおそらく横たわっている。スポーツに対する興味や関心は、この意味で、「現代」という時代や社会の立ち位置を理解しようとする営みに、重なり合うのである。

　ところで、語源から見た場合、このスポーツという言葉は、本来「遊び」とほぼ同義の内容を含むものであった。否定の接頭語「dis」と、「荷役」など労働を表す「port」という言葉が組み合わされてできた「disport」という言葉、つまり「労働ではない（こと）」、あるいは「非日常（のこと）」を指す言葉がスポーツの語義である。また、近代化の遅れたアジアにおいては、いわゆる普及させるべき西洋文化として、スポーツは学校教育を経由し輸入された。つまりスポーツは、アジアにおいてまずは教育文化であったのであり、さらには、子どもの文化なのであった。

このように考えた場合、スポーツに対する興味・関心は、いわゆる「スポーツ」として社会的に認知された行動や現象にとどまらず、子どもの（運動）遊びや生活、学校教育全般の問題とも、かなりの程度重なってくる。そしてそれは、「非日常性」といった、経済的価値や社会的成功には還元しえない生活の側面を指し示す言葉であるだけに、「人間の幸福とは何か」あるいは「子どもの幸福とは何か」といった人類共通の課題について考えるときの一つの窓口にもなりえよう。このような、「パースペクティブとしてのスポーツ」という問い立てを見据えながら、本稿では、特に「時間」の視点から捉えた、子どもの生活構造と「スポーツ・運動遊び」の現在について、日本とタイの比較調査の結果から考えてみたいと思う。

調査の概要

総務省のおこなっている「社会生活基本調査」の調査票を元に、項目数の選別や、子ども用の項目を加えるなど検討して調査用紙を作成し調査を実施した。この調査では、1日24時間をどのように過ごしたか、そのすべてについて15分単位で該当項目に直線を書き入れ表すことになっている。また調査はウイークデーとウイークエンドの3日間分を対象とした。調査の概要については以下のとおりである。

〈調査対象〉

国	地域	対象	人数
日本	岡山市	公立小学校5、6年	99名
		公立中学校全学年	486名
タイ	バンコク市	公立小学校5、6年	156名
		公立中学校2学年	185名

〈調査期間〉
日本：2003年6月　タイ：2003年9月

〈調査項目〉
就寝、食事、身の回りの用事、通学・帰宅、塾、習い事、手伝い、家庭学習、読書、外遊び・運動遊び、内遊び、テレビゲーム、テレビ（ビデオ）、マンガ、買い物、休養・くつろぎ、その他の計18項目。

〈調査の実際〉
調査の実施については、チュラロンコン大学のChuchchai Gomaratat助教授と共同し、ゼミナール所属の学生たちを協力員として現地に出向き調査をおこな

った。

調査の結果

まず、平均時間から、学校外での日本とタイの子どもたちの生活時間の特徴について考えてみよう。図31-1 は、勉強やお手伝いなどの「生産的内容」を含む生活項目に対する結果である。特に「手伝い」と「読書」という項目については、顕著に日本の子どもたちが少なく、タイの子どもたちが多いという結果が現れた。日本の子どもたちに限って見ると、どちらも共に10分未満という結果であった。

また、図31-2、3は、休養や遊びなどの「消費的内容」を含む生活項目に対する結果である。

本稿で問題となる「運動遊び・スポーツ」は、この調査では「外遊び」としてくくられているのであるが、特に小学生では、タイの子どもたちより日本の子どもたちの方が平均時間は多いことがわかる。また、「家の中で遊ぶ」という項目も同様である。さらに、「運動遊び・スポーツ」の阻害要因としてよく指摘されるテレビゲームについては、平均すると15分〜20分程度であり、タイの子どもたちの方がテレビゲームで多く遊んでいるということがわかる。「テレビを見る」という項目は小中学生、日本タイの違いによらず、自由な時間の大部分を占めている。そして、日本の中学生の特徴的なものとして、「休養・くつろぎ」と

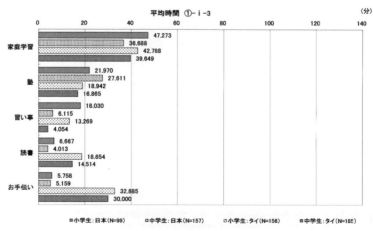

図31-1　生産的生活時間（平均）

第4部 遊び・身体・社会・子ども―体育科教育とスポーツ社会学の接点―

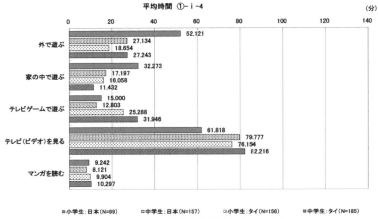

図 31-2　消費的生活時間①（平均）

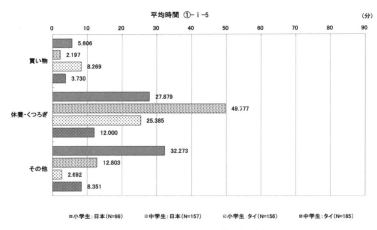

図 31-3　消費的生活時間②（平均）

いう時間がとても多くなっていることが挙げられる。

　ここまでに、全体的な特徴をつかむため、平均時間という視点からその特徴を示してきた。しかし、もちろんのこと、平均時間という指標は、ここで取り上げられている生活項目を、その日おこなっていない子どもたちをも母数としてカウントしている。それでは、そもそもそのような生活項目をおこなった子どもたちの割合はどの程度のものになっているのであろうか。

31 「第三の時間」と子どもの運動遊び・スポーツ

そこで、次に実際にいくつかの生活項目について、どの程度の子どもたちがその行為をおこなったのかを見たものが図31-4、5である。

やはり、目立っているのは日本の子どもの「お手伝い」「読書」行為の少なさである。タイの子どもと比べると5分の1程度の人数しかおこなっていない。

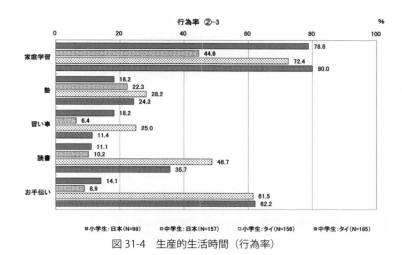

図 31-4 生産的生活時間（行為率）

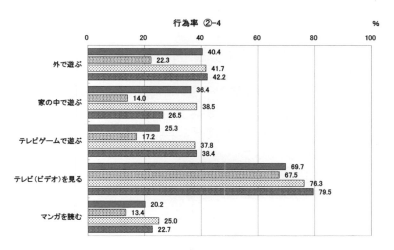

図 31-5 消費的生活時間（行為率）

しかし、「お手伝い」については、現在の日本では生活のテクノロジー化が進み、子どもが手伝わなければならないようなことや、手伝えるような仕事が生活の中からなくなってしまっている、という面も見逃すことはできまい。

また、「家庭学習」については70〜80％の者がおこなっている。それと、同様に「テレビを見る」という項目も70〜80％がおこなっていた。さらに目立つ特徴としては、日本の中学生の全項目にわたる行為率の低さである。「テレビ（ビデオ）を見る」という項目は他と同程度、「休養・くつろぎ」については特に高くなってはいるが、それ以外は20％程度に留まっている。このことから日本の中学生は、「一日にいろいろなことをする」のではなく、テレビ視聴と休養という二つの項目に集中する生活構造になっていることが予想される。

さらに、それでは実際にそれぞれの生活項目をおこなったもののみを取り出して、それぞれの生活項目に費やした時間の平均を見たものが、図31-6、7である。

例えば日本の子どもたちについてみて見ると、「塾」の時間については2時間、「習い事」も1時間〜1時間半ということで、日本の平均的なシステムが反映される数字がここにはてでくる。

さてここで特徴的なものは、それぞれの生活項目について、日本の子どもたちとタイの子どもたちのこれまでの関係が逆転することである。例えば、図31-1

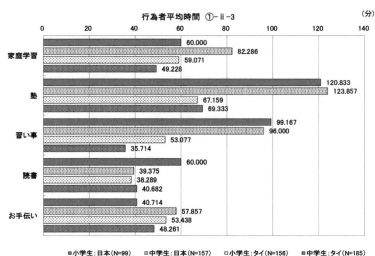

図31-6　生産的生活時間（行為者平均時間）

31 「第三の時間」と子どもの運動遊び・スポーツ

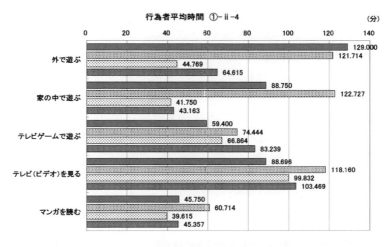

図31-7 消費的生活時間（行為者平均時間）

で見た平均時間に比べて、日本の子どもはそれぞれの項目で費やす時間の量がタイの子どもたちに比べて増えることがわかる。「読書」については、タイの子どもに比べ20～30分多く活動しているし、また「お手伝い」に関しても、タイの子どもたちと同程度おこなっていることがわかる。

さらに特徴的なものは、中学生における数字の違いについてである。つまり、日本の中学生は行為率が低いのだが、実際に行為している者だけの時間を見ると、タイの子どもたちに比べ多いわけである。これは、日本の子どもたち、とりわけその中でも、中学生の時期の子どもたちにおいて、生産的、消費的といった質を問わず、ある生活項目について大変長い時間それに費やす子どもと、そもそもそれをおこなわないという子どもに、行動が二極化していることを示すものであろう。ここまでに見た生活時間は学校外でのものを対象としているので、もちろんスポーツの問題を考えるとき、特に中学生期になるとエクストラカリキュラムとしての「部活動」の時間を考える必要が出てくる。しかし、「部活動」への参加率を日本とタイで比較した場合、タイの方が高く、近年、日本では参加率が低下していることも合わせて考えると、先に述べた「二極化」という特徴は、「部活動を含めて考えても、日本の子どもたちの特徴として言えそうである。そこで、その内容をもう少し詳しく探るために、いくつかの生活項目間の関係から、次に

215

考えてみることにしてみよう。

　各生活項目間において相関係数を算出した結果、有意差の見られた項目についてここで簡単に考察を加えてみることにする。

　まず、特徴的なものは「テレビ（ビデオ）を見る」という項目である。日本の小学生では、「外遊び」「内遊び」の2項目について、中学生においては、「家庭学習」「塾」「習い事」「外遊び」「内遊び」「休養・くつろぎ」の6項目について負の相関が見られた。また、タイの小学生では「習い事」「休養・くつろぎ」の2項目、中学生では「習い事」「お手伝い」「マンガを読む」の3項目につき負の相関が見られた。このように、多くの項目に対して関係があることを示した生活項目は、今回の調査ではテレビだけであった。このことは、子どもたちの生活を考えた場合、以前からよく指摘されていることではあるが、テレビの影響が大変大きいことを示している。

　一方で、「家庭学習」と相関が見られた項目は、日本の中学生では「テレビを見る」の1項目について負の相関が見られたのに対して、タイでは小学生においては「外遊び」「内遊び」の2項目、中学生でも、「習い事」「テレビゲームで遊ぶ」「内遊び」の3項目について負の相関が見られた。つまり、「勉強」に対して、タイの子どもたちは「遊び」に関することが正反対に位置しているけれども、日本の子どもたちにとってはそうではないということを示している。逆に「外遊び」「内遊び」との相関を見てみると、タイでは「習い事」や「家庭学習」に関係が認められるが、日本では「テレビを見る」との関係に認められ、特に中学生では加えて「休養・くつろぎ」の項目との相関関係が強く認められる。これは、タイの子どもたちについて、一般的な子ども像としてよく言われるように、「よく勉強する子どもはあまり遊ばない」「よく遊ぶ子どもはあまり勉強しない」という姿を予想させるのに対して、日本の子どもたちは「勉強することと」「遊ぶこと」が関連していない、つまり一般的な子ども像からはうまく説明できない状況にあるとともに、「勉強すること」と「遊ぶこと」の両者の関係よりも、第三の項目である「テレビを見る」「休養・くつろぎ」といったきわめて受動的、消費的時間と、「勉強すること」「遊ぶこと」のそれぞれが関係を持っていることを示唆している。こうした日本の子どもたちの特徴は、先の「二極化」という特徴を考えると、結局のところ「テレビを見る」「休養・くつろぎ」といったきわめて受動的、消費的時間が大変多い子どもたちとそうでない子どもたちに「二極化」しているという

こと、言い換えると「テレビを見る」「休養・くつろぎ」といった受動的、消費的時間が少ないために「よく勉強しよく遊ぶ」子どもたちと、「テレビを見る」「休養・くつろぎ」といったきわめて受動的、消費的時間が多いために「あまり遊ばずあまり勉強もしない」子どもたちに二極化しているということであろう。

「第三の時間」と運動遊び・スポーツの現在

　これまで検討してきた調査の結果を繰り返して要約してみると、「タイの子どもたちに比べて日本の子どもたちは、外遊びやスポーツ活動をする子としない子に二極化している。また、他の活動も同様の傾向にあり、その原因として、『テレビを見る』『休養・くつろぎ』といった受動的、消費的時間の存在が指摘できること。つまり、このような『勉強』でも『外遊び』『内遊び』といった生産的活動ではない、子どもにとっての『第三の時間』の存在が、これまでの『勉強をよくする子は遊びをしない』『遊びをよくする子は勉強をしない』という子ども像からは捉えきれない、『よく勉強しよく遊ぶ子ども』と、『あまり遊ばずあまり勉強もしない子ども』という、新しい子ども像を生み出している」といったことである。

　ところで、アジアにおいてスポーツという文化が学校を通じて広がった背景には、かなりの程度共通する点が見受けられる。一つには、学校教育を通した「身体の近代化」がまずなによりも求められるものであったとともに、このような目標を進めるためには、「体育」という教科を普及させることが、西欧の学校教育に習って一般的であったこと。二つには、とはいえ、例えばいくつかの身体技法にも現れるように、身体というものが歴史と伝統の上にそれぞれの民族によって社会的に構成されるものであるだけに、このような「身体の近代化」を直接的に図る、例えば「体操」や「行軍」のような教材にはどの国も馴染めなかったことから、子どもたちにとっては「新しい遊び」であったスポーツを手段とすることによって、効率的な身体教育を進めることができたこと、といった点である。

　このように、結果として「身体の近代化」といった政治的な営みが学校という教育制度と接点を持ったのも、そもそも、スポーツがある種の「遊び」としての性格に特徴づけられるものであったからこそであるし、それは、本来、子どもというものは、「遊ぶ」ということに対して貪欲であったからである。『中世の秋』を著わした歴史家ヨハン・ホイジンガは、『ホモ・ルーデンス』という本の中で、「遊

ぶこと」を人間の本性と規定し、人間の文化はいかに「遊ばれること」によって生まれてきたのかについて詳細な検討を加えている。

　しかし、もちろんいくつもの要因が絡み合っていると思われるものの、経済開発が進む中で消費社会化が進む中に現れた、子どもたちにとっての「第三の時間」の出現と、それにともなう「遊ぶ意欲のない子どもたち」の増加は、スポーツという鏡に現れた、子どもたちが抱える「豊かさの中の貧困」と言えるのではなかろうか。東は「ポストモダン化した現代社会では、ジェネラリストよりも、単一の消費財にハマってしまったスペシャリストの方が市場価値が高い」と言うが、このような社会の中で子どもたちは一つのことに打ち込まされているのかもしれない。もちろん、ここに見られたタイの子どもたちと日本の子どもたちの違いは、それぞれの文化や歴史の違いを無視しては何も語れない。しかしながら、同時に、経済開発が進むタイと日本において、相対的な進度の違いによって引き起こされている共通の側面としても無視できないであろう。

　また一方で、このような力が働く中で、スポーツの側もグローバル化し、最初に述べたような様々な問題を生み出す、この意味でいわば「経済開発の単なる手段」へと変化している点も重要である。言葉の意味を拡大し過ぎることには慎重でありたいが、人間の本性といったもっとも重要な自然やそれに基づく文化といったものを、「破壊」してしまう社会のあり方について、今一度私たちは振り返ってみる機会を持つ必要があるように思えてしかたない。

【文献】
1) 安部陽子ほか (2003)「遊び時間と社会変容」『第13回日本スポーツ社会学会レジュメ』.
2) 東浩紀・大澤真幸 (2003)『自由を考える　9.11以降の現代思想』, 日本放送出版協会.
3) 松田恵示 (2001)『交叉する身体と遊び』, 世界思想社.

初出一覧（初出時タイトル、掲載誌、発行年、出版社）

第1部　体育の学習と指導の理論　―「遊び」の観点と現代的教育課題―

1　体育と「遊び」
　　遊びと体育の接点を求めて（2012）体育科教育，60（8）：14-17．大修館書店．
2　「ものの見方」と体育の考え方
　　新しい体育の「学び」のパラダイム（2011）体育科教育，59（6）：18-22．大修館書店．
3　「運動の特性」と学習観
　　体育における構成主義の再評価と「運動の特性」の捉え直し（2014）体育科教育，62（1）：14-18．大修館書店．
4　なぜ子どもにやさしい教材を開発する必要があるのか
　　なぜ、子どもにやさしい教材を開発する必要があるのか（1999）学校体育，52（9）：7-9．日本体育社．
5　教材づくり・場づくりを工夫しよう
　　教材づくり、場づくりを工夫しよう（2003）体育科教育，51（2）：30-33．大修館書店．
6　「やってみる」「ひろげてみる」「ふかめる」という体育の学習過程（ねらい○～ねらい△）
　　「やってみる―ひろげる―ふかめる」という体育の学習過程とは？（2011）子どもと体育，159：24-27．光文書院．
7　アクティブ・ラーニングと集団づくり・学級経営
　　学級経営と体育のオルタナティブ（2015）体育科教育，63（4）：15-19．大修館書店．
8　グループ学習の現代的意味
　　再考グループ学習―その1／問題提起　体育の学習指導の根幹を支えるものは何か？（2011）子どもと体育，155：22-25．光文書院．
9　グループ学習の考え方・進め方
　　再考グループ学習―その3／これからのグループ学習（2011）子どもと体育，157：24-27．光文書院．
10　評価の「基盤」と技術革新
　　20XX年、体育の評価はこうなる！（2010）体育科教育，58（6）：26-29．大修館書店．

11 「戦術学習」から「局面学習」へ―ボール運動系の学習指導の考え方―
「戦術学習」から「局面学習」へ―新しいボール運動系の学習指導の考え方―（2009）体育科教育，57（4）：20-24．大修館書店．
12 ゴール型における「局面学習」の授業モデル
ゴール型ゲームにおける「局面学習」の授業モデル（2009）体育科教育，57（11）：38-39，47-49．大修館書店．
13 ベースボール型ゲームを生涯スポーツにつなぐために
ベースボール型ゲームを生涯スポーツにつなぐために（2013）体育科教育，61（10）：10-13．大修館書店．
14 体育の学習と「副読本」
体育の学習と「副読本」（2011）子どもと体育，156：6-9．大修館書店．
15 これからの運動会のあり方を探る
これからの運動会のあり方を探る（2008）児童心理，62（14）：80-84．金子書房．

第2部　現代社会と学校体育　―子どもの現状とカリキュラム―

16 「キー・コンピテンシー」と体育
教育現場に求められる「失敗」の価値？（2010）教育福岡，605（2・3）：2-3．福岡県教育委員会．
17 子どもへのまなざしの変貌と学校体育のこれから
子どもへのまなざしの変貌と学校体育の変遷（2006）体育科教育，54（7）：14-17．体育科教育．
18 「脱20世紀」の体育を考えるために
21世紀体育授業の展望（2001）学校体育，54（1）：9-11．日本体育社．
19 体育のミニマム（基礎・基本）を問う
ミニマムにおける専門性と経験の問題（2006）体育科教育，54（2）：42-46．大修館書店．
20 これからの体育カリキュラム
※下記2本の原稿をまとめたもの
これからの体育学習（2005）子どもと体育，157：24-27．光文書院．
高橋健夫、細江文利、菊幸一、鈴木秀人ほか、新しい小学校体育授業の展開―カリキュラム開発と授業づくり―，これからの体育カリキュラム（2006）PP.153～165，ニチブン．
21 学校文化としての「体ほぐしの運動」
学校文化としての「体ほぐしの運動」と高等教育機関の配信機能（2004）岡山大学研究集録，124：121-128．

第 3 部　体育における教師論　―教師の成長モデルと専門性―

22　「チーム学校」の時代に問い直される体育教師の専門性
　　「新しい公共」の時代に問い直される体育教師の専門性（2010）体育科教育，58（10）：14-17．大修館書店．
23　中学校保健体育教師に求められているもの
　　※下記 2 本の原稿をまとめたもの
　　中学校体育教師に求められているもの（2009）中学保健体育科ニュース，2：6-13．大修館書店．
　　実態調査に見る学校が期待する体育教師の指導力（2008）体育科教育，56（7）：18-21．大修館書店．
24　実態調査に見る小学校女性教師にとっての「体育」の学習指導
　　小学校女性教師にとっての『体育』の学習指導（2011）体育科教育，59（12）：26-29．大修館書店．

第 4 部　遊び・身体・社会・子ども　―体育科教育と社会学の接点―

25　「身体」という文化
　　遊ぶ身体・幻影としての身体（2005）女子体育，47（4）：52-55．日本女子体育連盟．
26　いま、問われる体育の身体観―優越感と劣等感のはざまに揺れる子どもの身体観をどうするか―
　　いま、問われる体育の身体観―優越感と劣等感のはざまに揺れる子どもの身体観をどうするか（2003）体育科教育，49（13）：28-31．大修館書店．
27　スポーツする身体とこころ
　　スポーツする身体とこころ（2006）体育の科学，56（6）：425-429．杏林書院．
28　心・遊び・スポーツ
　　活力が生まれる遊び・スポーツ（2013）児童心理，67（2）：192-197．金子書房．
29　「触れる」ということと現代的な教育課題
　　「触れる」ということ（2002）女子体育，44（9）：4-7．日本女子体育連盟．
30　レジリエントな子を育てる―多様な体験を持つ子―
　　多様な体験を持つ子　レジリエントな子を育てる（2014）児童心理，68（11）：1003-1007．金子書房．
31　「第 3 の時間」と子どもの運動遊び・スポーツ―日本とタイの生活時間調査の比較から―
　　「第 3 の時間」と子どもの運動遊び・スポーツ―日本とタイの生活時間調査の比較から―（2006）開発教育，53：158-168．

おわりに

　冒頭でも触れたが、本書は教育専門雑誌を中心に、ここ20年ほどの間に著してきた論考をまとめなおしたものである。ところが、いざ、どの論考をとりあげ、どのような順番に配列するのかといった作業に入ってみると、相当の時間を必要とする事態になってしまい、このような仕事に対して創文企画の鴨門義夫さんからお声をかけていただいたときから、実に3年以上の月日をここまでに費やしてしまっている。

　本書をまずはこのような形でまとめることができたことも、実は、遅々として進まない作業を、本当に暖かく、またときには厳しく支えてくださった鴨門さんのお力によるものである。本当にご迷惑をおかけし続けたことに対して深くお詫びするとともに、あらためてこのような機会をいただいたことに対するお礼を心から申し上げる次第である。

　また、体育科教育研究、教育学と、スポーツ社会学、教育社会学、文化社会学との接点での「広く浅い」仕事が多い中で、社会学的なアプローチを生かした体育科教育研究のひとつの展開として本書をまとめられたことについても、大変良い場をいただいたと感謝している。体育科教育の研究は、確かに実践学あるいは当為を探るアプローチとして充実することは望ましいことだとは思うが、他方で、常識的な日常世界の下にさらに潜り込んで、現実や事実に対して、別な見方やあり方を探りつつ、フレームや無意識に巻き込まれている社会的文脈それ自体から捉えなおし、子どもとスポーツの関係や、より広く人間とスポーツのよりよい関係を目指す教育営為のあり方を探る試みも、やはり大切なことだと思っている。

　ものを考えるという行為は、特定の文脈の中での利害関係を引きずらない、自由に基づく「公共性」を担保するものではないかとも考えている。その意味では、「体育科教育について考える」仲間が、本書を通じて、また一人でも二人でも増えてくれれば望外の喜びである。

　最後に、すでに他界なさってしまわれたが、今でもいきいきとご指導くださったときのお姿やお言葉が自分の生きる指針となることも多い、恩師、島崎仁先生

おわりに

には、このような体育のことについて考える面白さや、逆に厳しさにも導いてくださったことに対して、深い感謝の意をあらためて捧げたい。先生がもし今もいらっしゃれば、日本の体育科教育のあり方は、さらに新たな展開を起こしていたに違いないと思う。どれほどそのご恩に報いるような働きができているかを思うと身が縮まるしかないのだけれども、これからも先生に教えていただいた、「遊ぶ」ということが持つ人間学的な意味に魅せられつつ、研究や教育に少しでも向き合っていければと思っている。

平成 28 年 8 月
松田恵示

【著者紹介】
松田恵示（まつだ・けいじ）
国立大学法人東京学芸大学理事・副学長・教育インキュベーション推進機構長
専攻：社会学（スポーツ、教育、文化）、体育科教育研究、教育支援協働論、遊戯論

［主な著作］『体育科教育』（共編著、一藝社、2016）、『今どきコトバ事情―現代社会学単語帳―』（共著、ミネルヴァ書房、2016年）、『マナーと作法の社会学』（共著、東信堂、2014）、『子ども問題事典』（共編著、ハーベスト社、2013）、『よくわかるスポーツ文化論』（共著、ミネルヴァ書房、2012）、『体育科教育学の現在』（共編著、創文企画、2011）、『スポーツ政策論』（共著、成文堂、2011）、『おもちゃと遊びのリアル―「おもちゃ王国」の現象学』（単著、世界思想社、2003）、『交叉する身体と遊び―あいまいさの文化社会学』（単著、世界思想社、2001）など。
［主な論文］「タブレットの普及は学校体育に何をもたらすのか：「情報様式」と身体の政治性の観点から」日本体育学会体育社会学専門領域編『年報体育社会学第2巻』（2020）、「ネットワーク化の進む学校教育における『チームアプローチ』概念が持つインプリケーション」『日本教育大学協会研究年報35』（2017）、「『津波ごっこ』『地震ごっこ』とは一体何か？」日本子ども社会学会編『子ども社会研究19-1』（2013）、「子どものスポーツとは一体何か？―スポーツにおける新しい公共を考えるために―」日本スポーツ社会学会編『スポーツ社会学研究19-2』（2011）、「中学校保健体育科教員の職能意識から見た講習・研修設計の指針に関する研究」日本体育・スポーツ政策学会編『体育・スポーツ政策研究19-1』（2010）など。
［主な社会活動］日本体育学会体育社会学専門領域評議員（2021）、日本教育支援協働学会理事（2021）、文部科学省中央教育審議会教員養成部会臨時委員（2019）、文部科学省コミュニティ・スクールの在り方等に関する検討会議座長（2021）、教育再生実行会議技術革新ワーキング委員（2018）など。

「遊び」から考える体育の学習指導

2016年10月15日　第1刷発行
2023年2月15日　第3刷発行

著　者　　松田恵示
発行者　　鴨門裕明
発行所　　㈲創文企画
　　　　　〒101-0061　東京都千代田区神田三崎町3－10－16　田島ビル2F
　　　　　TEL：03-6261-2855　FAX：03-6261-2856　http://www.soubun-kikaku.co.jp
装　丁　　松坂　健（Two Three）
印刷・製本　壮光舎印刷㈱

©2016 KEIJI MATSUDA　　ISBN978-4-86413-084-4　　Printed in Japan